国家经济安全研究

中央财经大学中央高校基本科研业务费专项资金资助

U0512637

系统性金融风险
测度框架与防控

方 意 著

The Framework of
How to Measure and Control Systemic Financial Risk

中国财经出版传媒集团

经济科学出版社
Economic Science Press

·北京·

图书在版编目（CIP）数据

系统性金融风险测度框架与防控/方意著．－－北京：
经济科学出版社，2023.12
（国家经济安全研究）
ISBN 978 - 7 - 5218 - 3296 - 9

Ⅰ.①系…　Ⅱ.①方…　Ⅲ.①金融风险防范 - 研究 -
中国　Ⅳ.①F832.1

中国版本图书馆 CIP 数据核字（2021）第 261660 号

责任编辑：王　娟　李梦瑜
责任校对：杨　海
责任印制：张佳裕

系统性金融风险测度框架与防控

XITONGXING JINRONG FENGXIAN CEDU KUANGJIA YU FANGKONG

方　意　著

经济科学出版社出版、发行　新华书店经销
社址：北京市海淀区阜成路甲 28 号　邮编：100142
总编部电话：010 - 88191217　发行部电话：010 - 88191522
网址：www. esp. com. cn
电子邮箱：esp@ esp. com. cn
天猫网店：经济科学出版社旗舰店
网址：http：//jjkxcbs. tmall. com
北京季蜂印刷有限公司印装
710×1000　16 开　19.25 印张　295000 字
2023 年 12 月第 1 版　2023 年 12 月第 1 次印刷
ISBN 978 - 7 - 5218 - 3296 - 9　定价：78.00 元
（图书出现印装问题，本社负责调换。电话：010 - 88191545）
（版权所有　侵权必究　打击盗版　举报热线：010 - 88191661
QQ：2242791300　营销中心电话：010 - 88191537
电子邮箱：dbts@ esp. com. cn）

前　　言

本书尝试构建新冠肺炎疫情等重大外部冲击下国家金融市场安全的一般性研究分析框架，以考察重大冲击事件发生后我国金融市场内部、全球金融市场对我国金融市场的风险传导特征，总结防范化解我国金融市场风险的有效政策建议。

本书的第一章是引言，介绍了本书的研究背景、研究框架、研究特色和结构安排。第二章详细地介绍了本书后续全部内容的量化分析框架，从金融市场风险的刻画、外部冲击溢出效应的度量、风险演化渠道因素的分解三个维度依次展开论述，对各个维度研究所涉及的实证计量方法和原理进行充分地阐述。

本书立足于中国金融市场的风险生成规律展开研究。为此，第三章、第四章主要关注中国国内金融市场在重大外部冲击事件下的风险生成和传导机制。

第三章量化分析新冠肺炎疫情冲击对中国货币市场、股票市场、债券市场和外汇市场的自身风险以及市场之间风险溢出的影响。本章通过正交分解法分析了重大冲击如何通过不同机制来影响中国金融市场之间的风险传导路径。此外，本章还运用该方法检验货币政策和财政政策对各市场风险是否有缓释作用，并发现货币政策和财政政策具有一定的政策效果，但政策效果不明显。

第四章则考虑另一类重大冲击事件——中美贸易摩擦，讨论全球重大经济环境恶化冲击下，中国金融市场风险在时间和空间两个维度上的演进规律，并逐一识别外部冲击影响实体经济和各金融市场风险的渠道，刻画出完整的风险传染路径。本章还对比了不同冲击类型对中国金融稳定影响的异同之处。

第五章到第八章则从全球视角出发，重点讨论全球金融市场对中国金融市场的输入性金融风险水平。第五章以新冠肺炎疫情暴发为背景，研究了其对全球债券市场间风险溢出的动态影响规律。该章利用局部投影法计算绘制了累积脉冲响应曲线，综合量化了新冠肺炎疫情对全球债券市场风险溢出的短期和中长期影响。此外，还重点讨论了国内疫情冲击和全球疫情冲击对债券市场风险影响的异同。

第六章分析了全球新冠肺炎疫情重大冲击下，全球主要金融市场的风险演进规律。该章采用广义方差谱分解表示法，将风险溢出拆解为不同频域，刻画全球股票、债券、外汇、黄金、原油市场的短期风险生成路径和中长期周期趋势性变化。该章还研究了美联储执行宽松货币政策防控重大冲击下全球金融市场的有效性问题。

第七章在第六章的基础之上，探究全球疫情冲击下外部金融市场对中国各金融市场输入性金融风险的短期影响和长期效应。进一步地对比分析金融危机事件、地缘政治冲突、贸易摩擦冲突以及公共卫生事件四种冲击发生期间，中国输入性金融风险的短期和长期演化规律的异质性。本章最后还利用局部投影方法分析了重大冲击下输入性金融风险的防控政策。所选的政策涵盖货币政策、财政政策和外汇审慎政策三个方面。

第八章则以全球外汇市场为典型代表进一步探讨重大冲击下的全球金融风险生成机理。延续第六章、第七章的研究思路，先分析新冠肺炎疫情暴发前后全球外汇市场风险的演变规律，接着对比分析不同类型重大冲击下外汇市场风险的生成机理内因和外因的异质性。本章同时也量化了政策防控风险的效果，发现不同类型政府政策在不同危机时期的实施效果差距明显。

第九章在总结厘清重大冲击下中国金融市场自身风险和输入性金融风险传导机制的基础上，从冲击和关联机制两个角度提出与各类重大冲击相适应的宏观治理应对机制及重大风险防范对策。

本书各章作者如下：第二章主要由方意和王晏如完成；第三章主要由方意、于渤、王炜完成；第四章主要由方意、和文佳（北工商）、王晏如、荆中博完成；第五章主要由方意、王晏如、赵莹瑜完成；第六章主要由方意、邵稚权完成；第七章主要由方意、邵稚权完成；第八章主要由方意、贾妍妍、赵阳完成；第九章主要由方意、邵稚权完成。

目　录

第一章

引　言

第一节　研　究　背　景

2020 年伊始,新型冠状病毒肺炎疫情(COVID－19,以下简称新冠肺炎疫情)悄然暴发,并迅速演变成为全球公共卫生危机。世界卫生组织(WHO)将其定义为"国际关注的突发公共卫生事件",截至 2021 年 9 月 30 日,全球新冠肺炎疫情累计确诊病例高达 2.34 亿例。[①] 新冠肺炎疫情对世界各国的经济与社会生活产生了巨大的负面影响,联合国发布的《世界经济形式与展望》报告称:"受疫情影响,2020 年全球经济萎缩 4.3%,发达经济体萎缩 5.6%,发展中国家萎缩 2.5%,经济衰退的影响是 2007～2009 年全球金融危机的两倍之多。"

经济衰退的原因一部分诚然来自疫情本身,但疫情造成的经济影响规模不是很大,相对次要,其主要原因是各国政府所采取的一系列公共卫生措施,这些应对措施的宗旨是缓解医疗资源挤兑的灾难,但这些措施也将危机的医疗因素和经济因素相联系,带来了"双重曲线问题"。换言之,经济衰退成为应对新冠肺炎疫情的重要后果之一。综合来看,新冠肺炎疫情造成的冲击主要从供给侧和需求侧两个角度来影响实体经济。

[①] COVID Data Tracker, https://covid.cdc.gov/covid－data－tracker#datatracker－home, May 10, 2023.

从供给端来看，新冠肺炎疫情与随之产生的遏制政策，如保持社交距离、工厂停工停产、全球旅行运输禁令等措施将导致流向企业的劳动力减少，降低了生产率，从而导致商品和服务产出骤然减少。虽然基于数字技术和云协作软件的使用，产出的缩减规模可能有所减弱，但是，在如今全球高度集成的价值链和供应链体系下，很多公司采取即时生产（Just – in – time production）的模式，库存较少。企业生产所需的组件和原材料通常是高度专业化或量身定制，因此因缺乏上游供应而造成的生产损失会迅速在国内和全球蔓延。从需求端来看，各类防疫政策也将导致人们收入下降、消费降低。除了现实中的冲击之外，疫情还会对人们造成心理上的冲击。在不确定性较高时，经济主体通常保持观望态度，企业通常会降低当期投资，居民通常会采取延迟消费的行为，而互联网舆情又扩大了此类"延迟消费"的冲击。与此同时，需求萎缩加剧了供应中断，全球能源和商品需求及价格的下跌，会进一步影响相关行业的投资和 GDP 的增长。

与实体经济困境相对应的是金融市场的动荡。自新冠肺炎疫情在全球蔓延以来，全球金融市场均发生了剧烈震荡，几乎所有高风险金融资产与大宗商品价格同时下跌。美国股票市场在 2020 年 3 月 9 日起的短短两周内，出现了 4 次熔断，WTI 原油期货 2020 年 5 月结算价出现了史无前例的"负油价"，美元指数走强。① 由此，引发了市场参与主体对全球金融危机重演的担忧。中国上证综指在 2020 年春节之后开市的第一天重挫 7.72%，创下 2015 年股市异常波动以来的单日最大跌幅，超过 3000 多只股票跌停。② 事实上，人类社会步入 21 世纪以来，包括国际金融危机、地缘政治冲突、贸易摩擦以及公共卫生事件等在内的重大冲击事件时有发生，这些事件均给全球经济金融系统的稳定带来极大的挑战。重大冲击事件具有突发性和紧迫性的特征，使全球经济发展面临较高的不确定性，并引起全球金融市场的风险共振。

学术界已有大量文献探讨重大自然灾害、社会、公共卫生、经济金融危机等外部冲击对金融市场产生的影响。整体来看，重大冲击降低了部分金融市场或特定行业金融资产的收益率，增加了资产价格的隐含波动性。就新冠

---

① ② 根据 Wind 数据库相关数据整理。

肺炎疫情带来的冲击而言,不同学者根据病毒感染死亡率、恢复率数据、新闻相关报道语料信息、市场参与者的预期信息等因素,量化了疫情冲击对全球多个股票、债券市场的影响。部分学者还对比分析了历史上不同经济、金融危机期间全球金融市场受影响的异同。但目前,还鲜有文献从重大冲击下金融市场跨国、跨市场风险传染路径和机制的角度进行研究分析,也罕有从上述系统性风险视角讨论新冠肺炎疫情与全球金融危机、地缘政治冲突等重大冲击对金融市场影响的比较研究。

习近平总书记强调:"金融是国家重要的核心竞争力,金融安全是国家安全的重要组成部分,金融制度是经济社会发展中重要的基础性制度""维护金融安全,是关系中国经济社会发展全局的一件带有战略性、根本性的大事"。党的十九大以来,守住不发生系统性金融风险的底线始终作为国家工作的一项重大任务。一方面,要防范国家内部其他领域风险对金融市场风险的次生引导。中国人民银行发布的《中国金融稳定报告(2019)》① 指出要"阻断跨市场、跨区域,防范金融市场异常波动和共振"。另一方面,防范输入性金融风险是维护我国金融稳定的另一重要课题。2021 年发布的《中华人民共和国国民经济和社会发展第十四个五年规划和 2035 年远景目标纲要》提出"构筑与更高水平开放相匹配的监管和风险防控体系"。当前,国际环境日趋复杂,世界经济陷入低迷期,经济全球化遭遇逆流,不确定性明显增加;国际经济政治格局复杂多变,单边主义、保护主义、霸权主义对世界和平与发展构成威胁。随着中国金融市场开放进程的加速推进,短期跨境资本流入增加,外国金融机构和个人增持人民币资产,中国金融市场与国际金融市场之间的一体化程度逐渐增强。在重大国际冲击事件频发的背景下,国际金融市场可能成为波动的重要风险源,风险跨国传染的强度与频率逐步增强,中国面临的输入性金融风险与日俱增。在这一背景下,研究金融市场层面的风险生成、传染、放大过程等机制就显得尤为重要,而新冠肺炎疫情等重大冲击为从事这一方面的研究提供了天然的实验样本。

相较于经济金融体系内生性危机,新冠肺炎疫情带来的风险影响具有一

---

① 《习近平主持中共中央政治局第十三次集体学习并讲话》,http://www.gov.cn/xinwen/2019 - 02/23/content5367953.htm,2019 年 2 月 23 日。

定的特质性。第一，从经济基本面的角度来看，疫情暴发期间的遏制措施会同时对基本面的供应和需求两端产生冲击，而经济金融体系内生性危机对供应端的冲击相对较小。第二，从冲击的时间来看，受病毒的传染率、致死率等影响和经济主体对公共政策的反应程度不同，新冠肺炎疫情对供应端的冲击持续时间具有高度的不确定性，致使疫情对经济影响的持续时间难以估计。第三，从危机冲击面的角度来看，与其他危机从一两个国家或地区蔓延向世界不同，新冠肺炎疫情造成的对经济潜在冲击是几乎同时发生在全球各地。第四，从投资者情绪的角度来看，新冠肺炎疫情相关舆情以及人们对疫情走势的预测偏误都会对投资者心理产生冲击。个人行为取决于其想法，而想法又受到认知偏见的影响。人类大脑习惯通过过去的增量来合理预测未来增量，即线性思维。人们通常会根据最近出现的新病例数量，猜测今后病例的数量，但这可能导致严重的错误。结合流行病学曲线的研究发现，在流行病学曲线的早期做出线性预测，将从根本上低估疾病的传播，一段时间之后又有可能高估形势，当舆论从低估转向高估时可能出现恐慌。新冠肺炎疫情对经济主体造成的心理上的冲击既是驱使其行为变化的重要因素，也是先决条件。

然而，我们也应该认识到，新冠肺炎疫情公共卫生危机与全球金融危机、欧洲债务危机、中美贸易摩擦这类内生性危机之间，在风险生成机制方面也存在共性。首先，疫情与金融市场动荡等金融体系重大冲击之间有着密切的关系。如果是因为疫情引发经济金融体系重大冲击，将有可能在疫情和经济金融体系之间形成恶性循环。这是由于疫情、金融体系重大冲击会导致宏观经济面临衰退，各类经济主体收入下降，降低对疫情的应对能力，加速疫情传播并由此形成更严重的冲击。金融体系重大冲击带来经济增长速度的下降，也会加剧经济不平等，贫困人口更多地被疾病威胁并可能成为潜在的传染者，从而加剧疫情传播。其次，与债务危机类似，新冠肺炎疫情也极易引发主权债务风险。新冠肺炎疫情会促使除美国以外的国家实施宽松的货币政策，而这会导致本币相对美元贬值。如果该国政府为缓解重大冲击还同时实施积极的财政政策的话，则会大幅增加政府的债务。对长年保持大量财政赤字、外债规模较大的国家而言，随着偿债能力的恶化，其主权债务风险将大幅上升。最后，与中美贸易摩擦类似，严峻的疫情事态和经济形势使得中美经贸关系和国际经济秩序前景变得更不明朗。一方面，美国政府可能会在下一阶段的中美经贸谈判及其他领域对中国施加更大的压力以转移国内矛盾；另一方面，美方力图借疫情中多国反思供应链的安全之机，渲染中国将优势产业"武器化"的风险，从而加快在产业链、供应链的结构调整中"去中国化"。

为此，本书尝试以新冠肺炎疫情为主要冲击案例，连同中美经贸摩擦、全球金融危机等其他重大外部冲击事件，构建重大冲击下国家金融市场安全的一般性研究框架，以考察重大冲击事件发生之后我国金融市场内部、全球金融市场对我国金融市场的风险传导特征，总结防范化解我国金融市场风险的有效政策建议。

除了针对具体冲击的风险分析之外，本书最大的特色是提供一整套的系统性金融风险分析方法。也即，本书的目的之一是告诉读者如何利用系统性风险方法来进行风险建模，识别不同方法的优劣，评判不同政策在防控金融风险时的优劣。

第二节　研究框架

如何刻画重大冲击对金融市场自身风险及其风险溢出的影响，系统性金融风险领域的相关研究给出了有价值的参考，本书的研究框架也主要借鉴于这一领域。参考方意等（2019）提出的系统性风险框架，风险源头（冲击）以及关联机制是系统性风险形成的关键因素。也就是说，作为外部冲击，新冠肺炎疫情冲击不仅可能增大某一金融市场的风险，还会增大各个金融市场之间的风险溢出。本书将其分别对应为直接影响渠道和间接影响渠道，如图1-1所示。

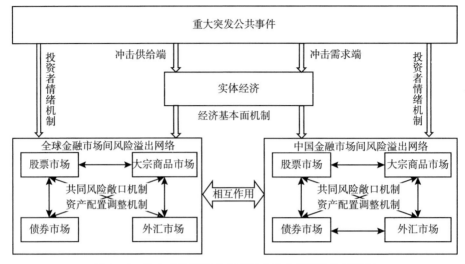

图1-1　重大公共事件冲击引发金融市场风险传导机制

首先，直接影响渠道指的是单个市场受外部共同因素冲击而增大风险。冲击主要通过影响经济基本面和投资者情绪两类机制作用于金融市场。金融市场的风险上升，是外在客观情况与投资者主观行为叠加的结果。例如，在新冠肺炎疫情冲击之下，各市场资产出现对应的波动在一定程度上是供需收缩、实体经济下滑造成的，也有可能很大程度上是市场参与者理性或非理性的投资行为造成的。面对新冠肺炎疫情，投资者可能会产生恐慌情绪，进而对未来产生过度悲观的预期，各个市场也会随着投资者情绪的变化而产生相应的波动。

其次，间接影响渠道指单个市场风险通过关联机制向其他市场传染，演变为系统性金融风险。金融市场的间接影响渠道可分为共同风险敞口机制和投资者资产配置调整机制。共同风险敞口机制主要从宏观视角出发，考察各个市场面临共同外部冲击而产生市场之间的联动关系。当风险事件发生时，尤其是像新冠肺炎疫情这类重大的外部冲击，会使得整个金融体系都暴露于风险之下，产生同步共振。这实际上也是一种系统性风险承担（systemic risk-taking）。共同风险敞口机制，本质上也是由实体经济之间的联动关系导致的。各类金融市场之间的风险溢出关系与全球整体、单一国家内部的贸易链、供应链、价值链的关联程度密切相关。例如，原油市场作为全球制造产业链的最初始一环，其价格变化对全球美元需求的影响尤为突出，进而影响全球外汇市场，还会通过产业链传导至世界各国经济基本面，进一步影响各国股票、债券、货币等金融市场。资产配置调整机制主要从微观视角出发，考察投资者在风险事件下，对不同市场资产进行理性配置从而引发市场之间的联动现象。当冲击使某个市场的波动加剧时，投资者通常会调整资产配置，将该市场的投资转移至低风险市场。面对不确定性因素，单个投资者调整资产是理性的，但若市场上众多投资者都做出相同的判断及操作，则会引起市场波动的增大，增加整个金融体系的风险。这是一种合成谬误现象，本质上源于投资者之间构成的金融网络，是由该网络产生的一种负外部性。

在方法论层面，本书详细地构建了一套测度重大事件冲击下金融市场风险演变规律的量化分析框架。具体而言，该框架包含三个主体部分，即如何刻画金融市场的自身风险和输入性金融风险？如何测算重大事件冲击对金融市场风险指标的溢出效应？如何利用合理的计量模型来识别、分解金融市场风险演化的具体渠道因素？

在金融市场风险刻画层面，本书主要从网络结构视角对各类风险指标的测度方法进行总结。风险网络的节点就是单个金融市场自身的总风险，本书主要使用波动率模型予以计算。风险网络的边即为金融市场之间跨市场风险传染程度，本书一方面利用双边动态相关系数来刻画市场节点间无方向的关联性，另一方面利用尾部依赖模型或信息溢出模型，来构建节点间区分风险溢出方向的有向关联网络。

在重大冲击溢出效应测度层面，本书采用定性分析与定量分析相结合的研究思路。定性分析方面主要通过分组进行描述性统计；定量分析方面主要运用事件分析法，通过寻找重大事件的发生时点或重大事件对应连续变量的极端值时点来设置事件虚拟变量，定量考察某一类冲击发生之后，目标市场金融风险指标的动态变化。与冲击相对应，本书还结合事件分析法和局部投影模型，给出防疫或宏观调控政策是否对金融风险起到缓解效果的实证思路。

在渠道因素分解层面，本书创新性地提出正交分解法。该方法可以在较大程度上降低事件虚拟变量过多带来的多重共线性问题。正交分解法既可以对金融市场的内部传染渠道进行分解，也可以对外部面临的共同因素，如经济基本面状况、投资者情绪等因素进行分解，通过量化各渠道对金融市场风险影响的动态变化过程，可以更加系统地把握风险传染的传导机制，更进一步认识风险生成的内在规律。

第三节　特色与结构安排

本书的相关研究主要面向从事金融风险领域研究的学者和政策部门，具有以下特色亮点。

（1）本书可以作为探究重大公共事件冲击下度量金融市场风险演化过程的参考用书。本书后续章节的研究均以此章的框架和方法为基础，因此，独立成章更便于读者的学习和阅读。

（2）本书的研究立足于中国金融市场的风险生成规律。

（3）本书可以为研究重大冲击下的经济金融稳定政策提供参考支撑。在前述章节中分别讨论了对应研究主题下防疫或宏观调控政策对缓解金融市场风险的作用效果。把握好着眼长期和兼顾短期的金融政策，为重大冲击发生之后外部环境的长期不确定性留足政策空间，助力打赢防范化解重大风险攻坚战。

第二章

重大冲击下金融市场风险
测度的量化框架

　　本章旨在为研究者提供一个测度重大事件冲击下金融市场风险演变规律的量化分析框架。具体而言，该量化框架可分为以下三个部分：金融市场风险网络的刻画、重大冲击事件溢出效应的测算以及风险演进渠道因素的分解。本章内容将从方法论的角度依次对上述三个部分进行相关介绍说明。

　　如果从网络分析的视角来看待金融市场之间的风险结构，那么这个风险网络的节点就是单个金融市场自身的总风险，风险网络的边即为金融市场之间的跨市场风险传染程度。单个金融市场的风险指标可以分为期内波动率和期间波动率两类。金融市场之间的风险传染程度，既可以通过计算双边动态相关系数来构建节点之间的无向风险关联网络，也可以利用尾部依赖模型或信息溢出模型来构建节点间有向风险关联网络。本书在后续研究中主要利用GARCH模型来计算单一金融市场的自身风险，综合 ΔCoVaR 模型和 Diebold - Yilmaz（以下简称DY）溢出指数模型来计算跨市场的风险传染。

　　重大冲击事件对各类金融指标的溢出效应，既可以通过分组描述性统计的方法来进行定性分析，也可以利用恰当的计量模型来进行定量分析。本书主要运用事件分析法，通过寻找重大事件的发生时点或重大事件对应连续变量的极端值时点来设置事件虚拟变量，考察某一类冲击发生之后，目标市场金融风险指标的连续变化，进而分析冲击事件对市场风险生成演进的动态影响。与外部负向冲击事件相对应，防疫或宏观调控政策则是对金融市场风险存在缓解作用。除了同样利用事件分析法来探究主要政策公布时点后金融市场风险的变化外，本书还给出了如何利用局部投影（local projection）模型来刻画连续政策变量在外部冲击时期作用效果的具体实证思路。

本书还创新性地提出对金融市场风险生成的渠道因素分解方法——正交分解法。该方法将被解释变量随机地与其中一个可能的渠道因素作为调节效应来进行回归，再提取回归残差项作为下一轮的被解释变量，与另外一个可能的影响因素作调节效应回归，以此类推。该方法可以在较大程度上降低事件虚拟变量过多带来的多重共线性问题。正交分解法既可以对金融市场内部传染的渠道进行分解，也可以对外部面临的共同渠道因素，如经济基本面状况、投资者情绪等因素进行分解。通过量化各渠道对金融市场风险影响的动态变化过程，可以系统地把握风险传染的传导机制，更进一步认识风险生成的内在规律。

第一节　风险的度量：金融市场风险网络

一、风险网络节点——单个金融市场风险度量

任何一个金融市场自身风险度量的基础是计算该金融市场的收益率指标（R）。收益率定义为金融市场当期价格（P）相较于上一期价格的增长率，具体可参见式（2.1）、式（2.2）。

$$R_t = \frac{P_t - P_{t-1}}{P_{t-1}} \times 100 \qquad (2.1)$$

$$R_t = (\ln P_t - \ln P_{t-1}) \times 100 \qquad (2.2)$$

不同金融市场采用的市场价格各异，通常采用与特定市场相关的金融指数，或者特定市场中某一代表性金融资产的实际价格来代替。金融指数，包括中国股票市场的上证综指、中国债券市场的中债指数、全球股票市场的MSCI指数、全球外汇市场的名义有效汇率指数，等等。代表性金融资产，例如全球大宗商品市场的布伦特原油价格，或是债券市场上的长期国债到期收

益率，抑或是货币市场的同业拆借利率。需要说明的是，债券的到期收益率或同业利率与上文提到的（即期）收益率不同。本书在后续研究中，借鉴迪博尔德和耶尔马兹（Diebold and Yilmaz，2015）的做法，利用式（2.3）将到期收益率（r）转化为对应价格（P），再利用价格计算对数收益率（R）。其中，N 代表年化的期限。

$$P_t = \frac{100}{(1 + r_t)^N} \tag{2.3}$$

通常而言，金融市场的风险来自于不确定性，即价格波动。基于各金融市场的收益率指标，单个金融市场的风险通常由以下几种指标来进行刻画：第一，二阶矩波动率，即收益率的标准差。标准差越大，代表波动越剧烈，风险越大；第二，高阶矩指标。收益率的高阶矩指标相较于二阶矩波动率，刻画了更多的价格波动信息；第三，在险价值（Value-at-risk，VaR）。该指标反映了金融市场在压力时期的极端收益损失，可以看作是波动率指标的一种变体①。

（一）二阶矩波动率指标

金融市场收益率的波动率有两种计算方式：一种是日内波动率，另一种是日间波动率。所谓日内波动率，指的是利用单个交易日内更加高频的收益率数据来测算波动率（intraday volatility）指标。由于本书关注的金融市场中的代理金融指数通常较难获取日内高频交易数据，因此部分研究退而求其次，利用日内开盘价、收盘价、最高价、最低价，结合经验回归来拟合得到日内波动率。例如，帕金森（Parkinson，1980）给出了如下拟合公式②。

$$\hat{\sigma}_t^2 = 0.361 \left[\ln(P_t^{\max}) - \ln(P_t^{\min}) \right]^2 \times 100 \tag{2.4}$$

---

① 学术研究中，讨论固定收益资产的风险时，往往还采用风险价差（Risk Spread）的简单方法进行处理。然而，这类方法的出发点不是衡量价格的波动情况，且并不适用于其他金融市场，因此本书不做详细讨论。

② 如果考虑更低频的数据序列，例如周频的时间序列数据，那么周内波动率的计算既可以简单统计周内各交易日收益率的标准差，也可以采用经验回归拟合的方法。例如，加曼和克拉斯（Garman and Klass，1980）给出如下股市周内波动率的计算方式：
$$\hat{\sigma}_t^2 = 0.511 (P_t^{\max} - P_t^{\min})^2 - 0.019 \left[(P_t^{close} - P_t^{open})(P_t^{\max} + P_t^{\min} - 2P_t^{open}) \right.$$
$$\left. - 2(P_t^{\max} - P_t^{open})(P_t^{\min} - P_t^{open}) \right] - 0.383 (P_t^{close} - P_t^{open})^2 。$$

式中，$\hat{\sigma}_t^2$ 表示日内波动率，P 表示股票价格，其中 P_t^{max} 表示当日股票最高价，P_t^{min} 表示当日股票最低价。

所谓日间波动率，是指给定一个样本时间区间，根据这一区间内的所有日收益率信息，测量历史各个时点收益的波动率。实践中，通常使用 GARCH 模型来刻画单个金融市场的日间动态波动率。GARCH 模型参见式（2.5）。其中，第一个等式为均值方程，R_t 为金融市场的日度对数收益率；第二个等式为波动率方程，σ_t 为 R_t 的动态条件波动率。全书均采用 GARCH(1，1)设定。

$$\begin{cases} R_t = \mu_t + \varepsilon_t = \mu_t + \sigma_t v_t \\ \sigma_t^2 = \beta_0 + \sum_{i=1}^{q} \beta_{1,i} \varepsilon_{t-1}^2 + \sum_{j=1}^{p} \beta_{2,j} \sigma_{t-j}^2 \end{cases} \quad (2.5)$$

本书进一步采用 TGARCH 模型以考察杠杆效应。也即，相对于正面消息，负面消息更能导致波动率增加的现象，有利于更好地预测动态波动率。其形式见式（2.6）。

$$\begin{cases} \sigma_t^2 = \beta_0 + \sum_{i=1}^{q} \beta_{1,i} \varepsilon_{t-1}^2 + \sum_{j=1}^{p} \beta_{2,j} \sigma_{t-j}^2 + \sum_{k=1}^{n} \beta_{3,j} \sigma_{t-k}^2 I_{t-k}^- \\ I_{t-k}^- = \begin{cases} 1, & R_{t-k} < 0 \\ 0, & R_{t-k} \geqslant 0 \end{cases} \end{cases} \quad (2.6)$$

（二）高阶矩波动率指标

偏度为三阶矩指标，描述了资产收益率分布的非对称性。收益率的偏度越偏向负值，表明越有可能出现极端的负向收益，即金融市场越容易表现出崩盘风险，偏度风险越大。峰度为四阶矩指标，峰度越大，变量肥尾特征越明显，出现极端离群值的可能性越大，预期资产收益可能发生剧烈波动。金融市场的资产收益率，也往往表现出"尖峰厚尾"的特征。基于此，本书参照 GARCHSK 模型，对收益率序列建立高阶矩波动模型如下：

$$
\begin{cases}
R_t = \mu_t + \varepsilon_t = \mu_t + \sigma_t v_t \\
\sigma_t^2 = \beta_0 + \sum_{i=1}^{q_1} \beta_{1,i} \varepsilon_{t-1}^2 + \sum_{j=1}^{p_1} \beta_{2,j} \sigma_{t-j}^2 \\
S_t = \gamma_0 + \sum_{i=1}^{q_2} \gamma_{1,i} v_{t-i}^3 + \sum_{j=1}^{p_2} \gamma_{2,j} S_{t-j} \\
K_t = \delta_0 + \sum_{i=1}^{q_3} \delta_{1,i} v_{t-i}^4 + \sum_{j=1}^{p_3} \delta_{2,j} K_{t-j}
\end{cases}
\tag{2.7}
$$

其中，$\varepsilon_t \,|\, I_{t-1} \sim D(0,\ \sigma_t^2,\ S_t,\ K_t)$，$I_{t-1}$ 表示 $t-1$ 时刻的信息集，$D(0,\ \sigma_t^2,\ S_t,\ K_t)$ 表示包含均值、方差、偏度和峰度的 Gram – Charlier 分布。σ_t 表示 R_t 的动态条件波动率，S_t 表示动态条件偏度，K_t 表示动态条件峰度。

（三）在险价值指标

在险价值（Value-at-risk，VaR）指金融市场在压力情形下的最大可能损失风险。假设金融市场 i 的收益率为 R^i，当分位数为 $q\%$ 时，金融市场的在险价值 VaR_q^i 表示为：

$$
\Pr(R^i \leqslant -VaR_q^i) = q\%
\tag{2.8}
$$

在险价值的经济学含义为：收益率低于 $-VaR_q^i$ 的概率不超过 $q\%$。也即，金融市场处于压力状态的可能性为 $q\%$。一般而言，本书采用 5% 作为压力状态的代表。在压力状态下，市场收益率通常为负值，即分布的临界值 $-VaR_q^i$ 为负值，对其取负号得到正向指标 VaR_q^i，从而得到其值越大，市场极端风险损失越大的结果。在险价值可以从收益率极值的角度来理解，是一种变相的市场波动率指标。在实证测算时，一般可通过收益率关于常数项作分位数回归进行估计。

二、风险网络的边——金融市场之间的风险传染度量

借鉴现有系统性风险测度领域的相关研究成果，本书主要采用以下三类刻画关联性的方法来度量金融市场之间的风险传染。

方法 1：构建金融市场收益率之间的动态相关系数。本书主要采用 DCC –

GARCH 模型进行计算。此类方法只能测度系统性风险的总体水平，无法识别风险传递的方向，不能衡量单个市场的风险贡献或敞口。

方法 2：通过尾部依赖模型测度风险传染效应。此类研究主要包括 $\Delta CoVaR$（Adrian and Brunnermeier，2016）、SES（Acharya et al.，2017）、SRISK（Brownlees and Engel，2017）指标。考虑 $\Delta CoVaR$ 指标的计算过程更适用于金融市场层面的研究，因此本书主要采用该方法来计算金融市场之间的双边尾部风险传染指数。

方法 3：基于 VAR 模型的广义预测误差方差分解来构建金融市场之间的风险传染网络（Diebold and Yilmaz，2014）。

方法 2 和方法 3 均可以得到两两金融市场之间带有传染方向的关联程度，基于这些数据可以构建风险网络，利用网络分析法来考察金融市场之间的风险关联结构及特征。本书在后续研究中还将利用 Gephi 软件对网络进行可视化展现，以便于读者更加直观地理解风险传导路径。此外，考虑到部分研究中涉及的金融市场维数较高，本书还在相应部分采用 LASSO 方法进行参数的降维估计。

（一）DCC - GARCH 模型

恩格尔（Engle，2002）提出动态相关系数自回归条件异波动率（Dynamic Conditional Correlation GARCH，DCC - GARCH）模型，用于计算多个时间序列动态条件相关系数。本书采用两步估计方法，即首先采用单变量 TGARCH 模型获得其条件波动率及标准化残差。然后，再采用 DCC 模型的极大似然法估计得到变量两两之间的动态相关系数 $\rho_{ij,t}$。假设两变量的时变协方差矩阵如下：

$$Var_{t-1}\begin{pmatrix} R_{i,t} \\ R_{j,t} \end{pmatrix} = D_t H_t D_t = \begin{bmatrix} \sigma_{i,t} & 0 \\ 0 & \sigma_{j,t} \end{bmatrix}\begin{bmatrix} 1 & \rho_{ij,t} \\ \rho_{ij,t} & 1 \end{bmatrix}\begin{bmatrix} \sigma_{i,t} & 0 \\ 0 & \sigma_{j,t} \end{bmatrix} \quad (2.9)$$

对时变相关矩阵 H_t，做如下变换：

$$H_t = diag(Q_t)^{-1/2} Q_t diag(Q_t)^{-1/2} \quad (2.10)$$

其中，$diag(*)$ 是以 $*$ 中对角线为元素的对角矩阵，对 Q_t 建立以下回归模型：

$$Q_t = (1 - \alpha_C - \beta_C)S + \alpha_C \varepsilon^*_{t-1} \varepsilon^{*'}_{t-1} + \beta_C Q_{t-1} \tag{2.11}$$

其中，$\varepsilon^*_{t-1} = diag(Q_t)^{-1/2} \varepsilon_{t-1}$，而 ε_{t-1} 表示建立单变量 TGARCH 模型得到的标准化残差。因此，Q_t 表示 ε^*_{t-1} 的指数加权移动平均过程（Exponentially Weighted Moving Average，EWMA）。Q_t 正定的充要条件为 $\alpha_C > 0$、$\beta_C > 0$、$\alpha_C + \beta_C < 1$ 及矩阵 S 为正定的。在 $\alpha_C + \beta_C < 1$ 的条件下，S 表示 ε^*_t 的无条件协方差矩阵。也即，$S = E(\varepsilon^*_t \varepsilon^{*'}_t)$。

（二）ΔCoVaR 模型

阿德里安和布伦纳迈尔（Adrian and Brunnermeier，2016）提出的条件在险价值（ΔCoVaR）模型，可计算当某一金融市场处于压力状态时，其他市场面临的条件极端损失值，适用于衡量金融市场之间的风险传染关系。该指标的优势在于：能刻画风险指标之间的尾部依存关系，可以较好地反映风险实现的底层逻辑。因此，该模型也被称为尾部依赖模型。

如图 2-1 所示，$ΔCoVaR$ 指标类似于微观实证研究中的双重差分思想，对两个 $CoVaR$ 作差的原因在于：金融市场 j 处于压力情形时金融市场 i 的压力值，扣除金融市场 j 处于正常情形时金融市场 i 的压力值，可以排除金融市场 i 自身的脆弱性，从而专门刻画金融市场 j 状态的变动导致金融市场 i 风险的变动。

利用条件概率分布表示条件在险价值见式（2.12）。其中，R^j 表示金融市场 j 的收益率，$CoVaR_q^{i\,|\,VaR_q^j}$ 表示条件风险事件 $\{R^j = -VaR_q^j\}$ 发生时，即金融市场 j 处于压力状态时，金融市场 i 的在险价值。

$$Pr(R^i \leqslant -CoVaR_q^{i\,|\,VaR_q^j} \mid R^j = -VaR_q^j) = q\% \tag{2.12}$$

在此基础上，金融市场 j 对金融市场 i 的风险传染可表示为 $ΔCoVaR_q^{i\,|\,j}$。

$$ΔCoVaR_q^{i\,|\,j} = CoVaR_q^{i\,|\,R^j = -VaR_q^j} - CoVaR_q^{i\,|\,R^j = -VaR_{50}^j} \tag{2.13}$$

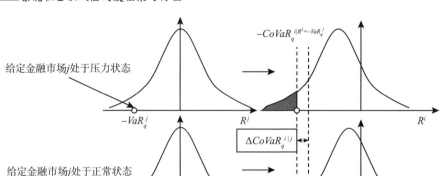

图2-1 ΔCoVaR 模型计算原理

注：图中左侧图形代表金融市场 j 的概率密度曲线，右侧图形代表在以金融市场 j 处于对应状态的条件下金融市场 i 的条件概率密度曲线。右侧图形的阴影部分围成的面积为 $q\%$ 。

资料来源：作者绘制。

$\Delta CoVaR$ 指标的估计通常采用分位数回归的方式。具体可由式（2.14）和式（2.15）计算。

$$R_t^j = \alpha_q^j + \varepsilon_{q,t}^j \tag{2.14}$$

$$R_t^i = \alpha_q^{i|j} + \beta_q^{i|j} R_t^j + \varepsilon_{q,t}^{i|j} \tag{2.15}$$

根据式（2.14），令 $q=5\%$ ，可得到金融市场 j 处于压力状态下的在险价值 $VaR_{5\%}^j = -\hat{\alpha}_{5\%}^j$ ；令 $q=50\%$ ，可得到金融市场 j 处于正常状态下的在险价值 $VaR_{50\%}^j = -\hat{\alpha}_{50\%}^j$ 。根据式（2.15），令 $q=5\%$ ，可得到 $CoVaR^{i\,|\,VaR_{5\%}^j} = -(\hat{\alpha}_{5\%}^{i|j} + \hat{\beta}_{5\%}^{i|j}\hat{\alpha}_{5\%}^j)$ ；令 $q=50\%$ ，可得到 $CoVaR^{i\,|\,VaR_{50\%}^j} = -(\hat{\alpha}_{50\%}^{i|j} + \hat{\beta}_{50\%}^{i|j}\hat{\alpha}_{50\%}^j)$ 。令两者作差，即可得到金融市场 j 对金融市场 i 风险传染的动态变化。

在一个样本期内，上述方法只能得到一个传染效应的数值。为获得金融市场 j 对金融市场 i 风险传染的动态变化，通常需要借助滚动窗口法。首先，选取固定窗口期，计算该窗口期内金融市场之间的风险传染指数，并以此作为窗口期末对应的风险传染指数。其次，将窗口期初和期末分别向后平移，得到一个新的窗口期，并计算该窗口期的风险传染指数，以此作为新窗口期末的风险传染指数。以此类推，最后，可得到整个样本期内跨市场风险传染的时变序列。滚动窗口法通常需要样本数据的时间期数较高，从而满足窗口期内模型估计的可操作性和可信性。

除滚动窗口法之外，还可以通过借助状态变量参与分位数回归，从而计算获得时变的 $\Delta CoVaR$ 指标。引入状态变量的分位数回归参见式（2.16）、式（2.17）。

$$R_t^j = \alpha^q + \gamma_q^j M_t + \varepsilon_{q,t}^j \tag{2.16}$$

$$R_t^i = \alpha_q^{i|j} + \beta_q^{i|j} R_t^j + \gamma_q^{i|j} M_t + \varepsilon_{q,t}^{i|j} \tag{2.17}$$

其中，M_t 表示一系列宏观金融的状态变量。如果所选取的是同一个国家内部的金融市场，状态变量可以选择隔夜拆借利率、期限价差、信用价差等变量；如果所选取的是跨国金融市场，状态变量的选择应为代表全球宏观金融周期的变量。相较于 $\Delta CoVaR$ 指标在金融机构层面研究的应用而言，金融市场层面的研究通常在状态变量方面的选取较为困难，其原因在于，这些状态变量本身就是金融市场的数据。因此，本书主要还是采用滚动窗口法计算获得时变的风险传染指数。

阿德里安和布伦纳迈尔（2016）还提出了另一种估计 $\Delta CoVaR$ 指标的方法，称为 GARCH - $\Delta CoVaR$ 方法。该计算方式与分位数回归计算得到的 $\Delta CoVaR$ 指标近似等价。该方法的理论是将风险传染指数拆解为三个部分，参见式（2.18）中的正态分布的分位点 $-\Phi^{-1}(q\%)$、被传染金融市场的波动率 $\sigma_{i,:}$、两个金融市场之间的相关系数 $\rho_{ij,t}$。其中，单个金融市场的波动率和两个金融市场之间的相关系数可通过上文介绍的 TGARCH 模型和 DCC - GARCH 模型分别计算得到。

$$GARCH - \Delta CoVaR_{ij,t} = -\Phi^{-1}(q\%) \times \rho_{ij,t} \times \sigma_{i,t} \tag{2.18}$$

式（2.18）应用于 $\Delta CoVaR$ 估计的好处在于三点：第一，可以进行解析因素分解，从而得出的系统性风险结果解释性较好；第二，不需要滚动窗口法，所以不需要耗费样本数据，从而适用样本期较短的研究；第三，指标对风险事件反应敏感。与滚动窗口法计算 $\Delta CoVaR$ 过于平滑的信息不同，由于 GARCH - $\Delta CoVaR$ 建立在当期波动率和动态相关系数基础之上，利用 DCC - GARCH 模型建模可以较好地反映当期的风险信息。但 GARCH - $\Delta CoVaR$ 也有两个不足的地方：第一，其推导建立在个体 i、j 的收益率分布均为正态分布的基础之上，从而可能忽视极端风险；第二，其考虑的 i、j 之间的依存关系为线性依存，而不是尾部（分位数）依存，从而难以考虑尾部风险依赖关系。

（三）VAR 模型的广义方差分解——DY 关联指数

迪博尔德和耶尔马兹（Diebold and Yilmaz，2014）提出的基于向量自回归（VAR）模型广义预测误差方差分解构建变量间关联性的方法（以下简称 DY 溢出指数方法）是另一种研究风险传染的简便工具。

相较于 $\Delta CoVaR$ 方法，DY 溢出指数方法具有以下优势：第一，DY 溢出指数方法站在整个网络的角度来考虑风险传染，不再拘泥于两两市场之间的传染，符合系统性风险的底层逻辑。而 $\Delta CoVaR$ 方法只能刻画两两之间的依赖关系，没有站在整个网络系统的角度来考虑问题。第二，DY 溢出指数方法没有考虑回归系数的显著性问题，且不存在负向风险传染数值的问题。而 $\Delta CoVaR$ 方法往往有这类困扰。第三，DY 溢出指数方法可以用于更低频率（如月频数据）的建模，而 $\Delta CoVaR$ 方法主要适用于高频（如周频、日频）数据的建模。

然而，DY 溢出指数方法也存在一定的不足之处：第一，该方法得到的结果是未预期到的冲击导致的关联，而不是风险指标本身带来的关联，从而存在一定的解释困难。第二，DY 溢出指数方法反映的是全部情形的依赖关系而不只是尾部情形的依赖关系，进而在刻画风险传染中存在不足。$\Delta CoVaR$ 方法的优势则在于能刻画风险指标之间的尾部依赖关系，可以较好地同时反映系统性风险的负向冲击和关联性两大要素。

DY 溢出指数方法是通过利用 VAR 模型的广义预测误差方差分解结果来构建变量之间的关联矩阵，并用以计算各市场之间的各类风险传染指数。具体而言，N 元 P 阶的 VAR 模型可以写作式（2.19）。其中，纳入 VAR 模型的变量为测算的各市场的收益率或波动率。

$$Z_t = \sum_{p=1}^{p} \Phi_p Z_{t-p} + \varepsilon_t, \ \varepsilon_t \sim N(0, \textstyle\sum) \qquad (2.19)$$

其中，Φ_p 表示系数矩阵，$\sum$ 表示协方差矩阵。该模型满足平稳性条件时，可转换为移动平均形式，见式（2.20）：

$$Z_t = \sum_{i=0}^{\infty} A_p \varepsilon_{t-p} \tag{2.20}$$

在式（2.20）的基础上对协方差矩阵进行广义预测误差方差分解，每个金融市场变量的预测误差的方差可归因于其他金融市场的关联溢出。超前 H 步预测的广义方差分解中，第 j 个变量对第 i 个变量方差的贡献度表达式为：

$$\theta_{ij}(H) = \frac{\sigma_{jj}^{-1} \sum_{h=0}^{H-1} (l_i' A_h \sum l_j)^2}{\sum_{h=0}^{H-1} (l_i' A_h \sum A_h' l_i)} \tag{2.21}$$

其中，A_h 表示超前 H 步 $VMA(\infty)$ 的系数矩阵，$\sum$ 表示误差项 ε_t 方差—协方差矩阵，σ_{jj}^{-1} 表示第 j 个冲击变量误差项的标准差，向量 l_j 中第 j 项的值为 1，其他项为 0。由于广义方差分解中所有内生变量的贡献度加总不为 1，因此需要对每一行数据进行标准化处理，并定义变量之间的关联程度：

$$Pairspill_{ij} = \tilde{\theta}_{ij}(H) = \frac{\theta_{ij}(H)}{\sum_{j=1}^{N} \theta_{ij}(H)} \tag{2.22}$$

$\tilde{\theta}_{ij}(H)$ 可用来度量在预测期 H 下金融市场 j 对金融市场 i 的风险传染水平，以其为元素所构建出的 $N \times N$ 邻接矩阵 $\tilde{\theta}(H)$，可以帮助识别出金融市场的风险关联结构，参见表 2–1。根据 $\tilde{\theta}(H)$，本书进一步定义金融市场之间的总传染指数、方向性传染指数、单市场净传染指数、成对净传染指数。需要说明的是，DY 溢出指数方法同样需要利用滚动窗口法来测算得到时变的风险传染序列，滚动窗口的思路与 $\Delta CoVaR$ 方法相同，此处不再赘述。此外，变系数的 TVP – VAR 模型不用滚动窗口法即可构建动态网络，对于时间维度样本不够时的研究是一种较好的备用方案。

表 2 - 1   DY 方法关联矩阵

	市场1	市场2	⋯	市场N	被传染指数
市场1	$\widetilde{\theta}_{11}(H)$	$\widetilde{\theta}_{12}(H)$	⋯	$\widetilde{\theta}_{1N}(H)$	
市场2	$\widetilde{\theta}_{21}(H)$	$\widetilde{\theta}_{22}(H)$	⋯	$\widetilde{\theta}_{2N}(H)$	$Fromspill_i = \dfrac{\sum\limits_{j=1,i\neq j}^{N}\widetilde{\theta}_{ij}(H)}{N-1} \times 100$
⋮	⋮	⋮	⋮	⋮	
市场N	$\widetilde{\theta}_{N1}(H)$	$\widetilde{\theta}_{N2}(H)$	⋯	$\widetilde{\theta}_{NN}(H)$	
传染指数	$Tospill_j = \dfrac{\sum\limits_{i=1,i\neq j}^{N}\widetilde{\theta}_{ij}(H)}{N-1} \times 100$				$Totalspill = \dfrac{\sum\limits_{i=1,j=1,i\neq j}^{N}\widetilde{\theta}_{ij}(H)}{N} \times 100$

1. 总传染指数（*Totalspill*）

$$Totalspill = \frac{\sum\limits_{i=1,j=1,i\neq j}^{N}\widetilde{\theta}_{ij}(H)}{N} \times 100 \qquad (2.23)$$

其中，N 为网络节点（这里指的是金融市场）的总个数。总传染指数，反映了整个金融市场系统的总风险传染程度，可以作为时间维度系统性风险指标的代表。该值越大，代表金融市场之间的风险联动性越高。

2. 方向性传染指数

其他市场对金融市场 i 的方向性传染指数定义为市场 i 的被传染指数：

$$Fromspill_i = \frac{\sum\limits_{j=1,i\neq j}^{N}\widetilde{\theta}_{ij}(H)}{N-1} \times 100 \qquad (2.24)$$

金融市场 j 对其他市场的方向性传染指数定义为市场 j 的传染指数：

$$Tospill_j = \frac{\sum\limits_{i=1,i\neq j}^{N}\widetilde{\theta}_{ij}(H)}{N-1} \times 100 \qquad (2.25)$$

被传染指数 $Fromspill_i$ 测度了金融市场 i 接受其他市场风险传染的大小。被传染指数越大，表示该市场的脆弱性越高。传染指数 $Tospill_j$ 则表示金融市场 j 向其他市场扩散风险的大小。该指数越大，表示该市场的系统重要性程度越高。被传染指数与传染指数都可以作为系统性风险空间维度指标的代表。

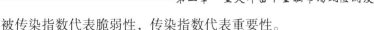

被传染指数代表脆弱性，传染指数代表重要性。

3. 单市场净传染指数

$$Netspill_i = Tospill_i - Fromspill_i \qquad (2.26)$$

单市场净传染指数，表示金融市场 i 传染指数与被传染指数的差值，反映了该市场在风险传染网络中扮演的角色。单市场净传染指数为正，代表金融市场 i 对其他市场输出的风险高于接受的风险，在传染网络中主要充当风险的"扩散者"，以输出风险为主。单市场净传染指数为负，代表金融市场 i 接受的风险高于输出的风险，在传染网络中主要充当风险的"接受者"，以吸收风险为主。单市场净传染指数接近零，则代表该市场风险传染的输入和输出近似，充当风险的"中转站"。

4. 成对净传染指数

$$Netpairspill_{ij} = \tilde{\theta}_{ij}(H) - \tilde{\theta}_{ji}(H) \qquad (2.27)$$

成对净传染指数，表示金融市场 j 对金融市场 i 的风险传染与金融市场 i 对金融市场 j 风险传染的差值。该指数反映了两市场之间风险传染的非对称性。成对净传染指数为正数，代表两市场之间的传染由金融市场 j 占主导；成对净传染指数为负数，代表两市场之间的传染由金融市场 i 占主导。成对净传染指数接近零，代表两市场之间的传染强度较为对称，不存在主导市场。

当研究的问题涉的金融市场过多时，VAR 模型中的内生变量过多，会造成估计的维数诅咒问题，通常采用 LASSO – VAR 的估计方法予以克服。即在回归参数中施加一个惩罚项的最小二乘法，其可以同时实现估计参数和选择变量，LASSO – VAR 模型的估计表达式如下所示：

$$\min \sum_{t=1}^{T} \left\| Z_t - \sum_{p=1}^{P} \Phi_p Z_{t-p} \right\|_F^2 + \lambda_i \|\Phi_i\|_1 \qquad (2.28)$$

$$\|\Phi_i\|_1 = \sum_{j=1}^{N} |\Phi_{ij}| \qquad (2.29)$$

其中，$\|A\|_F$ 表示某一矩阵 A 的弗洛比尼斯（Frobenius）范数，即某一矩阵 A 各项元素的绝对值平方的总和。λ_i 表示惩罚参数，其通过连续交叉验证进行估计。$\|\Phi_i\|_1$ 表示 l_1 惩罚项，即向量中各个元素绝对值之和。惩罚项可

以通过将最不显著的元素赋值为 0，减少横截面系数的估计个数。

事实上，还有两种对 VAR 模型进行降维的思路，一种是因子增强型向量自回归模型（FAVAR）。另一种是主成分 VAR 模型。与 LASSO - VAR 方法把进入 VAR 模型中的内生变量（也即网络节点）同等看待不同，FAVAR 模型把内生变量分成 2 个层次，进入核心 VAR 模型的内生变量层级更高，其地位等同于 LASSO - VAR 中的变量，可以同时考虑其作为冲击和响应变量，能构建金融网络；没有进入核心 VAR 模型的内生变量，只能作为响应变量，难以构建金融网络。主成分 VAR 模型与 FAVAR 模型类似，都是直接把内生变量降维，考虑主成分之间的相互影响。主成分 VAR 模型与 FAVAR 模型对信息的压缩比较厉害，且主成分 VAR 模型的信息压缩更多，这两个模型都不是主要用来构建金融网络，而是用来研究传导机制。

（四）广义方差分解谱表示法

广义方差分解谱表示法由巴鲁尼克和克热赫利克（Baruník and Křehlík，2018）提出，该方法是对 DY 溢出指数方法的改进和发展。相较于传统方法，广义方差分解谱表示法考虑了金融市场对冲击的异质性频率响应。这种以异质性频率响应为基础分解的好处在于，可以考虑风险传染的短周期和中长周期影响。异质性频率响应的逻辑基础为：对于不同类型的冲击，市场参与者会对其形成不同持续期的预期，进而引发具有短期或长期效应的资产配置行为。也正因如此，在金融市场之间形成了不同持续期的风险关联。具体表现在，高频域上的风险传染发生在短周期波段之间时，金融市场对冲击做出的反应较为迅速。低频域上的冲击则主要发生在具有高度不确定性的动荡时期，投资者预期会发生永久性改变，进而引发在长周期波段之间的关联性。由此可知，相对于短周期风险关联，长周期风险关联的影响更加具有持续性，因此也更加值得关注。

广义方差分解谱表示法的思路为：首先，将时域上定义的风险溢出指数，按照异质性频率响应分解成不同的部分，分别得到短周期波段、中周期波段和长周期波段的溢出。也即，利用 DY 溢出指数可以分解为三个周期波段的风险溢出，且满足可加性。其次，高频域上的风险溢出（也即短周期溢出）

占主导，表示此时金融市场会迅速对信息做出响应，冲击影响的持续时间较短；低频域上的溢出（也即长周期溢出）占主导，则表示此时冲击产生的影响具有持续性，会传播较长的时间。

将金融市场间的风险传染指数进行频域分解的步骤如下：首先，定义广义因果谱 $f_{ij}(\omega)$（generalized causation spectrum）。广义因果谱表示在特定频率 ω 上第 j 个变量的方差贡献中可由第 k 个变量解释的比例：

$$f_{jk}(\omega) = \frac{\sigma_{kk}^{-1} \left| \left(l_j' A(e^{-i\omega}) \sum l_k \right) \right|^2}{l_j' A(e^{-i\omega}) \sum A'(e^{+i\omega}) l_j}, \ \omega \in (-\pi, \pi) \tag{2.30}$$

其中，$A(e^{-i\omega}) = \sum\limits_{h=0}^{\infty} e^{-i\omega h} A_h$，由式（2.20）中的系数进行傅里叶变换得到。

其次，定义 $\theta_{jk}(d)$ 为第 k 个变量对第 j 个变量在频率带 d 上的方差分解。该方差分解可由对应频率下的方差分解 $f_{jk}(\omega)$ 加权求和得到：

$$\theta_{jk}(d) = \frac{1}{2\pi} \int_d \Gamma_j(\omega) f_{jk}(\omega) d\omega \tag{2.31}$$

其中，权数 $\Gamma_j(\omega)$ 表示第 j 个变量中频率 ω 成分的方差占比：

$$\Gamma_j(\omega) = \frac{l_j' A(e^{-i\omega}) A'(e^{+i\omega}) l_j}{\frac{1}{2\pi} \int_{-\pi}^{\pi} \left(A(e^{-i\lambda}) \sum A'(e^{+i\lambda}) \right) d\lambda} \tag{2.32}$$

时域和频域上的方差分解存在如下关系，即当 $H \to \infty$ 时，时域方差分解 $\theta_{jk}(H)$ 可以分解到多个互不相交的频率带 d 上：

$$\lim_{H \to \infty} \theta_{jk}(H) = \sum_{d \in D} \theta_{jk}(d) \tag{2.33}$$

最后，将 $\theta_{jk}(d)$ 做标准化处理并表示成百分比形式：

$$\tilde{\theta}_{jk}(d) = \frac{\theta_{jk}(d)}{\sum\limits_{k=1}^{N} \sum\limits_{d \in D} \theta_{jk}(d)} \times 100\% \tag{2.34}$$

根据 $\tilde{\theta}_{jk}(d)$，同样可以进一步定义金融市场间在各个频率带上的总传染指数、方向性传染指数、单市场净传染指数、成对净传染指数。

（五）风险传染网络的可视化

为了更加直观地展示金融市场之间的风险传染路径和结构，本书对部分测算得到的风险传染指标进行了网络可视化处理。图2-2展示了本书后续研究中的两个案例。其中，图2-2（a）为新冠肺炎疫情冲击下全球外汇市场的风险传染网络，图2-2（b）为新冠肺炎疫情冲击下全球主要五大类金融市场之间的短期风险传染网络。所有的网络可视化图形均由Gephi软件或其他统计软件生成。节点代表每一个金融市场，连接节点的有向箭头代表两两市场之间的风险传染效应，通常由$\Delta CoVaR$或DY关联指数等方法计算得到。节点越大，表示该节点代表金融市场对其他市场输出的风险水平越高；连接节点的有向箭头越粗，表示金融市场之间的风险传染强度越高。

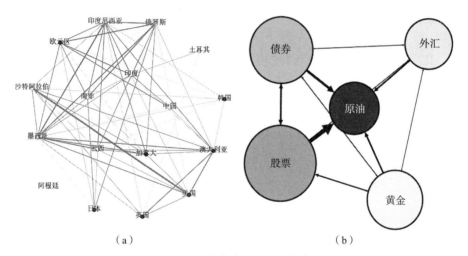

（a）   （b）

图2-2　风险传染网络可视化案例

资料来源：作者绘制。

通常而言，根据具体的研究需要，网络可视化作图中也会采取不同的处理细节。比如，在图2-2（a）中，由于网络中考虑的外汇市场数量较多，如果全部画出节点之间的连线，那么网络整体就会显得很冗杂。因此，在作图时往往选择保留传染强度在一定阈值之上的边以精简网络，从而方便读者更加直观地发现最主要的风险传染路径。在图2-2（b）中，对各个节点的位置采用了Force Atlas2的布局方式。该算法设定节点之间像两块磁铁的磁极一样相互排斥，而连线则像弹簧一样吸引节点，连线对节点的吸引力与传染指数成正比。节点之间的距离越近，表示两者之间的风险传染水平越大，可以更清晰地呈现出市场之间风险传染的结构特征。

第二节　重大冲击溢出效应及政策防控量化

一、冲击溢出效应的描述性分析

上一节内容主要介绍了金融市场自身风险以及跨市场风险传染的测度方法。本节内容将以上述风险指标为研究对象，讨论如何度量重大事件冲击对上述风险指标的影响。对于本节研究而言，最直观的办法，就是不借助任何模型，通过对各类风险指标作图，对冲击前后的样本进行描述性统计分析。

举例说明，图 2-3 绘制了全球新冠肺炎疫情暴发的不同阶段内，全球五大代表性金融市场的波动率变化趋势。表 2-2 给出了不同市场波动率在各个疫情发展阶段的描述性统计。综合图表可以发现：第Ⅱ阶段（高风险）与第Ⅰ阶段（疫情前）相比，各金融市场的波动率较为接近。进入第Ⅲ阶段（非常高风险）以后，各金融市场自身波动率的斜率大幅上升，均增加至疫情前的两倍以上。这直观地说明，新冠肺炎疫情冲击对金融市场的风险确实存在影响。与单一市场自身风险指标类似，利用前述方法测算得到的跨市场风险传染指数同样可以选定重大冲击的时间段或时间点，来分析冲击前后指标的走势变化，从而初步给出重大冲击的溢出效应表现。

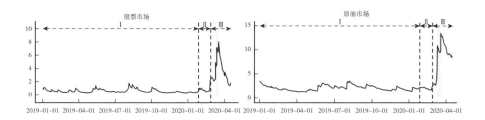

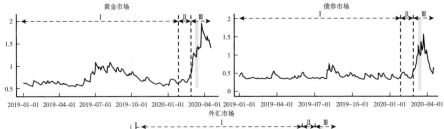

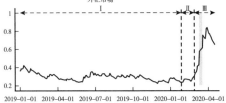

图 2 - 3　重大事件冲击描述性分析案例 1

注：（1）横轴表示日期变量，频率是日度，纵轴表示各金融市场波动率。（2）阶段Ⅰ、Ⅱ、Ⅲ分别代表新冠肺炎疫情暴发前期、疫情期间 WHO 全球风险级别为"高风险""非常高风险"时期。（3）阴影部分表示 2020 年 3 月 9 日至 2020 年 3 月 18 日期间，美股分别于 3 月 9 日，3 月 12 日，3 月 16 日和 3 月 18 日发生四次熔断。

资料来源：作者绘制。

表 2 - 2　　　　　　　　　分阶段描述性统计案例 1

阶段	统计量	股票市场	原油市场	黄金市场	债券市场	外汇市场
第Ⅰ阶段（疫情前） 2019 年 1 月 1 日~ 2020 年 1 月 24 日	均值	0.586	2.068	0.713	0.406	0.293
	标准差	0.267	0.526	0.141	0.072	0.039
第Ⅱ阶段（高风险） 2020 年 1 月 27 日~ 2020 年 2 月 27 日	均值	0.879	2.042	0.685	0.443	0.258
	变化率	(50.00%)	(-1.26%)	(-3.93%)	(9.11%)	(-11.95%)
	标准差	0.499	0.205	0.057	0.059	0.017
第Ⅲ阶段（非常高风险） 2020 年 2 月 28 日~ 2020 年 4 月 17 日	均值	3.633	8.788	1.463	0.928	0.634
	变化率	(519.97%)	(324.95%)	(105.19%)	(128.57%)	(116.38%)
	标准差	1.878	3.131	0.255	0.299	0.151
全样本 2019 年 1 月 1 日~ 2020 年 4 月 17 日	均值	0.930	2.780	0.791	0.464	0.327
	标准差	1.148	2.355	0.278	0.199	0.122

注：括号内"变化率"计算方式为（该阶段日度波动率均值 - 第Ⅰ阶段日度波动率均值）/第Ⅰ阶段日度波动率均值。

资料来源：作者计算得出。

除了对各类风险指标的时间维度走势进行描述外，还可以对金融市场风险指标空间维度的网络结构进行分样本阶段的对比分析。图2-4的案例展示了国内新冠肺炎疫情暴发之前和暴发期间实体经济和股票市场各行业之间的风险传染结果对比情况。从图中可以直观地发现，新冠肺炎疫情期间股票市场各行业的波动率以及行业之间的风险传染明显增大，证实了冲击溢出效应的存在。与此同时，从风险传染结构的角度来看，可以发现，股票市场的风险更多的是从受新冠肺炎疫情负面影响较高的行业（如材料、能源、工业、可选消费行业）向受新冠肺炎疫情影响较低或者影响为正面的行业（如医疗保健行业）扩散。

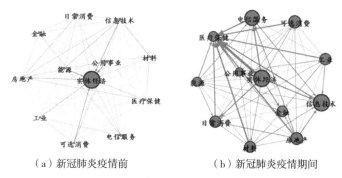

（a）新冠肺炎疫情前　　　　　（b）新冠肺炎疫情期间

图2-4　重大事件冲击描述性分析案例2

注：（1）左图和右图分别为国内新冠肺炎疫情冲击发生之前（2019年11月5日至2020年1月17日）和发生期间（2020年1月20日至2020年4月10日）实体经济和股票市场各行业的风险溢出网络。（2）节点的大小代表行业股价（或实体经济指标）波动率的大小。（3）连线的粗细代表条件在险价值（$\Delta CoVaR$），越粗则代表在险价值越大，即风险溢出越大。（4）箭头代表溢出的方向。

资料来源：作者绘制。

二、冲击溢出效应的量化分析

（一）简单线性回归法

分阶段描述性分析可以直观定性地说明重大冲击对金融市场风险的溢出效应是否存在，但是无法定量地识别风险水平的变化究竟在多大程度上是由于相关重大冲击事件引起的。因此，在实证分析过程中，本书采用了更加严谨的计量经济学方法对重大冲击的溢出效应进行量化研究。

其中，最为简单的计量模型是多元回归模型，见式（2.35）。

$$Risk_t = \beta_0 + \beta_1 X_t + \theta Controls + \varepsilon_t \tag{2.35}$$

模型中被解释变量 $Risk_t$ 依据具体研究问题而定，可以是单个金融市场的波动率，也可以是金融市场之间的总风险传染指数，还可以是两两金融市场之间的成对传染指数等。核心解释变量 X_t 表示可以反映重大冲击事件的具体连续变量。例如，新冠肺炎疫情冲击问题中可以使用全球或地区新增感染人数、死亡人数等相关指标予以刻画。

同时，为了准确地考察核心因素对金融市场风险水平溢出影响的贡献程度，本书还借鉴了杨海珍等（2012）提出的因素贡献度计算方法进行讨论分析。具体而言，模型中各个解释变量在模型中的贡献度（RW）计算如式（2.36）所示。其中，β_i 表示第 i 个解释变量的系数估计值，σ_i 表示第 i 个变量的样本标准差，n 表示解释变量的个数。

$$RW_i = \frac{|\beta_i|\sigma_i}{\sum_{i=1}^{n}|\beta_i|\sigma_i}, \ i = 1, 2, \cdots, n \tag{2.36}$$

但遗憾的是，并不是所有重大冲击事件均可以找到对应的实际连续变量进行刻画，比如中美贸易摩擦冲击。另外，像新冠肺炎疫情冲击、中美贸易摩擦冲击等类似事件相对外生，因此模型的内生性比较弱。一旦遇到相对内生的事件类型，如实体经济下滑压力、比特币价格大幅波动等内生事件，采用简单的线性回归模型就不可避免地面临内生性的问题。基于上述问题，本书在量化重大冲击事件的溢出效应时，更多地采用的是事件分析法。

（二）事件分析法

事件分析法（Event Analysis Methodology）的道理很简单，在某一些时点，发生了某一类相同性质的事件，对某一变量产生了影响，通过比较事件前后的变化得到事件对该变量的处理效应。对应本书的研究，即为重大冲击事件对金融市场风险的溢出效应。

资产定价和公司金融研究领域常用到事件研究法（Event Study Methodology），与本书使用的事件分析法具有异曲同工之妙。只是，事件研究法更多地侧重于事件发生后股票横截面维度的超额收益率变化，应用场景较为固定，是研究微观金融领域的方法。而本书使用的事件分析法则更多站在时间序列维度，研究宏观金融领域问题，主要用于以下两类较为宽泛的应用场景的分析（Gourinchas and Obstfeld, 2012; Schularick and Taylor, 2012）：第一类是考察备择的解释因素（或者解释变量）在某一同类事件（如危机事件）发生之前的累积变化趋势，进而量化分析该类事件发生的原因；第二类是考察某一类冲击发生之后，被解释变量的连续变化，进而分析冲击事件对被解释变量造成的动态影响。

事件分析法的具体设定如下：

$$Risk_t = \alpha + \sum_{s=-n}^{m} \beta_s D_s + \theta Controls + \varepsilon_t \tag{2.37}$$

其中，$Risk_t$表示金融市场风险目标变量的时间序列。s表示重大事件冲击前后的窗口期（通常用交易期数计量），其取值范围为 $[-n, m]$，表示从冲击发生前n日至发生后m日共计$n+1+m$个窗口期。s取正值，表示事件发生后的第s个交易期；s取负值，表示事件发生前的第s个交易期；s取0，表示事件发生的当期。D_s是构成事件分析法中的最重要变量，将其称为事件虚拟变量。具体而言，D_s是由1和0组成的序列，1的位置表示距离该事件s交易期的时间点。如果样本时间区间内有5次重大事件发生，那么，每一个解释变量D_s当中将会有5个观测值为1，其余均为0。β_s是关注的核心结果，其反映了事件发生前后，目标变量的变动趋势。图2-5展示了事件分析法研究结果呈现的一个案例。该案例研究了全球新冠肺炎疫情恶化事件对全球代表性股票市场、原油市场、黄金市场、债券市场及外汇市场自身风险的影响。

关于窗口期的选择，需要注意在以下两点之间进行权衡：第一，窗口期太长，容易因为多重共线性问题带来回归系数的不显著。而且，如果事件发生频率较高，太长的窗口期容易导致某个事件的发生被包含在上一个或者下一个事件的窗口期中，从而可能存在事件叠加效应。第二，窗口期太短，难以得到事件带来的动态影响效应。

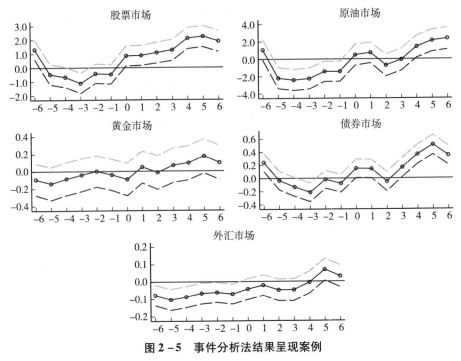

图2-5　事件分析法结果呈现案例

注：（1）横轴表示距离新冠肺炎疫情恶化事件的时间距离（单位是交易日），纵轴表示事件虚拟变量的回归系数；（2）实线表示事件虚拟变量的回归系数，虚线表示回归系数正负两倍标准差的置信区间。

资料来源：作者绘制。

　　获取事件变量的方法一般而言有两种：第一种是直接选择重大冲击过程中的代表性事件，将发生的日期设定为1，其余日期设定为0，作为当期事件虚拟变量，如表2-3展示了国内新冠肺炎疫情暴发时期内较为重要的事件节点。第二种设定方法通常应用于从一个连续序列指标中提取关键节点，将某一指标超过某一上分位点（或者低于某一下分位点）的数据节点日期设定为1，其余日期设定为0，作为当期事件的虚拟变量。比如，本书第八章在研究全球风险联动对中国金融市场输入性金融风险影响时，就将样本期间全球代表性金融市场间总溢出指数从大到小排序前10名的日期定义为1，代表此时全球金融市场发生较强的风险联动，其余时间的事件变量设定为0。

表 2-3   事件变量选取案例

时间	事件主要内容
2020 年 1 月 20 日	钟南山表示新冠病毒存在人传人的现象，且中国首次公布新冠肺炎疫情病例相关统计信息
2020 年 2 月 4 日	中国公布新增确诊病例最多的两天（2 月 12 日为新增确诊病例最多的一天，但由于新增的主要原因为计算口径调整，因此剔除）
2020 年 2 月 13 日	
2020 年 3 月 16 日	根据公开信息，海外新冠肺炎疫情确诊病例超过中国，新冠肺炎疫情走向全球

资料来源：作者收集。

　　事件分析法的本质是将事件冲击发生前后的窗口期作为处理组，其他时期作为控制组。处理组与控制组回归结果的差异，即为目标变量对事件冲击的成因分析（应用场景 1）或事件冲击对目标变量的动态影响分析（应用场景 2）。事件分析法采用连续多次同类冲击纳入分析，可以在很大程度上缓解内生性问题。如果冲击事件具有较强的外部性，模型只能适用于应用场景 2 的研究，但是仍然可以加入外部事件发生前的窗口变量，以检验事件发生前，目标变量系数是否与 0 有显著的偏差。

　　最后需要说明的是，事件分析法模型中的控制变量主要包含被解释变量自身的滞后项，而不加入宏观经济变量等作为控制。其原因在于，该模型侧重于分析短期内某一类冲击事件发生对被解释变量的影响，而这一期间的宏观经济变量难以有大幅度的变化。与此同时，为了确保宏观经济变量在事件区间内基本保持不变，应选择较短的窗口期进行研究。

（三）局部投影模型

　　与事件分析法的模型设定类似，利用霍尔达（Jordà，2005）提出的局部投影方法（Local Projection）同样可以估计冲击事件发生后目标变量的累积动态变化情况。线性局部投影模型可以利用简单的 OLS 算法，对目标变量及其每个层级 h 的一系列回归进行估计，得到冲击变量对目标变量的脉冲响应函数或累积脉冲响应函数。具体设定如下：

$$\Delta_h Risk_{t+h} = \alpha_h + \beta_h D_t + \psi_h(L) Risk_t + \varepsilon_{t+h} \quad (h = 0, 1, 2, \cdots) \quad (2.38)$$

其中，被解释变量 $\Delta_h Risk_{t+h} = Risk_{t+h} - Risk_t$ 表示第 $t+h$ 期金融市场风险指标相较于第 t 期的累积变化，此处默认事件发生当期对金融市场风险不产生影响。如果考虑当期影响，可以设定 $\Delta_h Risk_{t+h} = Risk_{t+h} - Risk_{t-1}$。$D_t$ 为事件虚拟变量，与事件分析法不同的是，此处设定只保留事件发生当期的虚拟变量，而不进行窗口移动。α_h 表示截距项，$\psi_h(L)$ 表示滞后多项式算子，ε_{t+h} 表示扰动项。实际研究中，可以根据研究的具体问题在式（2.38）中添加外生控制变量及其滞后项。

β_h 是对应事件的估计系数，反映了金融市场风险变量对外部事件冲击在 h 期的累积响应。标准线性 LP 方法与传统的 VAR 模型相似，通过向前迭代构造脉冲响应函数。但需要说明的是，在 $\Delta_h Risk_{t+h} = Risk_{t+h} - Risk_t$ 的设定下，β_h 序列对应累积脉冲响应函数；如果设定 $\Delta_h Risk_{t+h} = Risk_{t+h} - Risk_{t+h-1}$，$\beta_h$ 序列则对应一般的脉冲响应函数。图 2-6 展示了利用局部投影模型计算得到的事件冲击下的累计脉冲响应函数。

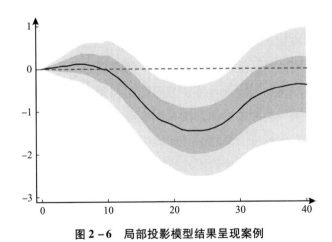

图 2-6　局部投影模型结果呈现案例

注：（1）该图展示了 14 世纪以来重大传染病事件对经济体自然利率的长期影响；（2）横轴表示距离历史重大传染病事件结束年份的时间距离（单位是年），纵轴表示自然利率在事件冲击下的累积脉冲响应函数；（3）实线表示事件虚拟变量的回归系数，阴影表示回归系数正负一倍和两倍标准差的置信区间。

资料来源：Jordà et al.：Longer-Run Economic Consequences of Pandemics，https：//www. frbsf. org/economic-research/publications/working-papers/2020/09，September，2020.

三、政策防范效应的量化分析

除量化重大冲击事件对中国金融市场自身风险和输入性金融风险的溢出效应之外，本书的另一重要研究目标是探究针对疫情和经济状况所采取的防范政策是否具有缓解金融市场风险的有效性。政策评估效应的量化与重大事件冲击溢出效应的量化在方法论上较为相似，本书同样采用事件分析法和局部投影模型来刻画防疫或经济政策的作用效果。政策变量的设定方式同样分为虚拟变量和连续变量两类，针对不同的变量类型，本书对应地使用不同模型进行评估。

第一类政策变量的设定方式采取事件虚拟变量的形式。与重大外部冲击事件相似，政策事件虚拟变量选择的是，重大外部事件的持续期内各类政府部门推出重要防疫或宏观调控政策的时间点。例如，表 2-4 展示了国内新冠肺炎疫情暴发期间，中国政府采取主要货币政策的时间点。然后，利用政策虚拟变量替换式（2.37）或式（2.38）中的外部冲击事件虚拟变量，使用事件分析法或局部投影模型来量化政策事件后金融市场风险变量的变化趋势，用以检验政策的有效性。

表 2-4　　　　　　　　　　政策事件选取案例

时间	主要内容
2020 年 1 月 31 日	央行向主要全国性银行提供总计 3000 亿元低成本专项再贷款资金
2020 年 2 月 3 日	央行表示开展 1.2 万亿元公开市场操作投放流动性
2020 年 2 月 20 日	央行公布新·期的贷款市场报价利率（LPR），一年期的贷款市场报价利率（LPR）下调 10 个基点（BP）为 4.05%；五年期以上的贷款市场报价利率（LPR）下调 5 个基点（BP）为 4.75%
2020 年 2 月 26 日	央行新增再贷款再贴现额度 5000 亿元，下调支农支小再贷款利率 0.25 个百分点。5000 亿元再贷款再贴现主要用于支持企业复工复产
2020 年 3 月 16 日	央行宣布实施普惠金融定向降准，释放长期资金 5500 亿元

资料来源：作者收集。

第二类政策变量设定是连续变量的形式，比如以 M2 增长率为代理的数量型货币政策变量，以短期利率为代理的价格型货币政策变量等。这类货币政策、宏观审慎政策、财政政策变量与目标变量金融市场风险指标一样，具有较长的数据样本期。如果直接将政策和风险变量进行回归分析，无法识别这些政策真正作用于重大外部冲击事件的"靶向"效果。

通常而言，文献中探究上述问题的方法更多地采用两步法。两步法的思路如下：第一步利用时变参数的向量自回归模型（TVP – VAR）测算得到各类政策对目标金融风险指标的时变作用效果；第二步结合第一步计算得到的时间维度政策效果指标，利用描述性分析或回归方法，评估重大外部冲击事件持续期间内的政策效果趋势。这类方法尽管具有一定的优点，但模型参数估计较为复杂，分步估计过程中容易存在设定偏误和测量误差等问题。

因此，本书后续研究主要采用非线性的局部投影模型来代替上述"两步法"的实证思路，从而避免"两步法"多方程估计在中间过渡环节存在的测量误差问题。具体而言，局部投影模型可以拓展至状态依赖的非线性模型，以及允许根据是否处于重大外部冲击事件发生期内设定虚拟变量，将线性局部投影模型转化为多个状态进行分别估计，参见式（2.39）。

$$\Delta_h Risk_{t+h} = I_t \left[\alpha_h + \beta_h \Delta Policy_t + \psi_h(L) Risk_t + \varphi_h(L) \Delta Policy_t \right]$$
$$+ (1 - I_t) \left[\alpha_h + \beta_h \Delta Policy_t + \psi_h(L) Risk_t \right.$$
$$\left. + \varphi_h(L) \Delta Policy_t \right] + \varepsilon_{t+h} \tag{2.39}$$

在式（2.39）中，$\Delta Policy_t$ 表示相关政策的变化量，$\varphi_h(L) \Delta Policy_t$ 表示政策变量的滞后项。$I_t \in \{0, 1\}$ 是一个虚拟变量，在重大外部冲击事件持续期内取值为 1，否则为 0。该式设定允许模型的估计系数随是否处于冲击事件期内的状态而有所不同。考虑到被解释变量的前后关联可能引起扰动项的自相关性问题，对标准误差使用 Newey – West 方法进行校正。

第三节　重大冲击的影响渠道分析

第二节的研究内容主要集中于外部重大事件冲击对金融市场风险指标的

直接影响上。而事实上，外部事件冲击对金融市场风险的溢出效应既存在直接影响渠道，也存在间接影响渠道。通过量化各渠道对金融市场风险影响的动态变化过程，可以系统地把握风险传染的传导机制，更进一步认识风险生成的内在规律。本节主要围绕如何将冲击下的金融市场风险进行渠道分解进行方法介绍。

在风险生成的渠道分析中，本书将间接影响渠道分为两类。第一类是金融市场内部的渠道分解。即在研究单个金融市场的自身风险受外部冲击溢出影响时，将其风险来源分解为两部分：该市场受外部事件冲击的直接影响，以及国内或跨国金融市场受事件冲击之后对该市场的风险传染调节效应。第二类是各类金融市场外部面临的共同渠道因素，如经济基本面状况、投资者情绪等因素。在本书后续的研究中，根据不同研究问题的需要单独或同时考虑两类渠道因素的分解。

文献中常见的渠道机制分析大多采用调节效应模型，如式（2.40）所示。

$$y_t = \alpha + \sum_{s=-m}^{m} \gamma_s D_s + \theta Z_t + \sum_{s=-m}^{m} \beta_s Z_t \times D_s + \varepsilon_t \qquad (2.40)$$

其中，y_t 代表目标金融市场的风险指标，通常为单一金融市场的自身波动风险或该市场面临的总体输入性金融风险。D_s 代表外部冲击的事件虚拟变量，与前文事件分析法中的事件虚拟变量定义相同。Z_t 代表能够调节外部事件对目标金融市场风险作用的一系列渠道因素组成的向量。β_s 代表反映渠道因素 Z_t 对外部冲击事件影响目标金融市场风险的调节效应。γ_s 代表反映剔除所有渠道因素作用后外部冲击事件对该金融市场风险的直接影响。

但是，与传统调节效应模型不同的是，本书将事件分析法模型设定融入调节效应模型之中。由于事件分析法设定中存在较多的虚拟变量，因此将这些虚拟变量与多个渠道因素变量进行交乘之后，模型中的待估计参数也相应地增多，且容易造成多重共线性问题。为此，本书创造性地提出正交分解法来缓解上述问题。

正交分解法的核心思路是对被解释变量的影响渠道因素进行逐个分解。具体做法是：首先，将被解释变量随机地与其中一个可能的渠道因素作调节效应的最小二乘法（OLS）回归，回归系数即为该因素对被解释变量的影响程度。其次，提取上一步回归残差项作为被解释变量剔除第一个影响因素之后那些未被解释的部分。未被解释的部分作为下一轮的被解释变量，与另一个可能的影响因素作调节效应 OLS 回归。以此类推，可得到每一个影响因素对被解释变量的影响程度。相对于直接对全部影响因素进行回归，当解释变量过多而样本容量不足时，正交分解法可以在较大程度上降低多重共线性问题，从而增加估计精度。

本节以金融市场之间的内部风险传染渠道因素分解为例，介绍正交分解法的具体过程，上文提到的外部影响因素分解方法与之相同。新冠肺炎疫情暴发之后，中国股票市场的风险来源可以分解为四部分：债券市场、外汇市场、货币市场受冲击后对股票市场的风险传染效应，以及疫情冲击对股票市场的直接影响。如表 2-5 所示，对股票市场风险变化因素的分解可以分 4 步进行，每一步分解出一个风险影响渠道。回归模型如式（2.41）~式（2.44）所示。

$$\sigma_{i,t} = \beta_i \Delta CoVaR_t^{i|j} + \sum_{s=0}^{m} \gamma_{i,s} \Delta CoVaR_t^{i|j} \times D_s + \varepsilon_{i-j,t}, j \neq i \quad (2.41)$$

$$\varepsilon_{i-j,t} = \phi_i \Delta CoVaR_t^{i|k} + \sum_{s=0}^{m} \varphi_{i,s} \Delta CoVaR_t^{i|k} \times D_s + \varepsilon_{i-j-k,t}, k \neq i \quad (2.42)$$

$$\varepsilon_{i-j-k,t} = \mu_i \Delta CoVaR_t^{i|h} + \sum_{s=0}^{m} \nu_{i,s} \Delta CoVaR_t^{i|h} \times D_s + \varepsilon_{i-j-k-h,t}, h \neq i \quad (2.43)$$

$$\varepsilon_{i-j-k-h,t} = \alpha_i + \sum_{s=0}^{m} \omega_{i,s} D_s + \varepsilon_{i,t} \quad (2.44)$$

表 2-5　　　　　　　　　　渠道因素正交分解案例

步骤	被解释变量	解释变量	对应公式	残差项
第1步：债券市场风险传染渠道	股票市场风险	债券市场风险传染及其与事件变量交乘项	(2.41)	剔除债券市场风险传染渠道后的股市风险
第2步：外汇市场风险传染渠道	上一步残差	外汇市场风险传染及其与事件变量交乘项	(2.42)	剔除债券市场和外汇市场风险传染渠道后的股市风险
第3步：货币市场风险传染渠道	上一步残差	货币市场风险传染及其与事件变量交乘项	(2.43)	剔除债券市场、外汇市场和货币市场风险传染渠道后的股市风险
第4步：外部冲击直接影响渠道	上一步残差	事件变量	(2.44)	—

资料来源：作者整理。

基于上述模型，股票市场的总风险 $\sigma_{i,t}$ 可以分解为国内疫情冲击的直接影响 $\omega_{i,s}$、债券市场受疫情冲击对股票市场间接风险传染的调节效应 $\gamma_{i,s}$、外汇市场受疫情冲击对股票市场间接风险传染的调节效应 $\varphi_{i,s}$、货币市场受疫情冲击对股票市场间接风险传染的调节效应 $\nu_{i,s}$。图2-7给出了正交分解法计算得到的结果。

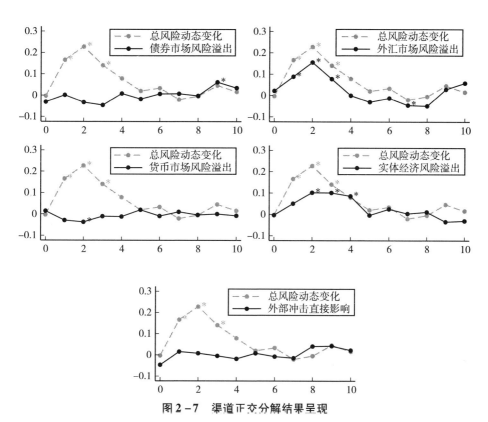

图2-7 渠道正交分解结果呈现

资料来源：作者绘制。

另外需要指出的是，正交分解法的渠道因素分解过程中各因素的代入顺序是随机的。因此，因素代入顺序是否会影响分析结果需要进行必要的稳健性检验。

第三章

疫情冲击及常态化防控下的
中国金融市场风险

本章的研究视角聚焦于新冠肺炎疫情对中国金融市场带来的影响。本章主要分析 2019 年末至 2020 年初新冠肺炎疫情集中暴发阶段带来的影响，并结合这期间实施的主要货币政策和财政政策，来分析其对金融市场风险是否起到有效的缓解作用。除此之外，本章还比较了疫情集中暴发阶段和疫情常态化防控期间，疫情零星散发对金融市场造成的影响以评估政策实施效果。

本章基于前沿带有动态窗口期的事件分析法，量化分析新冠肺炎疫情对货币市场、股票市场、债券市场和外汇市场的自身风险及风险溢出的影响。事件分析法综合定性和定量分析的优点是能够分析事件发生对被解释变量的影响程度及其动态演进路径。

此外，本章运用正交分解法检验货币政策和财政政策的政策效果，并逐个分解各市场风险受到的影响因素，来分析货币政策和财政政策对各市场风险是否有缓释作用。总体而言，本章对新冠肺炎疫情冲击作用效果进行定量分析，并对该期间的政策效果进行量化评估，最后结合系统性风险生成的理论框架来针对突发性危机事件的应对措施进行总结。

第一节　疫情时期中国金融市场风险概况

2020 年，新冠肺炎疫情席卷全球，严重威胁着世界各国的社会稳定。

2020 年 1 月 20 日，习近平总书记针对新型冠状病毒防疫做出重要指示，国家卫健委开始每日统计各省份新发病例数量，打响了对疫情严防严控的阻击战。2020 年 3 月份之后，我国国内疫情状况逐渐好转，而国外疫情却开始日趋严重。截至 2021 年 11 月 6 日，国外疫情仍然在不断蔓延。

在疫情的冲击之下，中国各金融市场震荡剧烈。我国上证综指在 2020 年 2 月 3 日（春节过后的首个交易日）跌幅达到 7.72%；中证全债指数上升 0.62%，[①] 为近十年来单日第二大涨幅；外汇和货币市场指数也有不同程度的波动。新冠肺炎疫情冲击使我国的金融稳定受到极大挑战。为此，量化新冠肺炎疫情冲击在各金融市场的传导路径，对我国防范化解重大突发事件带来的金融风险有着极为重要的意义。

货币市场、股票市场、债券市场和外汇市场是我国的四个主要金融市场，也是在系统性风险防范和化解上受关注最多的市场。因此，本章以中国的货币市场、股票市场、债券市场和外汇市场为核心，将新冠肺炎疫情冲击对四个主要金融市场以及跨市场风险传染的溢出效应进行量化分析。

在本章的研究中，我们从 Wind 数据库收集了中国主要金融市场的数据。具体而言，本章将银行间 7 日质押式回购收益率、沪深 300 指数、中证全债价格指数、美元兑人民币的即期汇率的日频数据分别作为货币市场、股票市场、债券市场和外汇市场的基准变量。研究样本区间选取 2017 年 1 月 4 日至 2020 年 4 月 10 日。需要指出的是，在样本末期，中国新冠肺炎疫情确诊人数达到 81953 人，新增确诊人数几乎控制在 100 人以内，疫情基本得到控制。从而，样本区间覆盖中国疫情暴发区间，具有代表性。本章的基本指标描述性统计结果如表 3 - 1 所示。

---

① 根据 Wind 数据库相关数据整理。

表 3 - 1   主要变量描述性统计

变量名称		均值	标准差	最小值	中位数	最大值
收益率 （%）	货币市场	2.637	0.287	1.138	2.676	3.182
	股票市场	0.024	1.206	-7.881	5.948	0.035
	债券市场	**0.004**	0.071	-0.270	0.004	0.670
	外汇市场	-0.001	0.266	-1.362	-0.005	0.971
波动率 （%）	货币市场	0.240	0.202	0.045	0.199	1.492
	股票市场	1.171	0.509	0.489	1.055	3.467
	债券市场	**0.068**	0.045	0.008	0.056	0.706
	外汇市场	0.264	0.092	0.147	0.242	0.709
动态相关 系数	货币市场与股票市场	-0.018	0.036	-0.343	-0.018	0.413
	货币市场与债券市场	-0.174	0.341	-0.926	-0.190	0.801
	股票市场与债券市场	**-0.205**	0.060	-0.841	-0.206	0.300
	外汇市场与货币市场	0.004	0.034	-0.160	0.004	0.300
	外汇市场与股票市场	0.323	0.145	-0.239	0.311	0.874
	外汇市场与债券市场	-0.129	0.102	-0.874	-0.128	0.508

注：货币市场收益率为银行间 7 天质押式回购收益率，股票市场、债券市场为算术收益率，外汇市场为对数收益率。为了表示收益率越高，该市场的资产价值越高，这里对外汇收益率的计算方法如下：$r_t = \ln p_{t-1} - \ln p_t$。$P_t$ 为直接标价法下的人民币兑美元汇率。因此，r_t 越高，人民币价值越高。

资料来源：根据 Wind 数据库相关数据以及作者计算所得。

　　表 3 - 1 中加粗的数字为各指标中均值最小的市场相应指标值。从均值来看，债券市场的收益率和波动率都是最低的，而股票市场与债券市场之间的动态相关系数最低。此外，从动态相关系数来看，除外汇市场与货币市场、外汇市场与股票市场之间呈现正相关性外，其他两个市场之间均呈现负相关性。事实上，市场之间呈现正相关性，表明这两个市场之间是互补共振的关系，两个市场同涨同跌；市场之间呈现负相关性，则表明两个市场之间是替代的关系，俗称"跷跷板"效应。描述性统计的结果表明，这四个市场之间主要呈现为替代关系，以"跷跷板"效应为主。

　　图 3 - 1 展示了国内各主要金融市场的波动率变化，其中阴影部分为疫情发生期间。由图 3 - 1 可得到以下结论。首先，从波动大小来看，股票市场面

临的风险最高,货币市场次之,外汇市场风险再次之,债券市场风险最小。这与表 3－1 得到的结论相一致。其次,从时间维度来看,股票市场、债券市场及外汇市场在疫情发生之后,其波动率显著提升,货币市场则是在一段时间后逐步攀升。最后,股票市场与货币市场长期存在显著波动,疫情期间的波动率更高;债券市场除疫情期间出现几个极端值之外,风险基本保持在较低水平;而外汇市场的波动率虽然在疫情期间大幅上升,但其峰值与其余冲击期间均较为接近。这主要是因为,汇率作为人民币兑美元的价格,其同时受国内和国外双层因素影响。

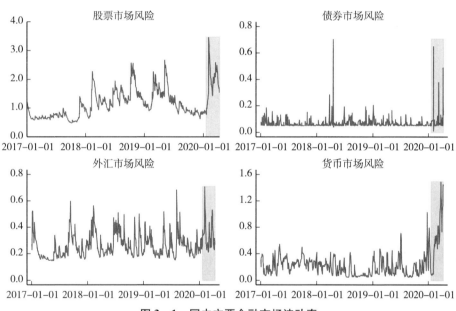

图 3－1 国内主要金融市场波动率

注:图中纵坐标表示以波动率为代表的市场风险,单位为%。
资料来源:作者绘制。

图 3－2 展示了各金融市场之间用动态相关系数表示的风险传染。图中纵坐标为金融市场之间的动态相关系数,阴影部分为疫情发生期间。通过图 3－2 可以得到以下结论。首先,与未发生疫情的时期相比,在疫情期间各主要金融市场之间的动态相关性均有所增强。其中,股票市场与货币市场、

债券市场与股票市场、外汇市场与货币市场、股票市场与外汇市场这四组市场，相较正常情况的传染性增强显著，而货币市场与债券市场、外汇市场与债券市场在极端情形下的传染性增幅较小。其次，不同时期，各市场之间的传染关系存在差异。疫情冲击初期，股票市场与其他市场之间呈现负相关。随着时间的推移，逐渐演变为正相关性；外汇市场与债券市场、外汇市场与货币市场之间大都呈现正相关性；货币市场与债券市场之间的相关性特征不显著。

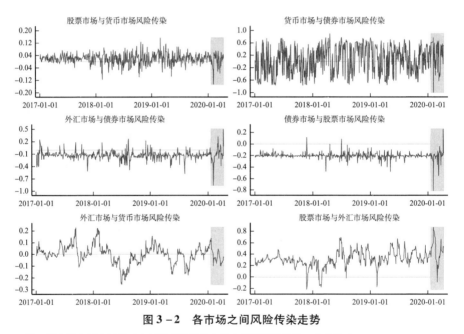

图3-2 各市场之间风险传染走势

注：图中纵坐标表示以动态相关系数为代表的市场间风险传染，单位为%。
资料来源：作者绘制。

上述描述性结果只对各主要金融市场的风险和各市场之间的风险溢出的走势进行分析，并没有精确地计量出新冠肺炎疫情冲击对风险的具体影响。为了准确地度量这一影响，本章所采用的事件分析法是非常有必要的。

第二节　新冠肺炎疫情冲击对单个
金融市场的风险溢出

本节采用事件分析法，分析新冠肺炎疫情冲击发生对单个金融市场产生的影响。在研究过程中，将每一次标志疫情进入新阶段的消息或新闻作为事件。在选取新冠肺炎疫情冲击事件时，本章充分考虑疫情的动态演进过程，并将每一次新冠肺炎疫情的重要发展变化作为一次新冠肺炎疫情冲击事件。除此之外，本节分别选用不同的事件组以对比疫情集中冲击阶段和疫情常态化防控阶段各市场受到的影响。本章选取的新冠肺炎疫情暴发时期的冲击事件如表 3 - 2 所示。除此之外，为了对比新冠肺炎疫情集中暴发阶段和疫情风险常态化防控阶段新冠肺炎疫情冲击对金融市场的影响力度，本书在分析集中暴发阶段的基础之上，选取疫情常态化防控期间零星发生的疫情冲击以比较二者对金融市场的影响，相关事件如表 3 - 3 所示。

表 3 - 2　　　　　　　　新冠肺炎疫情暴发时期的冲击事件

事件发生时间	事件详情
2020 年 1 月 20 日	钟南山表示新冠病毒存在人传人的现象
2020 年 2 月 3 日	疫情达到高峰，新冠肺炎死亡人数超过"非典"在大陆的死亡人数
2020 年 3 月 16 日	我国疫情情况缓和，境外疫情逐渐发展，境外确诊人数超过 10 万人
2020 年 3 月 20 日	多国新冠肺炎疫情发展迅速发展并采取紧急措施，全球确诊人数超过 25 万人
2020 年 4 月 1 日	世界卫生组织公布欧洲确诊超过 40 万人，全球超过 85 万人，死亡人数超过 4 万人，形式愈发严峻。钟南山认为我国不会再出现第二波疫情

表 3 - 3　　　疫情常态化防控期间零星发生的新冠肺炎疫情冲击事件

事件发生时间	事件详情
2020 年 6 月 11 日	北京新发地市场发现新增病例，此前 56 天零新增
2020 年 7 月 16 日	乌鲁木齐市发生疫情，乌鲁木齐全民进行核酸检测

事件发生时间	事件详情
2020 年 9 月 24 日	青岛发生疫情，疫情来源为进口海鲜
2020 年 11 月 20 日	天津、上海、内蒙古等多地出现新增确诊病例
2021 年 1 月 2 日	河北省石家庄市发现病例，河北省三天后进入战时状态。除此之外，国内出现变异病毒
2021 年 3 月 29 日	云南省瑞丽市发生疫情

一、基本结果分析

图 3-3 展示了运用事件分析法得到的新冠肺炎疫情冲击对货币市场、股票市场、债券市场以及外汇市场风险的溢出效应。其中，事件分析法采用的参数为前后各 8 期。

首先，新冠肺炎疫情冲击的发生对各个金融市场都产生了显著的影响。由图 3-3 中各市场与风险事件的回归系数大小可知，股票市场受疫情冲击的影响最大，而债券市场受新冠肺炎疫情冲击的影响最小。具体而言，货币市场、外汇市场、股票市场、债券市场在受到冲击 1~2 天后，其风险均出现了不同程度的增大，并在之后的 3~5 个交易日持续上升。

其次，新冠肺炎疫情对各市场波动性的影响具有短期效应。如图所示，各市场在受到新冠肺炎疫情冲击之后的 5~6 天受到的影响达到峰值。在这之后，新冠肺炎疫情对其产生的影响逐渐降低。由此可以推断，新冠肺炎疫情更多影响的是投资者情绪。当新冠肺炎疫情冲击发生一段时间之后，投资者情绪逐渐趋于平息，各金融市场受到的影响逐渐变小。

最后，债券市场受到影响的波动性与其他市场存在一定的差异。与其他市场不同的是，债券市场风险所受到的影响并非持续上升，而是间歇性地上升。这说明债券市场受到的影响更小。本章认为，债券市场受到的这种影响结果主要由以下两个原因造成：第一，债券市场的稳定性相较其他市场更好。这是由资产价格的决定因素所造成的。就理论而言，某项资产的价格是由该项资产一系列未来现金流的贴现值之和决定。由于债券未来的现金流相对于股票等其他金融资产更加稳定，所以债券价格的变动幅度较小，使得债券市场相比其他市场的稳定性更强。在疫情期间，经济环境不确定性增加，投资者更倾向于持有债券这类低风险的资产。这实际上是一种追逐安全资产（Flight-to-quality）效应。第二，债券市场的投资者结构与其他市场上的投资者结构不同。债券市场上的投资者结构以机构投资者为主，而机构投资者的存在对市场起着一定程度的稳定作用。因此，在受到冲击之后，债券市场能够更快地恢复到正常的水平。并且由于机构投资者的存在以及投资者规避风险的需要，债券市场在受到影响之后还能够更快地恢复到低风险的水平。

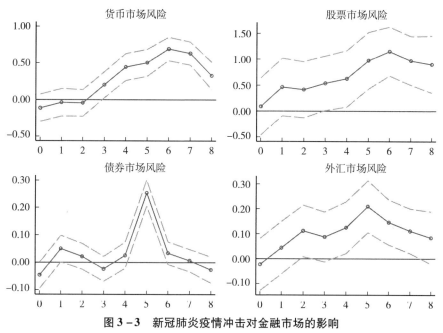

图 3－3　新冠肺炎疫情冲击对金融市场的影响

注：（1）横坐标轴为事件发生前后期数（单位为天）。纵坐标轴对应使用事件分析法的回归系数。（2）图中实线为单个市场金融风险与事件变量的回归系数，上下两条虚线分别为回归系数加减两个标准差，两条虚线间为95%置信区间。

资料来源：作者计算得出。

二、疫情常态化防控下新冠肺炎疫情对单个金融市场的影响

我国进入疫情常态化防控之后，在国家强有力的政策干预下，疫情得到了有效的遏制。在疫情常态化防控之后，全国疫情形势稳定，偶有部分地区发生疫情，但政府处理迅速，疫情蔓延的持续时间较短。对比疫情集中暴发阶段和疫情常态化防控期间，疫情对金融市场风险的影响程度差异，本部分同样采取事件分析法对常态化疫情防控效果进行分析，在这里，事件选取常态化疫情防控期间出现的地区性疫情事件或零星发生事件。

如图3-4所示，总体来看，疫情常态化防控之后，疫情的零星发生对市场仍存在一定程度的影响。但整体而言，对金融市场影响的水平和持续时间与疫情集中暴发阶段相比，都出现一定程度的降低。具体来看，有以下两个特征。

第一，从波动水平大小来看，与疫情集中暴发时期的特征类似，在疫情常态化防控期间，股票市场风险依旧最高，货币市场次之，外汇市场风险再次之，债券市场风险最小。如图3-4所示，在每一次疫情冲击之下，股票市场风险均存在较为明显的上升。外汇市场受到的影响较小，这主要是因为汇率作为人民币兑美元的价格，其同时受国内和国外双层因素影响。因此，国内的疫情冲击对外汇市场较难造成巨大影响。第二，从时间维度来看，疫情暴发时期相对于常态化疫情防控后的零星发生疫情期间，各市场风险的上升幅度更大，持续的时间也更长。

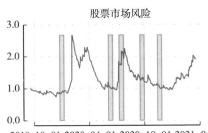

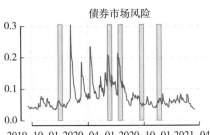

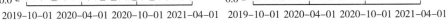

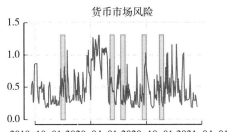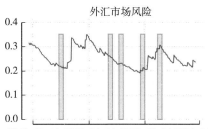

图 3 - 4 国内主要金融市场波动率

注：疫情集中暴发至常态化防控期间各金融市场波动率的单位为%。图中纵坐标为金融市场之间的动态相关系数，阴影部分为疫情发生事件。

资料来源：作者计算得出。

图 3 - 4 可粗略地说明，疫情常态化防控期间，整体而言，新冠肺炎疫情对金融市场的冲击作用力度已减小。下面仍用事件分析法对各个疫情期间进行检验，以探究常态化疫情防控下疫情的零星发生对主要金融市场带来的影响。

与疫情集中暴发阶段各个金融市场都存在显著的风险变化相比，在常态化防控阶段，历次疫情并未对中国主要金融市场造成显著的影响。由图 3 - 5 中各市场与风险事件的回归系数大小可知，除外汇市场之外，其余各市场受新冠肺炎疫情冲击的影响并不显著。而相对显著的外汇市场，其系数水平也较低（0.1 左右）。与第一次新冠肺炎疫情冲击各市场均受到的显著影响相比可知，疫情常态化防控有效地降低了疫情冲击影响。

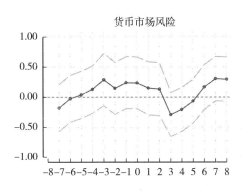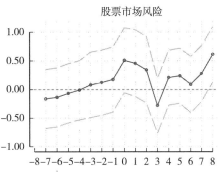

47

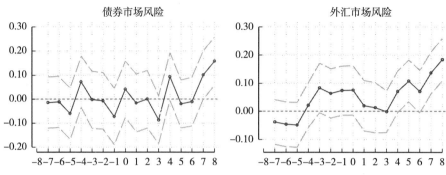

图3-5　常态化防控阶段新冠肺炎疫情冲击对金融市场的影响

注：（1）横坐标轴为事件发生前后期数（单位为天）。纵坐标轴对应的是事件分析法的回归系数。（2）图中实线为单个市场金融风险与事件变量的回归系数，上下两条虚线分别为回归系数加减两个标准差，两条虚线间为95%置信区间。

资料来源：作者计算得出。

外汇市场受到各阶段新冠肺炎疫情的影响依旧显著为正，这可能是由于以下原因。首先，与上文分析类似，影响外汇市场的因素较多，新冠肺炎疫情仅为其中之一。其次，结合事件分析结果可知，虽然各阶段疫情对外汇市场造成了正向的影响，但影响幅度的变化不大，这种影响具有一定的持续性。最后，在部分阶段，国外新冠肺炎疫情冲击也可能会对我国外汇市场造成较为显著的影响。

第三节　新冠肺炎疫情冲击对跨市场风险溢出的影响

本节采用事件分析法，分析新冠肺炎疫情发生对金融市场之间风险传染产生的影响。本节分析包括两部分，分别为新冠肺炎疫情冲击集中阶段和疫情风险常态化防控阶段。事件的选取依然延续上一节。

一、新冠肺炎疫情冲击对跨市场风险溢出影响

图3-6展示了运用事件分析法得到新冠肺炎疫情冲击对货币市场、股票

市场、债券市场以及外汇市场两两之间风险溢出效应带来的影响。其中，事件分析法采用的参数与上一部分相同，均为冲击前后8期。

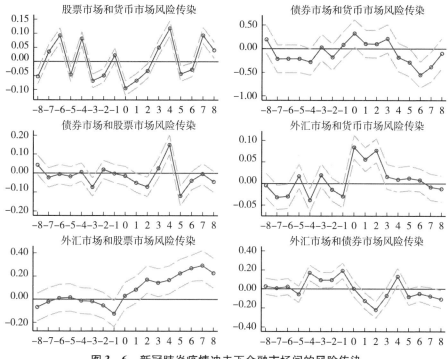

图3-6 新冠肺炎疫情冲击下金融市场间的风险传染

注：（1）横坐标轴为事件发生前后期数（单位为天）。纵坐标轴对应使用事件分析法的回归系数。（2）图中实线为金融市场之间的风险传染与事件变量的回归系数，上下两条虚线分别为回归系数加减两个标准差，两条虚线间为95%置信区间。

资料来源：作者计算得出。

由图3-6可以得到以下结论。首先，与新冠肺炎疫情冲击对单个市场的影响不同，大多数市场之间的风险溢出显著变化出现在疫情事件发生后2~4个交易日。本章认为这种情况是因为新冠肺炎疫情冲击会立即作用于各个金融市场，在各个金融市场对新冠肺炎疫情冲击做出反应之后，才会逐渐产生市场之间的溢出。与单个市场在疫情发生当期就做出反应不同，市场之间的溢出会有一定的滞后效应。

其次，与疫情发生前相比，各市场之间的风险溢出均会发生显著的变化，但新冠肺炎疫情冲击导致各市场之间的风险溢出变化方向不同。具体而言，债券市场和货币市场之间的风险传染在新冠肺炎疫情冲击发生的前期并不显著，在疫情发生5~6天后出现显著的降低。与此同时，新冠肺炎疫情冲击也并未导致所有市场之间风险传染的趋势发生变化。例如，疫情冲击发生之前，股票市场和货币市场之间的风险传染趋势与疫情冲击发生之后并未有较大的变化。二者之间的相关系数均是在上升到峰值之后再显著下降的。然而，新冠肺炎疫情冲击的发生导致出现了更大的溢出峰值。

此外，由表3-1可知，除外汇市场与股票市场、外汇市场与货币市场之外，其余各个市场之间的传染主要呈现出"跷跷板"的效应。也就是说，二者的风险波动呈现相反的状态。当新冠肺炎疫情冲击降低了市场之间的动态相关性时，实际上增加了这种"跷跷板"效应。如股票市场和货币市场之间的风险传染在新冠肺炎疫情冲击刚刚发生之后出现了显著的下降，二者之间的"跷跷板"效应增强。事实上，在新冠肺炎疫情冲击发生时，风险传染呈现"跷跷板"效应的市场，这种效应都倾向于增大，即各市场之间的替代效应上升。

然而，外汇市场与股票市场、外汇市场与货币市场在未遭遇冲击时呈现出正相关性，新冠肺炎疫情冲击的发生则增大了这种正相关性。也就是说，两个市场之间的同步风险共振上升。接下来，本部分将详细分析这种情况出现的原因及理论基础。

首先，基于市场之间的关系，可以使用共同风险敞口机制进行解释。即各金融市场处于同一宏观经济环境，受到相似的新冠肺炎疫情冲击，从而导致各市场之间发生联动。

其次，基于投资者的资产配置行为进行解释。当冲击发生时，出于避险的需求，投资者通常会选择改变其资产配置，选择风险较低的资产。需要指出的是，共同风险敞口机制导致两个市场之间的动态相关性上升，即风险溢出增大，两个市场间的风险共振上升。投资者的资产配置机制则会导致两个市场之间的动态相关性降低，即风险溢出降低，两个市场的替代效应增强。以债券市场为例，当新冠肺炎疫情冲击刚刚发生时，基于对疫情事件的持续时间和冲击程度的担忧，投资者情绪产生较大幅度的波动，因此更倾向于选择债券这类风险较低的资产，投资者资产配置机制起主要作用。因此，在疫情初期的 1~3 天，各市场与债券市场之间的风险溢出均呈现下降的趋势或未发生显著变化，即市场之间的替代效应上升。在疫情发生的 2~4 天，投资者对疫情及市场形势有了一定程度的了解，投资者非理性情绪逐渐平息。从而，在此时，共同风险敞口的影响开始在市场上起到主要作用。因此，在新冠肺炎疫情冲击后的 2~5 天，各市场与债券市场之间的风险溢出开始呈现出上升的趋势。

最后，值得注意的是，外汇市场和股票市场之间以及外汇市场和货币市场之间的风险溢出在新冠肺炎疫情冲击下均呈现出显著的上升，这可由投资者情绪机制予以解释。根据表 3-1 可知，外汇市场与股票市场之间、外汇市场与货币市场之间以正向溢出为主，而新冠肺炎疫情的冲击更是加剧了这种正向溢出。同时，由图 3-5 中的回归系数可知，股票市场和外汇市场之间的风险传染受新冠肺炎疫情冲击影响最大。这主要是因为，外汇市场和股票市场都是波动率较高的市场。股票市场更易受到投资者情绪的影响，而外汇市场不仅受到投资者情绪的影响，还受到除情绪之外很多其他因素的影响。由于在疫情冲击发生后期，国外疫情形势逐渐加重，外汇市场相较于其他市场更容易受到来自国外的影响，股票市场和外汇市场之间的风险溢出倾向于持续增加。

此外，外汇市场和货币市场之间的风险溢出在 2~3 天内收敛到零。这主要是因为，新冠肺炎疫情冲击发生之后，货币市场风险上升，但由于我国实施了积极的货币政策，又大大降低了货币市场风险。与此同时，外汇市场风险持续上升，货币市场仅在疫情发生时其风险出现短期的增长。因此，两个市场之间的风险溢出只受新冠肺炎疫情冲击影响短暂的上升。

综上所述，各个市场之间的风险因素受共同风险敞口、投资者资产配置、投资者情绪及政策环境等多种因素的影响，呈现出各自不同的特点。总体而言，新冠肺炎疫情冲击倾向于增大市场之间原有的关系。即当市场间原本呈现替代关系时，新冠肺炎疫情冲击会增强两个市场之间的替代关系；而当市场间原本呈现风险共振关系时，新冠肺炎疫情冲击则会增强两个市场之间的互补关系。与此同时，在冲击发生 2~4 天之后，各个市场之间的风险溢出均有所增加。这说明，疫情的发生确实造成了各个市场风险的上升。

二、新冠肺炎疫情对金融市场风险溢出的影响

图 3 – 7 展示了在疫情及常态化防控期间，各金融市场之间用动态相关系数表示的风险传染。图中纵坐标为金融市场之间的动态相关系数，阴影部分为疫情暴发期间。通过图 3 – 7 可以得到以下结论。首先，与疫情集中暴发期间相比，整体而言，在疫情常态化防控期间，各市场之间的风险传染有一定程度上的降低。其次，不同时期各市场之间的传染关系存在差异。在疫情集中暴发阶段，股票市场与其他市场之间呈现负相关，随着时间的推移，逐渐演变为正相关性；在疫情常态化防控期间，股票市场与各市场以正相关为主。债券市场与外汇市场、货币市场与外汇市场之间大都呈现正相关性；债券市场与货币市场之间的相关性特征不显著。

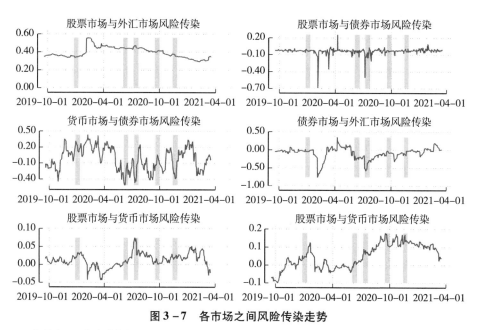

图 3 – 7　各市场之间风险传染走势

资料来源：作者计算得出。

图 3－7 可粗略地说明，疫情常态化防控期间，整体而言，疫情对金融市场之间风险传染的冲击作用力度已经减小。下面仍用事件分析法对各疫情期间的风险影响进行检验，以探究常态化疫情防控期间的疫情风险事件对金融市场之间风险传染的影响。

图 3－8 展示了运用事件分析法得到的新冠肺炎疫情冲击对货币市场、股票市场、债券市场以及外汇市场两两之间的风险溢出效应的影响。其中，事件分析法采用的参数与上一部分相同，均为前后 8 期。由图 3－8 可以得到以下结论。首先，与常态化防控后疫情对金融市场影响不显著不同，不同市场之间的风险溢出出现显著变化。但类似地，这种影响虽然显著，但程度较小。

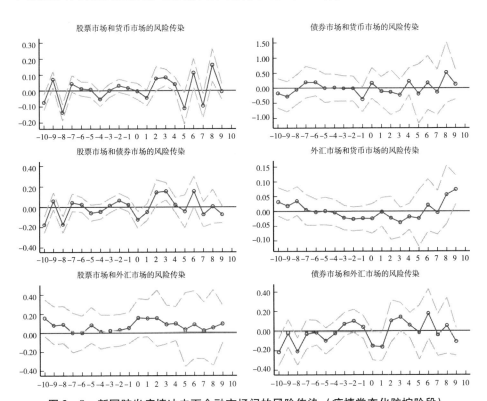

图 3－8 新冠肺炎疫情冲击下金融市场间的风险传染（疫情常态化防控阶段）

注：（1）横坐标轴为事件发生前后期数，单位为天。纵坐标轴对应使用事件分析法的回归系数。
（2）图中实线为金融市场间的风险传染与事件变量的回归系数，上下两条虚线分别为回归系数加减两个标准差，两条虚线间为 95% 置信区间。
资料来源：作者计算得出。

其次，股票与外汇市场之间的风险传染依旧为显著的正向溢出，而债券市场和外汇市场之间则存在负向溢出，即前文所述的"跷跷板"效应仍然存在。这与上一节的分析较为一致。相比之下，疫情并未对股票市场和债券市场之间、股票市场和货币市场之间、外汇市场和货币市场之间、货币市场和债券市场之间的风险溢出造成显著的影响。由此可见，疫情风险常态化防控有效地遏制了风险在金融市场之间的传播。

最后，与疫情集中暴发期间类似，外汇市场和股票市场之间的风险共振作用依旧较强。这主要是因为，作为最易受投资者情绪机制影响的两个市场，股票市场和外汇市场的风险本身更易受输入性金融风险的影响。而在国内疫情常态化防控期间，国外疫情仍在发展，易对外汇市场造成影响，也会影响股票市场中的投资者情绪。因此，这两个市场之间的风险传染更易受到疫情影响。

第四节　疫情期间非常规货币、财政政策对风险溢出的影响

在新冠肺炎疫情冲击期间，我国政府出台了一系列的财政政策和货币政策以稳定金融市场。与常规的政策不同，这一类针对特定冲击运用的财政、货币政策通常被称为非常规的财政、货币政策。本节在前文事件分析法的基础之上，运用渠道分解法来分析在疫情期间各项政策是否能有效地稳定金融市场。

正交分解法的功能是对被解释变量的影响因素进行逐个分解（Adrian et al.，2010）。进一步，可以将事件分析法应用到正交分解当中，可逐一分解疫情期间各项政策稳定金融市场风险的传导渠道。具体方法是在回归模型中加入事件虚拟变量和正交分解因素之间的交乘项。回归模型如式（3.1）~式（3.4）所示。

$$\sigma_i = \gamma_i + \mu_{i,j \neq i} \Delta CoVaR_{95}^{i|j} + \sum_{s=0}^{m} \vartheta_{i,j \neq i,s} \Delta CoVaR_{95}^{i|j} \times D_s + \xi_{i-j,t} \quad (3.1)$$

$$\xi_{i-j,t} = \nu_i + \varrho_{i,k\neq i,j}\Delta CoVaR_{95}^{i|k} + \sum_{s=0}^{m} \delta_{i,k\neq i,j,s}\Delta CoVaR_{95}^{i|k} \times D_s$$
$$+ \xi_{i-j-k,t} \tag{3.2}$$

$$\xi_{i-j-k,t} = \chi_i + \omega_{i,h\neq i,j,k}\Delta CoVaR_{95}^{i|h} + \sum_{s=0}^{m} \phi_{i,h\neq i,j,k,s}\Delta CoVaR_{95}^{i|h} \times D_s$$
$$+ \xi_{i-j-k-h,t} \tag{3.3}$$

$$\cdots\cdots$$

$$\xi_{i-all,t} = o_i + \sum_{s=0}^{m} \tau_s D_s + \xi_t \tag{3.4}$$

其中，σ_i 表示金融市场 i 的波动率，用来代表该部门的总风险。总风险是核心被解释变量，本节主要目的是研究政策对总风险的影响以及政策通过哪些渠道对总风险产生影响。本书采用 TGARCH（1，1）模型计算得到波动率（Glosten et al. , 1993）。i（ = 1，2，3，4）分别代表股票市场、债券市场、外汇市场、货币市场四个部门，j，k 及 h 等表示不同于 i 的其他部门。$\Delta CoVaR_{95}^{i|j}$、$\Delta CoVaR_{95}^{i|k}$ 和 $\Delta CoVaR_{95}^{i|h}$ 分别表示 j 部门、k 部门、h 部门对 i 部门的风险溢出，其中下标"95"表示尾部依赖关系选取的置信水平。

式（3.4）之前的步骤是为获取外部冲击所有间接传染渠道对部门 i 风险变化的影响程度。具体而言，通过式（3.1）可得到外部冲击发生之后，j 部门风险溢出对 i 部门风险的动态影响程度，用 ϑ 表示。其中，ϑ 是一个向量，如式（3.5）所示。其中，元素 $\vartheta_{i,j\neq i,s}$ 代表外部冲击事件发生后的第 s 个交易日，j 部门风险溢出对 i 部门风险的影响。

$$\vartheta = (\vartheta_{i,j\neq i,0}, \cdots, \vartheta_{i,j\neq i,s}, \cdots, \vartheta_{i,j\neq i,m}) \tag{3.5}$$

通过式（3.2）可得到外部冲击发生之后，k 部门风险溢出对 i 部门风险的动态影响程度，用 δ 表示。其中，δ 也是一个向量，其构成与 ϑ 类似，不再赘述。以此类推，外部冲击发生之后，其他部门对 i 部门风险的影响程度也可得出。在提取外部冲击间接传染渠道对 i 部门风险的影响之后，可根据式（3.4）得到外部冲击对 i 部门风险直接的动态影响，用 τ 表示。其中，$\tau = (\tau_1, \cdots, \tau_s, \cdots, \tau_m)$ 也是一个向量，τ_s 表示外部冲击事件发生后 s 个交易日，外部冲击对 i 部门风险造成的直接影响。另外，式（3.4）本质上就是事件分析的回归模型，但由于被解释变量不同，τ 和 β 含义也不相同。以股票市场为例，对股票市场风险变化影响因素的分析可分 4 步进行，每步分离出一个风险影响渠道。

本节结合实证方法，对短期非常规政策效果评估所应用的政策为新冠肺炎疫情期间所采取的离散的政策变量。选取离散的财政政策变量和货币政策变量如表 3-4 和表 3-5 所示。

表 3-4　　　　　　　　　　疫情期间主要财政政策

时间	部门	文件/会议名称	内容
2020 年 1 月 15 日	财政部	增加地方政府专项债券规模	在国新办新闻发布会上，财政部部长助理许宏才表示，按照中央经济工作会议要求，2020 年将实施积极的财政政策，要较大幅度增加地方政府专项债券规模，支持重大在建项目建设和补短板，更好发挥专项债对稳投资、促消费的重要作用
2020 年 4 月 10 日	财政部	下达 530 亿元困难群众救助资金	财政部在前期已经提前下达 1030 亿元的基础上，很快还要下达约 530 亿元的困难群众救助补助资金。这两部分加起来，一共安排了 1560 亿元，已经超过 2019 年全年的实际执行数
2020 年 4 月 14 日	财政部	提前下拨 1030 亿元支持保障困难群众基本生活	提前下拨了 1030 亿元来支持地方做好困难群众的基本生活保障工作。资金分配进一步向重点地区倾斜

资料来源：作者整理。

表 3-5　　　　　　　　　　疫情期间主要货币政策

时间	部门	文件/会议名称	内容
2020 年 1 月 6 日	央行	降准	下调金融机构存款准备金率 0.5 个百分点，释放长期资金 8000 多亿元
2020 年 2 月 7 日	央行	专项再贷款	央行设立了 3000 亿元专项再贷款，实施优惠贷款利率，加强对重要医用、生活物资重点企业的金融支持
2020 年 2 月 20 日	央行	调整 LPR 利率	2 月 20 日，央行公布新一期 LPR 利率，一年期 LPR 为 4.05%，前值为 4.15%；五年期以上 LPR 为 4.75%，上次为 4.8%

续表

时间	部门	文件/会议名称	内容
2020 年 2 月 26 日	央行	下调支农、支小再贷款利率	中国人民银行于 2 月 26 日新增再贷款再贴现额度 5000 亿元，下调支农支小再贷款利率 0.25 个百分点。5000 亿元再贷款再贴现主要用于支持企业复工复产，是人民银行为企业提供的低成本、普惠性的资金支持。覆盖面广，包括复工复产的小微企业；参与的金融机构也更加广泛，包括 2500 家左右的地方法人银行。实施方式是在中国人民银行现有的再贷款再贴现管理下，只要金融机构的贷款利率和用途符合要求，就可以到人民银行等额申请再贷款资金
2020 年 4 月 16 日	央行	定向降准	定向降准，释放长期资金 5500 亿元
2020 年 4 月 3 日	央行	对中小银行定向降准	为支持实体经济发展，促进加大对中小微企业的支持力度，降低社会融资实际成本，中国人民银行决定对农村信用社、农村商业银行、农村合作银行、村镇银行和仅在省级行政区域内经营的城市商业银行定向下调存款准备金率 1 个百分点，于 4 月 15 日和 5 月 15 日分两次实施到位，每次下调 0.5 个百分点，共释放长期资金约 4000 亿元。中国人民银行决定自 4 月 7 日起将金融机构在央行超额存款准备金利率从 0.72% 下调至 0.35%

资料来源：作者整理。

一、财政政策对金融市场风险的影响

理论而言，金融市场风险的增大或缓释来自于两个渠道。本部分主要分析宽松政策消息发布对风险的缓释作用。其中，一个是政策直接影响渠道，另一个是政策通过降低其他市场的风险而间接降低传染风险。本部分主要考虑，在疫情发生之后，货币政策和财政政策对各个金融市场的风险是否具有有效的缓解作用。其中，渠道分解模型中参数 m 仍设置为 8，即政策实施后 8 个交易日内是否能有效地降低金融市场风险。

图 3–9 展示了财政政策对股票市场总风险的动态影响，以及股票市场风险影响渠道的动态演进过程。图 3–9 横轴表示窗口期 s 的取值，纵轴表示政策制定后股票市场总风险的变化（图 3–9（a））和各风险影响渠道的变化（图 3–9（b））。由于本部分更加关注政策的影响，因此正交分解顺序依次设置为政策的直接影响、债券市场、外汇市场、货币市场。其中，股票市场总风险的动态变化由事件分析法中的事件虚拟变量的回归系数（目标变量 y_t 为股票市场波动率）表示。

图 3–9（b）中每幅子图的标题中展示了各渠道对股票市场风险的动态影响与总风险动态变化之间的相关系数。整体而言，相关系数大小表示该渠道对股票市场风险的影响程度。相关系数越接近于 1，说明该渠道对股票市场风险的正向溢出作用越大；相关系数越接近于 0，说明该渠道对股票市场风险的影响程度越小；相关系数越接近于 −1，说明该渠道对股票市场风险的负向溢出作用越强，即风险缓释作用越强。需要指出的是，相关系数的大小仅能给出某个渠道对股票市场风险的整体影响。然而，有些渠道虽然在整体上对股票市场风险的影响力较低，但仍有可能在某阶段对股票市场的风险产生显著影响。

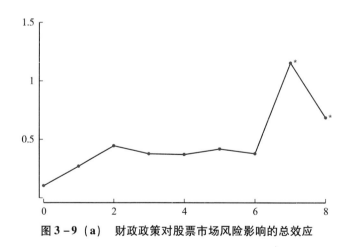

图 3–9（a）　财政政策对股票市场风险影响的总效应

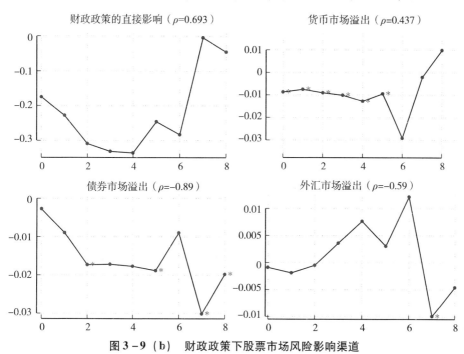

财政政策的直接影响（$\rho=0.693$）

货币市场溢出（$\rho=0.437$）

债券市场溢出（$\rho=-0.89$）

外汇市场溢出（$\rho=-0.59$）

图3-9（b）　财政政策下股票市场风险影响渠道

注：图中"＊"号代表系数在95%置信区间内显著，下同。

资料来源：作者计算得出。

　　由图3-9可得如下结论。首先，从股票市场总风险的动态变化看，在财政政策实施之后，股票市场总风险并未显著上升或下降。其次，从股票市场总风险变化的渠道分解来看，财政政策的直接影响在整个样本期间显著为负，即财政政策直接降低了股票市场的风险。相较之下，财政政策通过间接渠道对股票市场风险的影响要弱于财政政策对股票市场的直接影响，且财政政策的间接渠道增大了股票市场的风险。就渠道而言，财政政策的直接渠道是稳定股票市场风险的主要途径。外汇市场对股票市场的溢出并未通过财政政策显著降低。结合上一部分的分析可知，外汇市场相较于其他市场更容易受到来自国外的影响。也即，外汇市场与输入性金融风险的关联性更强，因此仅依靠财政政策以降低其与股票市场之间的风险溢出效果较难。

　　图3-10展示了财政政策实施之后，债券市场总风险的动态变化，以及债券市场风险影响渠道的动态演进过程。其中，债券市场风险影响渠道的正

交分解顺序依次为财政政策的直接影响、股票市场、外汇市场、货币市场。

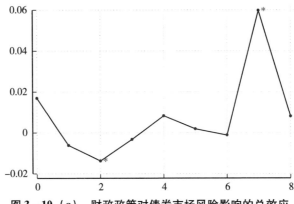

图 3 - 10 （a） 财政政策对债券市场风险影响的总效应

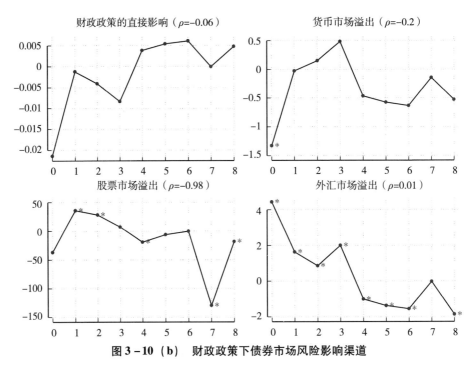

图 3 - 10 （b） 财政政策下债券市场风险影响渠道

资料来源：作者计算得出。

　　由图 3－10 可得到如下结论。首先，从债券市场总风险变化看，财政政策实施之后，债券市场风险有所下降，且在短期内（第 2 天）出现较为显著的下降。但在第 7~8 天却出现反复的上升，这与上文的分析具有类似之处。

　　其次，从债券市场总风险变化的渠道分解来看，政策对债券市场风险的直接缓解作用弱于外部冲击对债券市场风险的直接影响。就间接渠道而言，股票市场风险溢出对债券市场风险的影响程度最大（相关系数达到 －0.98）。也即，在政策作用下，股票市场与债券市场之间的风险传染显著上升，而货币市场对债券市场的溢出则在政策初期有显著的下降。另外，外汇市场对债券市场的风险溢出在政策实施之后具有一定程度的降低，显著性较强。由此可见，财政政策在一定程度上的确降低了债券市场的风险。

　　图 3－11 展示了外部冲击发生之后，外汇市场总风险的动态变化，以及外汇市场风险影响渠道的动态变化。其中，风险影响渠道的正交分解顺序依次为：财政政策直接影响、股票市场、债券市场和货币市场。

　　由图 3－11 可得到如下结论。首先，从外汇市场总风险变化看，财政政策消息发布对外汇市场风险并未起到有效的缓释作用，外汇市场风险出现小幅度上升。具体而言，政策消息发布的 8 个连续交易日内，外汇市场风险首先有显著小幅的下降趋势，分别为政策发布的第 2 天和第 4 天。在这之后的第 5~8 天，外汇市场风险整体呈现上升趋势。

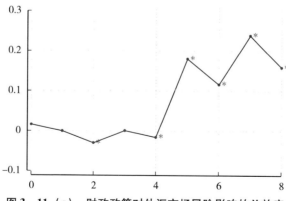

图 3－11（a）　财政政策对外汇市场风险影响的总效应

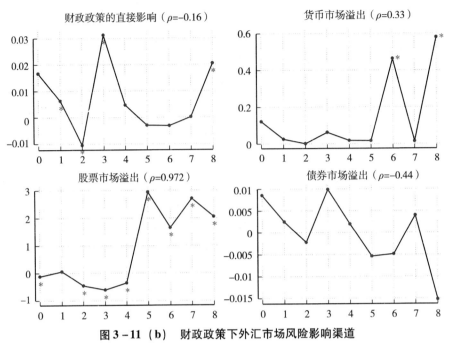

图3-11 (b) 财政政策下外汇市场风险影响渠道

资料来源：作者计算得出。

其次，从外汇市场总风险变化的渠道分解来看，财政政策的直接影响并未直接导致外汇市场风险的上升，但财政政策发布之后，各市场与外汇市场之间的风险溢出大体上呈现为上升的趋势。从相关系数和溢出程度两者综合考察可知，股票市场的溢出对外汇市场风险上升起主导作用。

图3-12展示了外部冲击发生之后，货币市场总风险的动态变化以及货币市场风险影响渠道的动态演进。其中，风险影响因素的正交分解顺序为：财政政策的直接影响、股票市场、债券市场以及外汇市场。

由图3-12可得如下结论。首先，从货币市场总风险变化来看，财政政策发布后，货币市场风险出现小幅度的上升。其次，从货币市场总风险变化的渠道分解来看，就政策直接渠道而言，其未对货币市场风险产生显著的影响。就间接渠道而言，宽松财政政策消息发布后，股票市场对货币市场的风险溢出有较为显著的下降，债券市场溢出则呈现上下波动的趋势，而外汇市场对货币市场的溢出呈现显著、大幅度的上升趋势。

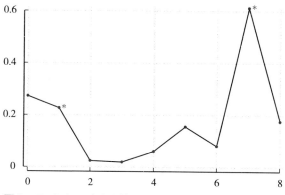

图 3 - 12（a）　财政政策对货币市场风险影响的总效应

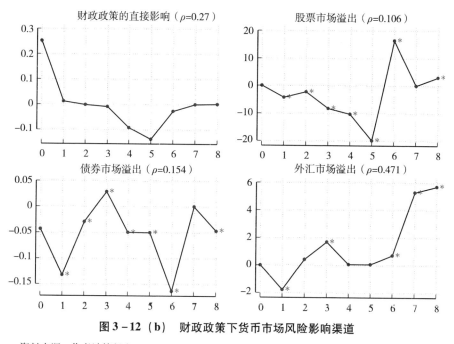

图 3 - 12（b）　财政政策下货币市场风险影响渠道

资料来源：作者计算得出。

　　综合以上分析可知，在疫情期间，财政政策对金融市场的风险控制有一定的作用，在财政政策直接影响渠道中，对各市场均有不同程度的风险控制作用，但是总体上，财政政策在缓解新冠肺炎疫情带来的金融市场风险上升中起到的作用不是十分理想。究其原因，财政政策从调控目标对象以及调控依赖的路径渠道都离本章探讨的金融市场有较远的距离。具体而言，财政政策更偏向于调控实体经济风险而不是防控金融市场风险；财政政策的传导路径是先作用于实体经济，然后通过实体经济再反馈至金融市场，因此其对金融市场影响的速度较慢。由于在进行渠道分解时，本书仅采用 8 个窗口期，在这期间，财政政策作用可能还未达到最大。

二、货币政策对金融市场风险的影响

图 3－13 展示了货币政策对股票市场总风险的动态影响以及股票市场风险影响渠道的动态演进过程。横轴表示窗口期 s 的取值，纵轴表示货币政策实施后股票市场总风险的变化。由于本部分更加关注货币政策带来的影响，因此正交分解顺序依次设置为货币政策的直接影响、债券市场、外汇市场、货币市场。其中，股票市场总风险的动态变化由事件分析法中事件虚拟变量的回归系数（目标变量 y_t 为股票市场波动率）表示。

由图 3－13 可得到如下结论。首先，从股票市场总风险动态变化看，在货币政策实施之后，股票市场在短时间内并没有显著上升。这说明，货币政策对股票市场风险具有稳定的作用。

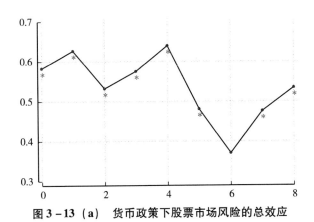

图 3－13（a） 货币政策下股票市场风险的总效应

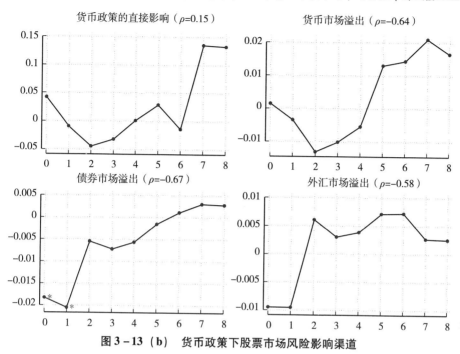

图 3-13 (b) 货币政策下股票市场风险影响渠道

资料来源：作者计算得出。

其次，从股票市场总风险变化的渠道分解来看，货币政策带来的直接影响在整个样本期间明显为负。也即，货币政策直接显著地降低了股票市场的风险。比较之下，间接渠道对股票市场风险的影响并未强过财政政策对股票市场的影响。就渠道而言，货币政策的直接渠道是稳定股票市场风险的主要途径。除此之外，货币政策实施之后，债券市场与股票市场之间的风险溢出出现了下降。由此可知，债券市场与股票市场之间的风险溢出是货币政策稳定股票市场的主要渠道。

图 3-14 展示了货币政策实施之后，债券市场总风险的动态变化以及债券市场风险影响渠道的动态演进过程。其中，债券市场风险影响渠道的正交分解顺序依次为货币政策的直接影响、股票市场、外汇市场、货币市场。

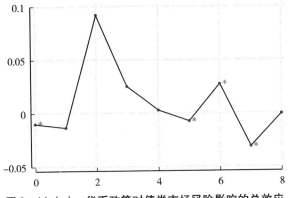

图 3 - 14 （a）　货币政策对债券市场风险影响的总效应

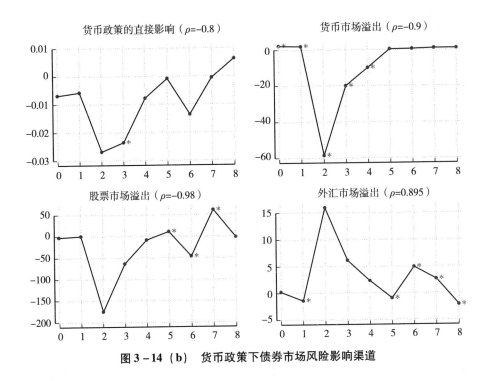

图 3 - 14 （b）　货币政策下债券市场风险影响渠道

　　由图 3 - 14 可得到如下结论。首先，从债券市场总风险变化来看，宽松货币政策消息发布之后，债券市场的风险有所下降，但显著性较弱。5 ~ 7 天之后，债券市场整体风险呈现向下趋势。具体而言，在宽松货币政策消息发布初期，债券市场的风险仅有小幅下降，但是在政策消息发布后的 5~7 天，债券市场的风险呈现显著的下降趋势。

其次，从债券市场总风险变化的渠道分解来看，货币政策对债券市场的直接影响和间接渠道影响在窗口期内几乎均为负值，即直接渠道和间接渠道都降低了债券市场的风险。具体而言，在政策消息发布后，股票市场、货币市场对债券市场的溢出具有显著的降低趋势。外汇市场在政策消息发布后的第 5~7 个工作日，对债券市场的风险溢出也逐渐降低。

图 3-15 展示了货币政策实施后外汇市场总风险的动态变化，以及外汇市场风险影响渠道的动态变化。其中，风险影响渠道的正交分解顺序依次为：货币政策的直接影响、股票市场、债券市场、货币市场。

由图 3-15 可得到如下结论。首先，从外汇市场总风险变化看，宽松货币政策消息发布后，外汇市场风险整体呈现出较为稳定的趋势。具体而言，宽松货币政策消息发布后的 5 个交易日内，外汇市场风险并未出现显著的上升，仅在第 6 天出现显著上升，但其幅度较小。

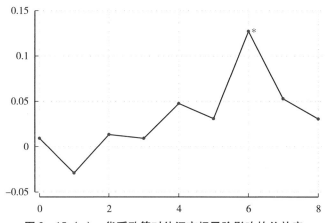

图 3-15（a）　货币政策对外汇市场风险影响的总效应

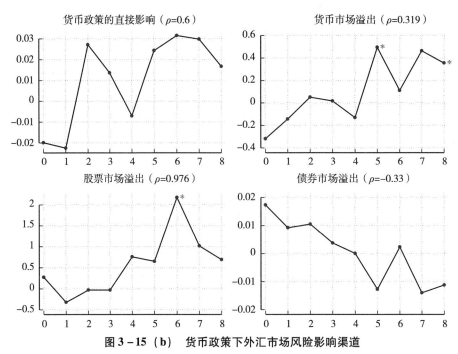

图3-15 (b) 货币政策下外汇市场风险影响渠道

资料来源：作者计算得出。

其次，从外汇市场总风险变化的渠道分解来看，不论是货币政策的直接影响渠道还是通过各金融市场的间接影响渠道，它们对外汇市场风险的影响都不太显著。但总体而言，货币政策实施导致的股票市场风险溢出和货币政策的直接影响起到较大的作用。货币政策实施后，通过股票市场的间接溢出效应与总效应之间的相关系数达到了0.976，且总体上，尤其是在政策实施后的第0~5期，溢出均呈现下降趋势。另外，货币政策的直接溢出与总效应之间的相关系数达到了0.6。基于此可知，相较于财政政策，货币政策对降低外汇市场风险以及股票与外汇市场风险起到了更大的作用。

图3-16展示了货币政策实施后货币市场总风险的动态变化，以及货币市场风险影响渠道的动态演进。其中，风险影响因素的正交分解顺序为：货币政策的直接影响、股票市场、债券市场以及外汇市场。

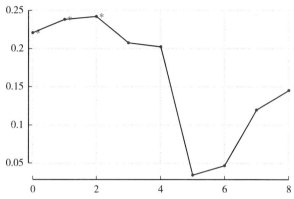

图3-16（a） 货币政策对货币市场风险影响的总效应

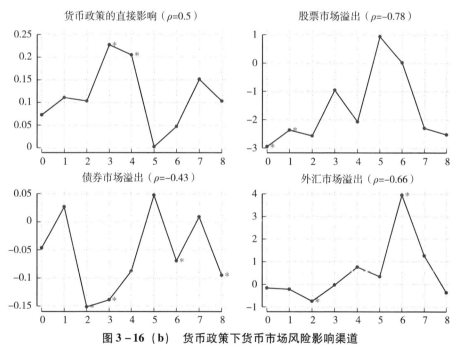

图3-16（b） 货币政策下货币市场风险影响渠道

资料来源：作者计算得出。

由图 3-16 可得到如下结论。首先，从货币市场总风险变化来看，外部冲击发生之后，货币市场风险呈现先上升后下降的趋势。具体而言，货币政策实施之后，货币市场的风险呈现上升趋势。也即，货币市场波动性增大，在这之后又呈现出逐渐下降的趋势。

其次，从货币市场总风险变化的渠道分解来看，货币政策的直接溢出渠道作用弱于货币政策实施通过间接渠道对货币市场产生的影响。就货币政策直接影响渠道而言，总体而言，其未对货币市场风险产生显著影响，仅在第3、4期显著增大了货币市场风险，但其增幅较小。就外部冲击的间接传染渠道而言，股票市场和债券市场对货币市场的风险溢出在政策作用下在第0~4个工作日内均呈现显著下降的趋势，其正向溢出均不显著。外汇市场仅在第2期对货币市场的溢出显著为负，其余各期并不显著。

综上所述，货币政策对金融市场的风险稳定效果要优于财政政策。这主要是因为，货币政策可以直接进入银行等金融机构，进而直接影响到货币市场及风险在各个市场之间的传导。因此，其对金融风险降低的效率较高。

值得一提的是，无论是货币政策还是财政政策，其对外汇市场风险的作用都存在一定的局限性。与上一节分析类似，究其原因，主要是因为，外汇市场不仅受到国内政策的影响，同时还受他国风险事件的影响。而且，从以上各市场之间的风险传染关系可知，货币政策和财政政策在一定程度上可以缓解外汇市场与各市场之间的风险传染，但是仍无法直接降低外汇市场的风险。

第五节　重大外部冲击下的应对措施

在重大风险事件的作用之下，金融市场及其溢出会产生不同程度的波动。为了防范和化解重大金融风险，采取一定的政策措施非常有必要。通常而言，当金融系统遭遇外部冲击时，会由于金融系统内部存在的各类关联性而导致冲击被放大。因此，应在每个环节采取相应的措施减弱其影响。

一、外部冲击——在源头上遏制风险的产生与发展

当外部冲击发生时，相关部门首先应采取措施，预防外部冲击传导至金融市场造成内部传染。根据方意等（2019）的研究，追根溯源，内部冲击实质上来源于外部冲击，金融部门联结着实体经济中的储蓄、投资等部门，为资金配置提供便利的同时，也为风险传导提供"天然通道"。新冠肺炎疫情冲击造成市场波动率提高，风险上升，进一步验证了这一观点。从供给端来看，新冠肺炎疫情引起生产者供应链出现断裂，导致实体部门产能下降，许多公司长期停业，2020 年第 1 季度的业绩大幅下降，进而影响到其持有的资产及相关金融部门。从需求端来看，新冠肺炎疫情使得消费者长期居家隔离，产品消费能力大幅削减，引起市场信心低迷，金融部门的风险大幅升高。

在外部冲击发生时，相关部门首先应采取有效政策，预防外部冲击向内部冲击的转化。疫情未对金融市场造成较为严重的影响也是因为在冲击发生初期，我国政府及时采取了社交隔离政策以及货币、财政政策等。社交隔离政策降低了疫情冲击幅度，而宽松的货币政策和财政政策，则在一定程度上增强了实体经济和金融市场应对外部冲击的抵抗力。除此之外，对比疫情常态化防控阶段与疫情集中暴发阶段对金融市场的影响可知，通过对疫情冲击源头的管理，金融市场的风险得到了有效的控制。对比疫情集中暴发阶段和常态化防控阶段可知，疫情常态化防控有效地降低了疫情冲击的强度，进而降低了新冠肺炎疫情冲击对金融市场的影响。除此之外，这也归功于相关部门每一次对疫情冲击的及时反应，稳定了投资者的情绪。

总而言之，对风险的防控应首先从作为风险源头的冲击开始，通过改变冲击的大小、性质等降低冲击造成的不良后果。我国对新冠肺炎疫情的有效防控就是对冲击的有效管理，也为以后对防控输入性金融风险提供了参考。

二、关联性——降低金融市场间的风险传染

风险管理不应仅在外部冲击发生时进行，相关监管当局还应对各市场、

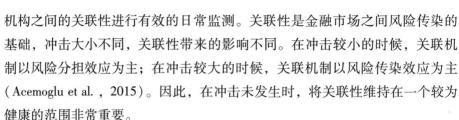

机构之间的关联性进行有效的日常监测。关联性是金融市场之间风险传染的基础,冲击大小不同,关联性带来的影响不同。在冲击较小的时候,关联机制以风险分担效应为主;在冲击较大的时候,关联机制以风险传染效应为主(Acemoglu et al.,2015)。因此,在冲击未发生时,将关联性维持在一个较为健康的范围非常重要。

我国金融市场的关联性主要是由于以下几个因素导致。第一,金融机构面临相似的监管环境所形成的关联性。各行业由于经营实践不同,所面临的具体监管措施也有所不同。然而,行业内机构由于监管环境的相似性而具有较强的关联性。第二,投资者面临相似的经济环境所形成的关联性。当冲击发生时,金融市场上的大多数投资者处在相似的冲击之下,对冲击可能带来的经济结果也倾向于有相似的预期。这可能导致投资者相似的经济行为,也容易造成"个体理性而集体非理性"的结果。第三,金融机构持有相似资产带来的关联性。金融机构存在通过持有更加相似的金融资产以"抱团取暖",而竞争机制的存在也导致了金融机构间业务关联性的形成(Acharya and Yorulmazer,2008;Benoit et al.,2016)。事实上,学界已有诸多模型嵌入金融机构之间存在的上述各类关联性,关于这些模型的综述可以参考方意等(2019)、方意和黄丽灵(2019)的研究。在日常监管中通过对这些模型的测算,可以及时监控金融机构及行业之间的关联性,从而及时采取应对措施。

除此之外,对于金融市场而言,在关联性的管理中,不能忽视各市场之间的不同关系。通过本章的实证检验分析可知,各市场之间的关联机制并不相同,市场之间或呈现同步增长的"风险共振"关系,或呈现此消彼长的"跷跷板"关系。因此,在对关联性的管理中不能一概而论,对于诸如股票市场与外汇市场这种强共振关系,需要有效遏制外部风险的传导,降低二者之间的共振关系;对于增强政策效果,有效遏制风险传播是非常重要的。

三、重点关注——外汇市场的影响因素

在中国金融业扩大开放的进程中,防控输入性金融风险愈发重要。"外部环境存在多重不稳定不确定因素……后疫情时代国际政治经济博弈加剧,

可能对金融市场尤其是外汇市场形成冲击。"[①] 外汇市场受到的影响因素较多，尤其是类似于新冠肺炎疫情这样全球范围内的冲击。由实证分析可知，在新冠肺炎疫情冲击之下，外汇市场风险有较大幅度的上升。同时，由外汇市场的风险走势图可以看出，外汇市场的波动率相比于其他市场更容易发生变化。这主要是由于以下两个因素导致。

第一，投资者情绪因素。当冲击发生在本国时，国内投资者倾向于持有国外资产，由此造成资本外流，进而外汇市场风险上升；当冲击发生在外国时，国外投资者倾向于持有本国资产，本国投资者倾向于将资本撤回本国，这同样也会造成外汇市场风险上升。因此，与其他市场相比，外汇市场不仅受到国内投资者的影响，还会受到国外投资者的影响。

第二，经济基本面因素。这次疫情对贸易造成的不利影响也是外汇市场发生波动的原因。与投资者情绪因素类似，不仅国内经济基本面因素会影响到外汇市场，国外基本面因素也会影响到外汇市场。中美贸易摩擦期间，由于贸易条件的恶化，外汇市场风险就出现了较大幅度的上升（方意等，2019）。

由于外汇市场容易受到来自国外的影响，因此外汇市场风险更容易受到多种冲击的影响而增大。相关监管当局应对外汇市场多加重视，及时识别来自国内外的冲击，避免由于外汇市场风险的上升给整个金融系统带来的系统性风险。值得一提的是，无论是货币政策还是财政政策，其对外汇市场风险的作用都有局限性。在本书之后的章节中，也将专门对外汇市场的风险防控进行分析和梳理，为外汇市场的风险防控提出有效的建议。

四、政策作用

本章检验了货币政策和财政政策在疫情期间对风险是否具有有效的稳定作用。结合实证结果可知，政策作用并不十分理想。在一定程度上而言，货币政策要强于财政政策，但总体而言，两类政策的政策效果都不够理想。一

---

① 2021年6月10日，央行副行长潘功胜在"第十三届陆家嘴论坛"上做主题演讲。

方面，政策的发挥需要时间。无论是货币政策还是财政政策，其都具有一定的时滞性。由于新冠肺炎疫情冲击给金融市场带来的影响具有"影响较大，持续时间较短"的特征，因此政策作用较为有限。另一方面，疫情期间的货币政策和财政政策更倾向于稳定实体经济，实际上，政策对金融市场的影响是需要通过投资者情绪机制发挥作用，经济政策出台频率的上升、未来指向与强度等方面的不确定会导致政策不确定性的上升，政策效果的下降。

外汇市场风险与输入性金融风险高度相关。外汇市场作为我国金融市场的重要组成部分之一，有效防控外汇市场风险对防范输入性金融风险，稳定我国金融体系具有重要意义。外汇市场是一国经济金融体系的直接门户，在当代经济高度货币化的背景下，任何跨国经济活动均需要通过外汇市场得以体现。各国之间金融变量的互相传导也需要依赖跨国贸易与跨国投资等经济行为。即使在疫情常态化防控阶段，我国金融市场也可能由于外汇市场风险上升而受到传染。因此，应采取更有针对性的政策以降低外汇市场风险，控制输入性金融风险。

本 章 小 结

本章基于事件分析法，量化分析新冠肺炎疫情冲击事件的发生及发展对各主要金融市场的风险及各金融市场之间风险溢出的影响，为采取措施应对突发重大公共事件提供理论支撑和政策建议。经过分析，得到如下结论：

第一，从单个金融市场来看，新冠肺炎疫情冲击在短期内会造成金融市场风险的上升。其中，股票市场受到疫情冲击的影响最大，债券市场受到疫情冲击的影响最小。在时间维度上，货币市场、股票市场和外汇市场的风险均在疫情发生当期或疫情发生后的 1~2 期显著增加，且持续上升，在 3~5期达到峰值之后逐渐降低。债券市场所受影响与其他市场类似，但债券市场的演进路径更为复杂，这体现了投资者结构及投资者情绪机制在市场风险中的重要作用。

在疫情常态化防控之下，新冠肺炎疫情冲击对部分金融市场仍具有一定的影响，但影响较小，不具有显著性。从该层面出发，我国对疫情的常态化防控有效地降低了该冲击对金融市场的影响。

第二，从跨市场风险角度来看，股票市场和外汇市场之间的风险溢出受新冠肺炎疫情冲击的影响最大，而债券市场和外汇市场之间的风险溢出受疫情冲击的影响最小。在时间维度上，跨市场风险传染受到疫情冲击的影响较单个金融市场有所滞后。在风险传染受事件影响的方向上，疫情冲击发生初期倾向于增大市场之间原有的关系。如债券市场作为风险较低的市场，与其他市场之间主要呈替代效应，疫情冲击增大了这种替代效应；而股票市场与外汇市场之间主要呈现风险共振的关系，在疫情冲击下，二者之间的风险共振关系增强。而在疫情发生后的 5～7 天，各市场之间的动态相关性有增大的趋势。也即，新冠肺炎疫情冲击造成了各市场风险共振的上升。在疫情冲击发生后的 6～8 天，各市场受其冲击影响逐渐开始收敛。

与单个市场类似，在疫情风险常态化防控之下，新冠肺炎疫情冲击对部分金融市场风险传染仍具有显著的影响，但对于大多数市场之间的风险传染而言，传染风险被有效的阻断。从该层面出发，我国的常态化防控有效地降低了新冠肺炎疫情造成的风险在金融市场间的传导。

第三，风险传染受到三种机制的影响，即投资者情绪机制、共同风险敞口机制和投资者资产配置机制。在疫情发生后的不同时期，三种机制中起主导作用的机制不同，这导致了不同市场风险传染的演进路径不同。在新冠肺炎疫情冲击的初期，受投资者情绪机制的影响，各市场风险上升；在各市场刚刚受到冲击之后，投资者资产配置机制起主导作用，这导致了风险较低的市场与风险较高市场之间的替代效应增强；在新冠肺炎疫情冲击后期，共同风险敞口机制起主导作用，各市场间的风险传染均有所上升。同时，政策措施在阻断风险溢出上起了有效作用。

第四，货币政策和财政政策具有一定的政策效果，但政策效果不明显，尤其是对于外汇市场而言。外汇市场受到国内外诸多因素影响，且作为一国对外门户，外汇市场的风险防控对于防范输入性金融风险具有重要的意义。因此，政策当局应关注政策配合以降低主要金融市场，尤其是外汇市场的风险，达到防控输入性金融风险的目的。

第四章

中美贸易摩擦冲击下中国金融
市场风险演进规律

本章从中美贸易摩擦事件为出发点，讨论在全球重大经济环境恶化冲击下，中国金融市场风险的演进规律，从而对比不同冲击类型对中国金融稳定影响的异同之处。

本章首先使用事件分析法，从时间和空间两个维度来量化分析中美贸易摩擦对单个金融市场以及跨市场的风险传染。时间维度体现为中美贸易摩擦对单个市场风险、跨市场风险传染的动态溢出路径；空间维度体现为中美贸易摩擦对单个市场风险溢出、跨市场风险传染溢出在溢出峰值和溢出持久度的横向对比。在此基础上，提出中美贸易摩擦影响中国金融稳定的传导路径，并按照中美贸易摩擦对不同金融市场的影响速度和幅度将三个市场区分为三层风险预警区，为研究外部冲击下的金融稳定政策提供理论支撑。

本章建立了一个融合实体经济和金融市场为一体的宏观金融框架，全面刻画实体经济和金融市场风险以及各部门的风险传染效应，可作为重大冲击下健全系统性风险监测体系的参考模板。利用经典的条件在险价值模型（$\Delta CoVaR$）度量风险传染，将其与引入外部冲击的事件分析法和渠道识别的正交分解法之间进行有机结合，从而逐一识别外部冲击影响实体经济和各金融市场风险的渠道，刻画出完整的风险传染路径。实体经济与金融市场之间的共振效应，意味着二者之间存在重要的相互风险溢出效应。因此，对系统性金融风险生成机理的研究不能仅从金融系统内部开展，还需要纳入实体经济，从更广泛的视角进行研究。本章刻画了实体经济和金融系统在外部冲击发生之后完整的风险溢出路径，为金融监管和系统性风险防范提供政策建议。

第一节　中美贸易摩擦冲击下的金融风险概览

自 2017 年 8 月 14 日美国总统特朗普授权贸易代表对中国企业开展 301 调查开始，至 2018 年 7 月 6 日美国开始正式对中国 340 亿美元的商品加征 25% 的进口关税，① 美国单方面挑起的中美贸易摩擦不断加剧。以中美贸易摩擦为代表的这种"以邻为壑"的贸易保护主义是逆经济全球化的行为，不仅增大了相关国家经济的不确定性，还有可能对相关国家的金融稳定造成不可小觑的影响。特别的，中国金融市场还处于不断发展完善的阶段，中美贸易摩擦对中国金融市场甚至金融稳定的影响是政策界和学术界都极为关注的话题。本章挑选这一时期 14 次中美贸易摩擦新闻发布时间点，作为重大冲击代表，事件详情参见表 4 - 1。

表 4 - 1　　　　　　　　　中美贸易摩擦事件新闻概览

新闻发布时间	主要内容
2017 年 8 月 18 日	美国正式对中国发起"301 调查"
2018 年 3 月 8 日	美国总统特朗普宣布对钢铁和铝制品分别加征 25% 和 10% 的关税
2018 年 3 月 23 日	美国贸易代表公布《中国贸易实践的 301 条款调查》；中国政府公布了价值 30 亿美元的加征关税的美国产品清单
2018 年 4 月 3 日	美国公布对华加征关税清单，建议税率为 25%，总额涉及约 500 亿美元中国出口商品
2018 年 4 月 5 日	特朗普要求考虑加征 1000 亿美元中国商品的关税；中国向美方提出 WTO 磋商请求，正式启动 WTO 争端解决程序
2018 年 4 月 16 日	美国商务部下令禁止美国公司向中兴出口电信零部件产品，期限为 7 年
2018 年 5 月 30 日	美国发表声明称仍将对 500 亿元中国商品征收 25% 的关税

---

① 《关于对原产于美国的部分商品加征关税的公告》，http：///www. gov. cn/xinwen/2018 - 06/16/content_5299156. htm，2018 年 6 月 16 日。

续表

新闻发布时间	主要内容
2018 年 6 月 15 日	美国公布加征清单，将按原计划对第一批 340 亿美元中国产品加税 25%，中国宣布将对美国出台"同等规模、同等力度"的征税措施
2018 年 6 月 19 日	中国宣布对美国的 659 项约 500 亿美元进口商品加征 25% 关税，美国总统特朗普又宣称将对 2000 亿美元中国商品加征 10% 关税
2018 年 7 月 6 日	中美贸易制裁措施正式开始实施
2018 年 7 月 10 日	美国决定开启对额外 2000 亿美元中国商品加征 10% 关税的程序
2018 年 8 月 8 日	美国宣布将从 8 月 23 日起对从中国进口的约 160 亿美元商品加征 25% 关税
2018 年 9 月 12 日	中国向世贸组织申请授权对美国实施每年约 70 亿美元的贸易报复
2018 年 9 月 18 日	美国宣布实施对从中国进口的约 2000 亿美元商品加征关税的措施，自 2018 年 9 月 24 日起加征关税税率为 10%，2019 年 1 月 1 日起提高至 25%

资料来源：作者整理。

图 4-1 展示了 2018 年 3 月至 7 月中美贸易摩擦持续发酵期间，中国股票市场、债券市场和外汇市场收益率的基本走势。直观来看，金融市场主要指数的走势可大致反映出中美贸易摩擦对中国金融市场造成的影响。股票市场收益率在绝大部分贸易摩擦新闻发布之后均有不同程度的下降趋势。债券市场收益率在贸易摩擦新闻发布之后也有一定的下降趋势，但其幅度和次数均小于股票市场。相对而言，外汇市场收益率在贸易摩擦新闻发布之后有时表现出上升趋势，有时则会表现出下降趋势。这说明，贸易摩擦不仅会影响人民币币值，同时也可能会对美元币值产生一定影响。

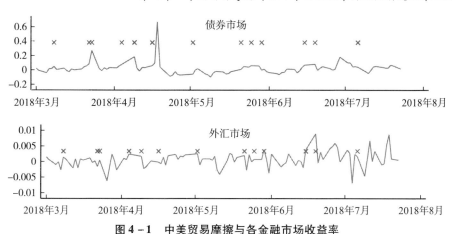

图4-1　中美贸易摩擦与各金融市场收益率

注：（1）横轴表示日期（日度），纵轴表示各金融市场日收益率，用各市场指数日度环比增长率表示。其中，股票市场收益率采用沪深300指数环比增长率表示，债券市场收益率采用中证全债指数环比增长率表示，外汇市场收益率采用美元对人民币汇率环比增长率表示；（2）"×"号表示中美贸易摩擦新闻公布的日期。

资料来源：根据Wind数据库相关数据整理。

　　图4-2展示了各金融市场及行业的风险走势，单个金融市场及行业风险采用TGARCH(1，1)模型测算的日间波动率，图中阴影区间表示中美贸易摩擦事件集中发生的时期。可以发现：第一，中美贸易摩擦时期股票市场的波动率明显增大，且波动率出现增大趋势的频率也较高。第二，债券市场的波动率除在贸易摩擦时期有一次大幅增加以外，其他时间一直处于较低水平且较为平稳。第三，不论是否处于中美贸易摩擦时期，外汇市场的波动率都较大。这是由于外汇市场的参与者遍布全球导致其波动的影响因素比较复杂。第四，贸易摩擦对不同行业风险的影响程度存在一定的差异。其中，贸易摩擦对工业、金融、能源、消费和医药行业波动率的影响较为明显，而其他行业波动率的影响相对较弱。

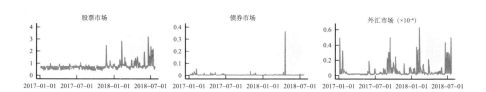

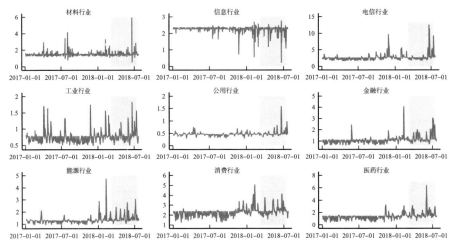

图 4 - 2　各金融市场及行业指数波动率走势

注：（1）横轴表示日期变量，频率是日度，纵轴表示各金融市场和行业波动率；（2）图中阴影部分表示日期处于 2018 年 3 月 8 日之后；（3）各行业采用中证一级行业指数代表不同行业，测算其动态波动率，以分析贸易摩擦对实体经济风险的溢出。

资料来源：根据 Wind 数据库相关数据整理。

图 4 - 3 展示了基于 DCC - GARCH 模型度量的中国股、债、汇三个金融市场之间的跨市场风险传染走势。可以发现：第一，股票市场和债券市场之间以负向传染为主，且自 2017 年下半年起，两者之间的风险传染基本都为负值。尤其，在中美贸易摩擦时期，股票市场和债券市场之间的负向传染程度呈现增大趋势。第二，股票市场和外汇市场的绝大多数时间均为负向，且这一负向风险传染程度在中美贸易摩擦时期大幅增加。由于此处采用美元对人民币汇率作为外汇市场的代理指标，因此股票市场和外汇市场之间的负向传染，实际上是股票和人民币两种资产收益率同增同减的表现。第三，债券市场和外汇市场之间以正向风险溢出为主。这意味着，债券和人民币这两种资产的收益率之间表现为负向相关关系。

图 4 - 4 和图 4 - 5 初步展示了外部冲击对实体经济与金融市场之间风险溢出的影响。本书基于条件在险价值（$\Delta CoVaR$）模型测算实体经济各行业与各金融市场之间的风险溢出，并据此构建实体经济与金融市场之间的风险溢出网络。其中，正向风险溢出表示风险传染，负向风险溢出则表示风险分散。

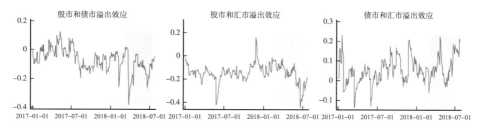

图 4－3　不同金融市场之间风险传染走势

注：（1）横轴表示日期变量，频率是日度，纵轴表示跨市场风险传染；（2）图中阴影部分表示日期处于 2018 年 3 月 8 日之后。

资料来源：作者自行测算。

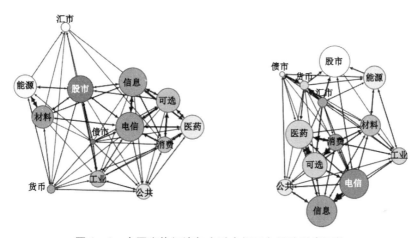

图 4－4　中国实体经济与金融市场正向风险溢出网络

注：（1）左图和右图分别为中美贸易摩擦外部冲击发生前后实体经济与金融市场间正向风险溢出网络，基于 Gephi 软件绘制。（2）这里采用中证一级行业分类中非金融行业指数代表实体经济。采用沪深 300 指数、中证全债指数、人民币兑美元汇率及银行间隔夜 SHIBOR 利率分别表示股票市场、债券市场、外汇市场和货币市场。（3）节点大小表示各自代表的实体行业或金融市场波动率，节点直径越大，波动率越大。（4）节点颜色表示连出度，颜色越深意味着连出度越大。（5）箭头粗细表示风险溢出大小，箭头越粗表示风险溢出绝对值越大。（6）各节点位置采用 ForceAtlas 2 布局方式自动生成，网络结构布局表示所有节点整体风险溢出水平，网络结构越松散表示整体风险溢出绝对值越小，网络结构越紧凑表示整体风险溢出绝对值越大。图 4－5 同本图注释，不再赘述。

资料来源：作者绘制。

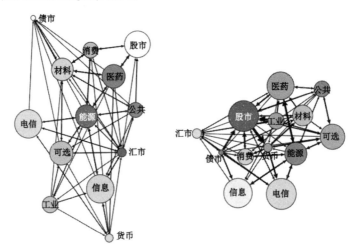

图 4 – 5　中国实体经济与金融市场负向风险溢出网络

资料来源：作者绘制。

　　基于风险溢出网络图，可以清晰地看出，重大外部冲击发生对实体经济和金融市场风险及其之间风险溢出的影响。首先，外部冲击发生之后，各金融市场和实体经济各行业的风险均增大。具体表现为，如图 4 – 4 及图 4 – 5 所示，右侧子图各节点的直径均比左侧子图相应节点的直径变大。其次，实体经济内部受直接冲击的行业对其他行业风险传染作用增强。具体表现为，图 4 – 4 中受贸易摩擦直接冲击的实体行业（如电信、信息及医药行业）与其他实体行业之间的正向风险溢出增强。相反，未受直接冲击的实体行业对其他行业的风险分散作用增强。例如，图 4 – 5 中能源行业对其他行业的负向风险溢出的绝对值显著增大。再次，实体经济对金融市场的风险传染作用增强。在图 4 – 4 中表现为冲击发生之后，实体行业节点与金融市场节点之间的距离缩短，且各行业风险溢出的连接度上升（节点颜色加深）。这意味着，中国实体企业遭受冲击之后，风险会进一步向金融市场溢出。最后，金融市场对实体经济的风险分散作用增强。在图 4 – 5 中表现为，冲击发生之后，外汇市场外各金融市场节点连接度提高（节点颜色加深），且箭头变粗。

　　为进一步分析实体经济内部不同行业之间的风险溢出关系，表 4 – 2 统计了外部冲击发生前后排名前十位的实体行业间的风险溢出关系。首先，实体经济中既存在风险输出的行业，也存在风险输入的行业。对实体经济风险防范的重点应该落在风险输出方。但无论是否发生外部冲击，主要消费、可选消费、信息、电信、医药行业都是风险的主要输出方，同时也是风险的主要输入方。外部冲击发生之后，材料行业从风险的主要输入方转变为风险的主要输出方。其次，外部冲击发生之后，实体经济内部各行业之间的风险溢出效应增大。具体表现为，外部冲击发生之后，风险溢出值最大的前十名风险溢出关系中，相同排名的风险溢出关系的溢出强度均增大。尤其是排名在前两位的风险溢出关系，风险溢出值增大程度均超过100%。最后，外部冲击对实体经济各行业风险的影响存在一定的"靶向性"效应。所谓"靶向性"效应，是指冲击对其直接指向部门的影响程度明显大于对其他部门的影响程度。具体表现为：冲击发生之后，信息、电信和医药行业作为此次中美贸易摩擦冲击针对的行业，行业之间的风险溢出值均显著增大。尤其是，在冲击发生之后，电信行业对信息行业的风险溢出、信息行业对电信行业的风险溢出分别跃升至风险溢出关系的第一、第二名。

表4-2　　　　　　　　外部冲击发生前后风险溢出前十名

排名	冲击发生前			冲击发生后		
	风险输出方	风险接受方	溢出强度	风险输出方	风险接受方	溢出强度
1	能源	材料	1.04	电信	信息	2.28
2	主要消费	医药	0.84	信息	电信	1.96
3	信息	电信	0.83	医药	主要消费	1.13
4	电信	信息	0.81	可选消费	主要消费	1.07
5	材料	能源	0.80	医药	信息	0.91
6	医药	电信	0.76	医药	电信	0.79
7	医药	信息	0.71	主要消费	可选消费	0.79
8	医药	主要消费	0.69	信息	医药	0.78
9	可选消费	电信	0.63	材料	能源	0.77
10	可选消费	医药	0.58	电信	医药	0.68

资料来源：作者整理。

第二节　中美贸易摩擦影响中国金融
市场稳定的传导路径

　　本节以中国股票市场、债券市场、外汇市场为样本，利用事件分析法探究中美贸易摩擦这一外部冲击事件对单个金融市场风险和跨市场风险传染的溢出效应，并结合相关研究结果梳理中美贸易摩擦影响中国金融稳定的传导路径。

一、中美贸易摩擦对单一金融市场风险的溢出效应

　　事件分析法中窗口期的选取应在可观测到被解释变量变化的基础上尽量缩短，从而尽可能降低解释变量的多重共线性。经验证，中美贸易摩擦事件对单个金融市场的风险溢出在事件发生后 6 个交易日内得以收敛，故本部分窗口期取值为 6。图 4-6 展示了基于事件分析法得到的中美贸易摩擦对股票市场、债券市场以及外汇市场风险的溢出效应结果。

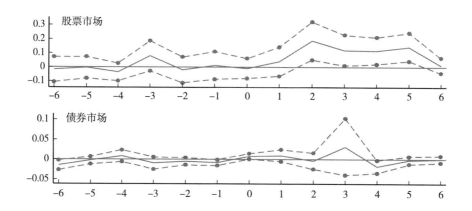

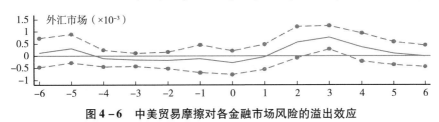

图 4 - 6　中美贸易摩擦对各金融市场风险的溢出效应

注：（1）横轴表示距离中美贸易摩擦事件发生的时间距离（单位是交易日），纵轴表示事件冲击对金融市场风险的溢出效应；（2）实线表示事件虚拟变量的回归系数，虚线表示回归系数90%的置信区间；（3）事件分析法的被解释变量为各金融市场的波动率，采用 TGARCH 模型计算得到；（4）贸易摩擦对外汇市场风险的溢出效应的单位为 10^{-3}。

从中美贸易摩擦对单个金融市场风险溢出的时间趋势来看，贸易摩擦事件发生之前，股票市场、债券市场和外汇市场风险均无显著的变化。与之形成鲜明对比的是，贸易摩擦事件发生之后 2～3 个交易日内，三个金融市场风险均出现不同程度增大的趋势。然而，该增大趋势从贸易摩擦事件发生之后的第 5 个或第 6 个交易日开始向 0 值收敛。另外，纵向比较三个金融市场波动率的变化趋势可得，在事件发生后的一个或连续几个交易日内，中美贸易摩擦对外汇市场风险和股票市场风险溢出效应均通过 10% 的显著性水平检验。相较而言，中美贸易摩擦对债券市场风险的溢出效应却未通过 10% 的显著性水平检验。也即，债券市场波动率受贸易摩擦新闻影响的显著性稍弱。

从单个金融市场来看，中美贸易摩擦在短期内会造成金融市场风险的上升，且不同市场的风险受贸易摩擦的影响有所差异，但中美贸易摩擦对各金融市场风险的溢出仅具有短期效应。其原因在于，中美贸易摩擦事件并未立即对市场基本面产生重大影响，更多的是影响市场投资者的短期投资情绪。各金融市场风险上升更多的是投资者对贸易摩擦事件的过度反应，而当这些事件被消化之后，金融市场便可恢复事件发生前的状态。市场投资者结构差异导致中美贸易摩擦事件对金融市场风险的溢出效应也具有差异性。中国债券市场交易以机构投资者为主，股票市场内部有大量散户参与投资，而外汇市场投资者则既包括国内机构投资者，也包括国外投资者以及少量个人投资者。相对于个人投资者和国外投资者而言，机构投资者更为理性，对市场信息的消化速度更快，也更少发生噪音交易，从而机构投资者占比较大的债券市场受事件冲击影响更小。

　　表4-3统计了中美贸易摩擦事件对单个金融市场风险的溢出峰值及持久度。从影响的先后顺序来看，股票市场最早，外汇市场和债券市场次之，体现了市场轮动的典型特征。从影响的持续时间来看，受中美贸易摩擦新闻事件影响时间更久的是股票市场，外汇市场次之，债券市场最短。从影响的峰值来看，尽管中美贸易摩擦事件对债券市场风险的溢出在统计上不显著，但是其溢出峰值却最大，外汇市场风险溢出效应的峰值次之，股票市场最小。中美贸易摩擦对不同金融市场风险溢出峰值和溢出持久度的差异仍源于投资者结构的不同。溢出峰值的差异主要在于，机构投资者大额交易可能会造成更大的波动，溢出持久度则是由于不同投资者对于信息消化速度的差异。另外，金融市场风险增大将会提高投资者的悲观预期，降低投资者参与金融市场的积极性。

表4-3　　　　　　　中美贸易摩擦对金融市场风险的溢出峰值和持续期

	股票市场波动率	债券市场波动率	外汇市场波动率
溢出峰值	0.22 *	0.49	0.37 *
峰值出现时间	事件发生后 2个交易日	事件发生后 3个交易日	事件发生后 3个交易日
溢出持久度	6个交易日	4个交易日	5个交易日

　　注：（1）溢出峰值＝事件虚拟变量回归系数/被解释变量均值；（2）溢出持久度由溢出峰值出现之后，溢出效应重新回归0值所对应的交易日表示；（3）"＊"表示事件虚拟变量的回归系数在10%显著性水平下显著；（4）中美贸易摩擦对外汇市场风险的溢出效应虽然在溢出峰值出现时未通过10%显著性水平检验，然而在此之后一个交易日时却产生显著溢出效应。

资料来源：作者整理。

　　就不同行业而言，中美贸易摩擦对其牵涉行业的正向溢出效应更为显著。这意味着，中美贸易摩擦存在"靶向"溢出效应。美国贸易代表处（USTR）基于301条款调查结果，将对华征税清单锁定在有可能将对美国经济安全造成威胁的高技术制造行业上。图4-7展示了中美贸易摩擦事件对各行业风险的溢出效应。

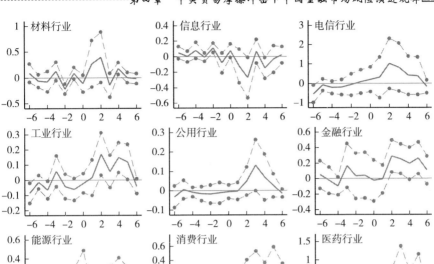

图4-7　中美贸易摩擦对各行业风险的溢出效应

注：（1）横轴表示距离中美贸易摩擦事件发生的时间距离（单位是交易日），纵轴表示事件对不同行业风险的溢出效应；（2）实线表示事件虚拟变量的回归系数，虚线表示回归系数90%的置信区间；（3）事件分析法的被解释变量为各行业的波动率，采用TGARCH模型计算得到。

由图4-7可知，除信息行业之外，中美贸易摩擦新闻事件发生之后，其他行业风险均有不同程度的提高，而在中美贸易摩擦事件发生之前，这些行业的波动率并无明显变化。尤其是，材料行业、工业行业、金融行业、能源行业和医药行业风险的溢出效应在贸易摩擦后4个交易日内均通过10%的显著性水平检验。也即，中美贸易摩擦新闻事件对不同行业风险的溢出具有显著的"靶向效应"。不过，溢出效应均在6个交易日内趋于收敛。需要指出的是，中美贸易摩擦新闻事件对行业风险的正向溢出效应对相关行业发展有极大的不利影响，原因在于这些行业更依赖于资本市场融资。这可能是美国发动贸易摩擦对中国高科技企业进行打压的一支有力武器。

二、中美贸易摩擦对跨市场风险传染的溢出效应

上文分析了中美贸易摩擦对单个市场的风险溢出,但在共同风险敞口机制和投资者资产配置调整机制作用下,不同市场均暴露于中美贸易摩擦冲击事件之下,进而导致市场之间的联动。由此可见,跨市场风险传染可能会引发系统性金融风险的爆发,更需要得到密切的关注。

在计算中美贸易摩擦对跨市场风险传染的溢出效应时,事件分析法中窗口期取值为 10,大于上文选取的窗口期。原因在于,中美贸易摩擦对跨市场传染的溢出发生在单个市场遭受冲击之后,风险传染的累积时间更长。图 4 - 8 展示了中美贸易摩擦对跨市场风险传染的溢出结果。对比中美贸易摩擦事件前后对跨不同市场风险传染的溢出结果可得:股票市场和债券市场之间的风险传染以及股票市场和外汇市场之间的风险传染均受到负向溢出,而在事件发生前无明显变化。债券市场和外汇市场之间的风险传染则受到正向溢出。

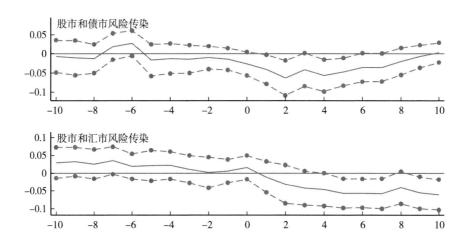

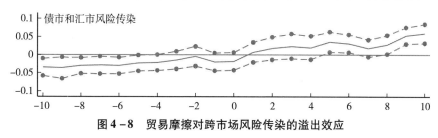

图4-8　贸易摩擦对跨市场风险传染的溢出效应

注：（1）横轴表示距离中美贸易摩擦事件发生的时间距离（单位是交易日），纵轴表示事件冲击对跨市场金融风险传染的溢出效应；（2）实线表示事件虚拟变量的回归系数，虚线表示回归系数90%的置信区间；（3）事件分析法的被解释变量为市场间的动态相关系数，采用DCC-GARCH模型计算得到。

　　为解释该结果，本节引入中美贸易摩擦对风险传染的溢出效应的两个机制：第一个是共同风险敞口机制。也即，不同市场均暴露于中美贸易摩擦冲击事件之下，从而由于对中美贸易摩擦冲击的共同风险敞口而发生市场之间的联动。第二个是投资者资产配置调整机制，其主要度量在中美贸易摩擦冲击发生之后，投资者对不同市场资产进行调整进而导致市场之间的联动，同时也包含由于资本外流（资金配置由本国资产调整为国外资产）而导致的市场联动。其中，共同风险敞口机制和资本外流机制会导致两个市场资产收益率发生同方向变动，资产配置调整机制则会导致两个市场的收益率发生反方向变动。需要注意的是，由于外汇市场采取美元对人民币汇率表示，故牵扯到外汇市场时，共同敞口机制和资产配置调整机制对两个市场资产收益率的联动影响方向与前述方向相反。

　　结合溢出结果和溢出效应的两类机制可得，贸易摩擦对股票市场和债券市场之间以及债券市场和外汇市场之间风险传染的溢出结果更多的是由于投资者资产配置调整所致，而贸易摩擦对股票市场和外汇市场之间风险传染的溢出结果更多的是由共同风险敞口以及资本外流所致。

　　中美贸易摩擦事件对跨市场风险传染的溢出效应更加持久，且不同金融市场之间风险传染的溢出方向有所不同，体现了资金向安全资产转移（Flight-to-quality）的特点。从贸易摩擦对跨市场风险传染溢出的时间跨度来看，该溢出效应的持久性高于贸易摩擦对单个市场风险的溢出持久性。具体而言，贸易摩擦对单个金融市场风险的溢出效应仅具有短期效应，在事件后

的 6 个交易日内就会趋于收敛。然而，贸易摩擦对股票市场和债券市场之间
风险传染的溢出效应自事件发生后的第 2 个交易日开始至事件发生后的第 7
个交易日均显著，而溢出结果从第 8 个交易日开始不再显著，并于第 10 个交
易日收敛于 0。贸易摩擦对股票市场和外汇市场之间风险传染的溢出效应以
及债券市场和外汇市场之间风险传染的溢出效应均是从事件发生后的第 5 个
交易日开始到第 10 个交易日仍然非常显著。

表 4 - 4 进一步对比了跨市场风险传染受中美贸易摩擦新闻事件溢出的峰
值和持久度的差异。其中，溢出峰值和溢出持久度的计算方法与表 4 - 3 相
同。对比溢出峰值可得，债券市场和外汇市场之间风险传染受事件影响最大，
股票市场和债券市场次之，股票市场和外汇市场最小。对比溢出持久度可得，
不同金融市场之间风险传染受中美贸易摩擦新闻影响的时间都较长。其中，
股票市场和债券市场风险传染在事件后的第 10 个交易日向 0 值收敛，而其他
两对市场的风险传染直至事件发生后 10 个交易日仍然有显著增大的趋势。

表 4 - 4   中美贸易摩擦对跨市场风险传染的溢出峰值和溢出持久度

	股债风险传染	股汇风险传染	债汇风险传染
溢出峰值	1. 106 *	0. 393 *	2. 813 *
峰值出现的时间	事件发生后 2 个交易日	事件发生后 10 个交易日	事件发生后 10 个交易日
溢出持久度	10 个交易日	>10 个交易日	>10 个交易日

注：（1）溢出峰值 = 事件虚拟变量回归系数/被解释变量均值；（2）溢出持久度由溢出峰值出现
之后，溢出效应重新回归 0 值所对应的交易日表示；（3）"＊"表示相应虚拟变量的回归系数在 10%
显著性水平下显著。

资料来源：作者计算得出。

结合前述结论以及不同市场的投资者构成可知，中美贸易摩擦对市场之
间风险传染的溢出效应，很可能诱发系统性金融风险。具体而言，债券市场
投资者主要由机构投资者构成，所以中美贸易摩擦对股票市场和债券市场之
间的风险传染以及外汇市场和债券市场之间的风险传染的溢出效应多由机构
投资者的资产配置调整造成。这一过程可能会引发不同金融机构投资者争相
抛售高风险资产，争夺安全性较高资产的现象。这种金融机构因持有相似资

产而形成的"间接关联性"会引发降价抛售溢出效应，并成为产生系统性金融风险的重要因素。

三、风险传导路径及三大风险区划分

前文分别分析了中美贸易摩擦这一外部冲击事件对单个金融市场波动率和跨市场风险传染的溢出效应。本部分将结合以上两部分的相关结论，分析中美贸易摩擦影响中国金融稳定的传导路径，具体如图4-9所示。中美贸易摩擦对单个金融市场的冲击，这是系统性金融风险生成的第一步。系统性金融风险生成的第二步是单个市场风险向其他市场传染，进而导致系统性风险的累积。

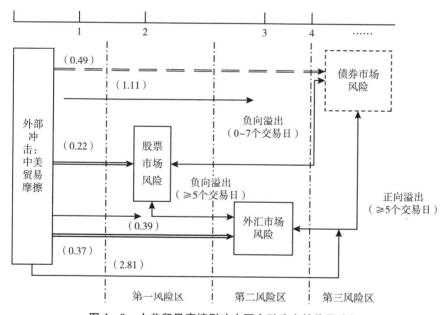

图4-9 中美贸易摩擦影响中国金融稳定的传导路径

注：（1）单向箭头表示中美贸易摩擦对箭头底部变量的溢出效应，其中双线单向箭头代表中美贸易摩擦对单个金融市场波动率的溢出，单线单向箭头代表中美贸易摩擦对不同市场之间风险传染的溢出；（3）单线双向箭头表示跨市场风险传染；（3）图形顶端数字刻度代表贸易摩擦事件后交易日数，用于刻画中美贸易摩擦对三个金融市场风险产生显著溢出效应的时间，由于样本期内中美贸易摩擦事件对债券市场风险的溢出并不显著，故将债券市场风险放在第4个交易日之后，并用虚线的双线单向箭头及虚线框表示溢出效应显著性较弱；（4）括号中的数字代表中美贸易摩擦对目标变量的溢出峰值，其对应箭头的粗细代表相对大小的比较，其中箭头越粗，代表溢出效应越大。

资料来源：作者整理。

由图4-9可得如下结论。首先，中美贸易摩擦对"股""债""汇"三个金融市场风险溢出的顺序体现了市场轮动的典型特征，可为投资者资产配置提供理论支撑。具体而言，中美贸易摩擦会率先对股票市场风险产生溢出效应，然后影响外汇市场和债券市场。因此，在遇到类似于中美贸易摩擦这样的外部冲击时，投资者可在外部冲击发生之后，先撤出股票市场资金，再撤出外汇市场资金，并提前配置到溢出效应较弱的债券市场之中。

其次，不同金融市场之间相互传染体现了资金向安全资产转移的特点。具体而言，资金向安全资产的转移包含两种情况：一种是资本外流，即股市资金撤出之后，通过外汇市场流向国外安全资产；另一种是资金流入到本国债券市场。资本大量外流将会加剧国内股票市场和外汇市场的动荡，进而影响金融稳定。资金流入债券市场不仅会带来上述影响，更会导致债券市场短期内的需求增大，债券出现升值压力。而从长期来看，债券短期升值将增大未来价格下跌的风险。也即，安全的债券资产转变成"隐性风险资产"。外部冲击导致大量资金流入债券市场，实际上是一种风险累积的行为。由于中国债券市场参与者以金融机构为主，因此外部冲击导致债券市场风险累积也将表现为金融机构的风险累积。

最后，按照中美贸易摩擦对"股""债""汇"这三个市场产生显著溢出效应的先后顺序及溢出峰值由小到大的排序，本章将这三个市场划分为三个风险区。也即，股票市场为第一风险区，外汇市场为第二风险区，债券市场为第三风险区。具体而言，中美贸易摩擦率先对股票市场风险产生显著溢出效应，但溢出峰值却是三个市场中最小的，是第一风险区。股票市场受到外部冲击影响之后，风险开始向另外两个市场传染。在资本外流的作用下，外汇市场风险紧随股票市场之后开始显著增大。在中美贸易摩擦直接冲击以及股票市场风险传染的共同作用下，外汇市场风险受影响的幅度将大于股票市场，为第二风险区。债券作为一种较为安全的投资资产，成为投资者避险的重要投资工具，图4-9清晰地展示了中美贸易摩擦显著增大了股票市场和外汇市场向债券市场传染风险的幅度。虽然，在样本期内，中美贸易摩擦并未对债券市场风险产生显著的溢出效应，但是债券市场隐藏了较大的潜在风险。若将来遭遇足够大的冲击或者风险累积到一定程度时，这种潜在风险有可能成为真正现实的风险，其对金融稳定造成的影响可能会超过股票市场和外汇市场，故将债券市场称作第三风险区。

第三节 中美贸易摩擦与中国实体
—金融风险传染路径

习近平总书记曾指出："金融活、经济活；金融稳、经济稳"。① 这意味着，金融安全是中国经济平稳健康发展的重要基础。实体经济与金融市场之间存在紧密联系的同时，也存在大量的风险溢出。在此背景下，外部冲击突发之后，实体经济与金融市场会发生何种风险溢出效应？风险溢出机制如何刻画？哪个部门具有重大的风险隐患？探究上述问题能够有效帮助监管部门从根本上防范化解系统性金融风险。

一、外部冲击影响实体经济和金融市场风险的渠道

实体经济与各金融市场之间紧密的关联关系导致彼此之间产生风险溢出。两者之间的关联机制体现为共振效应，即实体经济和金融市场总会表现出共同繁荣和衰退的周期性现象。

实体经济与金融市场之间的风险溢出是形成系统性金融风险的关键因素。外部冲击、关联关系引发的风险溢出以及破坏性后果是构成系统性金融风险的核心要素，如图4－10所示。首先，外部冲击是诱因，即系统性金融风险的诱发因素。其次，关联关系引发的风险溢出是形成系统性金融风险的核心。这里的风险溢出，既包括金融体系内部的风险溢出，也包括受冲击部门（如实体经济）与金融体系之间的风险溢出。前者将引起金融体系内部各金融市场风险的急剧上升，后者则是将外部冲击的影响引入金融体系的必要路径。最后，破坏性后果体现在两个方面。其一是金融体系风险上升，金融功能受

---

① 习近平总书记在2017年4月25日下午就维护国家金融安全进行的中共中央政治局第四十次集体学习时提出。

到影响。其二是实体经济风险上升，经济稳定增长的目标受到影响。由此可知，实体经济风险会进一步传导至金融体系，引起金融体系风险的攀升。因此，防范金融风险不能仅局限于金融体系内部，还须同时关注实体经济及其向金融体系的风险溢出。

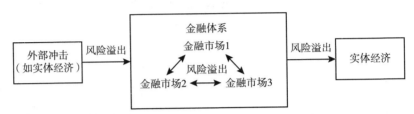

图 4-10　系统性金融风险形成的核心要素

资料来源：作者绘制。

本节通过分解实体经济和各金融市场风险影响渠道来绘制实体经济—金融市场的风险溢出路径图。外部冲击发生之后，实体经济和各金融市场风险的上升可归因于以下两个渠道：外部冲击的直接影响渠道；外部冲击的间接传染渠道。具体如图 4-11 所示。其中，直接影响是指剔除其他部门风险溢

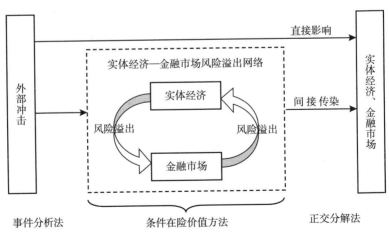

图 4-11　外部冲击影响实体经济和金融市场风险的渠道

资料来源：作者绘制。

出影响因素后仅由外部冲击引起的实体经济和金融市场风险的变化，是一种"剩余项"。间接传染是指外部冲击通过影响其他金融市场或实体经济对某一特定市场的风险溢出，进而导致其风险上升的间接影响作用。中美贸易摩擦作为 2018 年以来突发的外部冲击，恰好可用于研究实体经济和金融市场之间的直接和间接风险溢出路径。

本节将事件分析法应用到正交分解之中，逐一分解外部冲击发生后实体经济和金融市场之间的风险溢出渠道。具体方法是：先利用 $\Delta CoVaR$ 模型来刻画金融市场、实体经济之间的两两区分方向的尾部风险传染指数，作为正交分解因素；再以单一部门的波动率为被解释变量，在回归模型中加入事件虚拟变量和正交分解因素之间的交乘项，将外部冲击发生后引起各部门风险变化的渠道分为直接影响渠道和间接传染渠道。实体经济风险是各实体行业风险的平均值，实体经济对金融市场的风险溢出是各实体行业对金融市场的风险溢出平均值，金融市场对实体经济的风险溢出是金融市场对各实体行业的风险溢出平均值。

以股票市场为例，在外部冲击发生之后，股票市场风险影响渠道的分解过程如表 4-5 所示。对股票市场风险变化影响因素的分析可分为 5 步进行，每步分离出一个风险影响渠道。需要指出的是，外部冲击导致各金融市场、实体经济风险变化的影响因素分解过程中，各因素的代入顺序是随机的。因此，因素代入顺序是否会影响分析结果将在后文进行必要的稳健性检验。

表 4-5　　　　　　　　　　股票市场风险影响渠道分解过程

步骤	被解释变量	解释变量	关注结果	残差项
第 1 步：债券市场风险溢出渠道	股票市场风险	债券市场风险溢出及其与事件变量交乘项	拟合值	剔除债券市场风险溢出渠道后的股市风险
第 2 步：外汇市场风险溢出渠道	上一步残差	外汇市场风险溢出及其与事件变量交乘项	拟合值	剔除债券市场和外汇市场风险溢出渠道后的股市风险
第 3 步：货币市场风险溢出渠道	上一步残差	货币市场风险溢出及其与事件变量交乘项	拟合值	剔除债券市场、外汇市场和货币市场风险溢出渠道后的股市风险

步骤	被解释变量	解释变量	关注结果	残差项
第4步：实体经济风险溢出渠道	上一步残差	实体经济风险溢出及其与事件变量交乘项	拟合值	剔除前4步所有风险溢出渠道后的股市风险
第5步：外部冲击直接影响渠道	上一步残差	事件变量	拟合值	—

资料来源：作者整理。

二、实体—金融市场风险影响渠道分析

图4-12展示了外部冲击对股票市场总风险的动态影响及其影响渠道。通过计算各渠道对股票市场风险影响和股票市场总风险变化的相关系数，可从整体上判断股票市场风险的主要影响渠道。从股票市场总风险变化的渠道分解来看，外部冲击间接传染渠道是造成股票市场风险上升的主要原因。其中，以外汇市场和实体经济风险溢出这两个渠道对股票市场风险的影响最强。外汇市场和实体经济风险溢出对股票市场风险的影响在外部冲击发生后1至4个交易日内显著增大（图4-12第一行和第二行右侧子图），共同导致股票市场风险增大。另外，外部冲击直接影响渠道对股票市场风险影响相对较小，且显著性较弱。

图4-13展示了外部冲击发生之后，债券市场总风险的动态变化及其影响渠道。从债券市场总风险变化的渠道分解看，外部冲击间接传染渠道是导致债券市场风险上升的主要原因。其中，以货币和外汇市场风险溢出对债券市场风险的影响最强。货币市场风险溢出对债券市场风险的影响程度最大，表现为货币市场风险溢出对债券市场风险的动态影响和债券市场总风险变化相关系数达0.88。外汇市场风险溢出在外部冲击发生后1至2个交易日内会显著增大债券市场风险。而且，整体上，外汇市场风险溢出对债券市场风险的动态影响与债券市场总风险变化的相关系数为0.79。实体经济风险溢出、股票市场风险溢出以及外部冲击直接影响渠道对债券市场风险影响较弱。

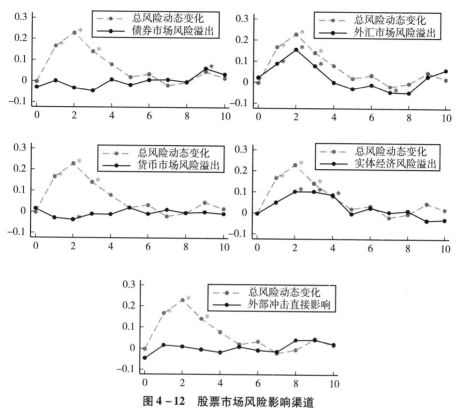

图4-12　股票市场风险影响渠道

注：（1）横轴表示事件分析法窗口期的取值；纵轴表示股票市场总风险和各渠道对股票市场风险的影响；（2）"＊"表示事件变量或事件变量与风险溢出交乘项回归结果在90%置信水平下显著；（3）各渠道的正交分解顺序依次为债券市场、外汇市场、货币市场及实体经济。

资料来源：作者计算得出。

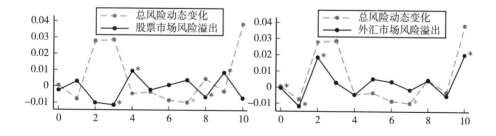

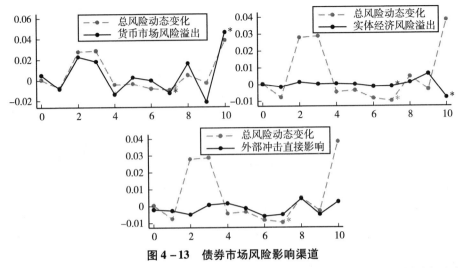

图4-13 债券市场风险影响渠道

注：（1）横轴表示事件分析法窗口期的取值；纵轴表示债券市场总风险和各渠道对债券市场风险的影响；（2）"＊"表示事件变量或事件变量与风险溢出交乘项回归结果在90%置信水平下显著；（3）各渠道正交分解顺序依次为货币市场、股票市场、外汇市场及实体经济。

资料来源：作者计算得出。

图4-14展示了外部冲击发生之后外汇市场总风险的动态变化及其影响渠道。从外汇市场总风险变化的渠道分解来看，外部冲击的直接影响是外汇市场风险上升的主要原因，外部冲击间接传染渠道对外汇市场的影响相对较小。具体的，在外部冲击发生后2个交易日内，外部冲击直接导致外汇市场总风险大幅上升。外部冲击间接传染渠道中，实体经济风险溢出对外汇市场风险有一定的影响，其他金融市场风险溢出对外汇市场风险的影响较弱。

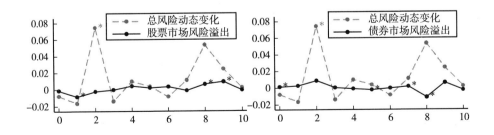

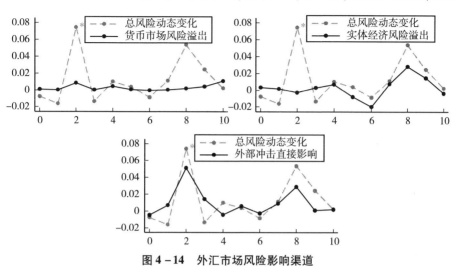

图4-14　外汇市场风险影响渠道

注：（1）横轴表示事件分析法窗口期的取值；纵轴表示外汇市场总风险和各渠道对债券市场风险的影响；（2）"＊"表示事件变量或事件变量与风险溢出之间交乘项回归结果在90％置信水平下显著；（3）各渠道正交分解顺序依次为债券市场、股票市场、货币市场及实体经济。

资料来源：作者计算得出。

图4-15展示了外部冲击发生之后，货币市场总风险的动态变化及其影响渠道。从货币市场的总风险变化来看，外部冲击发生之后，货币市场风险在短暂上升之后出现显著下降的趋势。从货币市场总风险变化的渠道分解来看，外部冲击间接传染渠道对货币市场风险的影响强于外部冲击的直接影响。在外部冲击的间接传染渠道中，股票和债券市场的风险溢出渠道是影响货币市场风险的两个主要原因，且对货币市场风险有风险分担的作用，这是导致外部冲击后货币市场风险下降的重要原因。外汇市场和实体经济的风险溢出渠道对货币市场风险影响相对较弱。

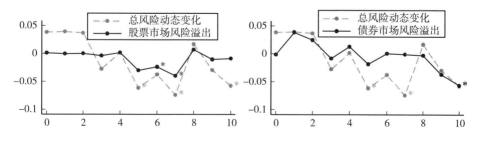

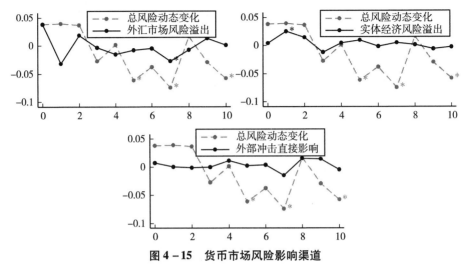

图4-15 货币市场风险影响渠道

注：（1）横轴表示事件分析法窗口期的取值；纵轴表示货币市场总风险和各渠道对货币市场风险的影响；（2）"＊"表示事件变量或事件变量与风险溢出交乘项回归结果在90%置信水平下显著；（3）各渠道正交分解顺序依次为外汇市场、股票市场、债券市场及实体经济。

资料来源：作者计算得出。

图4-16展示了外部冲击发生之后，实体经济总风险的动态变化及其影响渠道。从实体经济总风险变化来看，外部冲击发生之后，实体经济风险上升，且有两轮上升趋势。其中，第1轮出现在外部冲击发生之后的第2个交易日，第2轮出现在外部冲击发生之后的第8至10个交易日。从实体经济总风险变化的渠道分解来看，外部冲击直接影响渠道和间接传染渠道均对实体经济风险产生影响。外部冲击间接传染渠道中的债券市场风险溢出是导致实

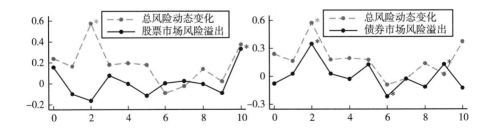

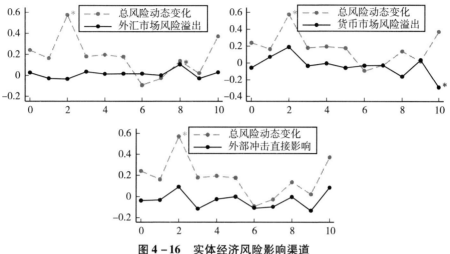

图4-16 实体经济风险影响渠道

注：（1）横轴表示事件分析法窗口期的取值；纵轴表示实体经济总风险和各渠道对实体经济风险的影响；（2）"＊"表示事件变量或事件变量与风险溢出交乘项回归结果在90％置信水平下显著；（3）各渠道正交分解顺序依次为债券市场、股票市场、外汇市场及货币市场。

资料来源：作者计算得出。

体经济风险上升的重要原因，且冲击发生后的2个工作日，债券市场风险溢出对实体经济风险的影响显著增大。除债券市场之外，其他金融市场风险溢出对实体经济风险的影响相对较弱。

此外，本书还从以下两个方面检验了上述回归结果的稳健性。一方面，更换正交分解顺序。随机选取另一个正交分解顺序对各渠道影响结果进行稳健性检验。需要指出的是，正交分解顺序只可能影响各因素对各研究对象风险的相对重要性，并不影响外部冲击发生后总风险的变化趋势。为此，这里只重点关注外部冲击发生后各影响因素的相对重要性分析。另一方面，替换实体经济风险和风险溢出的计算方式。以各实体行业包含上市企业总市值与当期全部上市实体企业市值的占比作为行业重要程度权重，计算实体经济的加权风险和风险溢出，替代基准分析中各行业等权重的计算方式，检验各风险影响渠道的稳健性。以上检验均显示基准回归结果具有稳健性。

三、实体经济与金融市场风险传染路径总结

表4-6总结了正交分解得到的实体经济与金融市场之间的风险传染路径。表中每一个数字均表示其所属列部门风险溢出渠道对所属行部门风险的影响，与所属行部门总风险变化的相关系数，该数字代表该风险传染渠道的影响程度。其中，加粗的数字相关系数均大于0.5，表示影响程度较高的渠道。根据表4-6可进一步构建实体经济与金融市场之间的风险传染路径图，如图4-17所示。

表4-6　　　　　　　　　　实体经济与金融市场风险传染路径

	股票市场	债券市场	外汇市场	货币市场	实体经济	外部冲击
股票市场		-0.37	**0.87**	-0.85	**0.79**	0.09
债券市场	-0.78		**0.79**	**0.88**	-0.4	0.38
外汇市场	0.30	0.07		0.48	0.42	**0.81**
货币市场	**0.82**	**0.66**	0.31		0.47	0.44
实体经济	0.08	**0.55**	-0.14	0.13		**0.85**

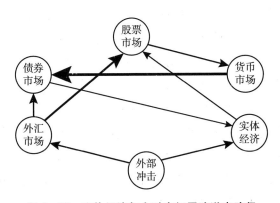

图4-17　实体经济与金融市场风险溢出路径

　　注：箭头表示风险溢出路径，箭头粗细代表各风险溢出路径的影响程度。为更清晰地展示影响程度较大的风险溢出路径，图中省略了影响程度小于0.5的渠道。

　　资料来源：作者计算得出。

　　就渠道影响的范围对比而言，外部冲击间接传染渠道是比外部冲击直接影响渠道更重要的影响因素。具体而言，在所有影响实体经济和金融市场风险的渠道中，外部冲击直接影响渠道仅对外汇市场风险产生较大的正向影响。与之不同的是，外部冲击间接传染渠道引发各金融市场之间以及实体经济与金融市场之间的交互影响。这使得受外部冲击直接影响较小的股票市场、债券市场、货币市场及实体经济也出现风险上升的现象，同时也引起外汇市场风险的进一步增大。

　　交易活跃的金融市场相比实体经济更早且更易受到外部冲击的直接影响，但这种直接影响会在短期被市场消化。具体而言，此次中美贸易摩擦冲击仅对外汇市场风险产生直接的正向影响，而实体经济冲击直接影响程度较弱。此次贸易摩擦过程中提出的贸易措施将在较长时间上对进出口水平产生影响，进而对相关实体行业产生不利影响，最终导致实体部门的风险增大。但是，短期内实体经济风险并未受到该冲击的显著影响。与实体经济不同的是，外汇市场在受到外部冲击后2个交易日内的风险会迅速上升，但当外部冲击直接影响引起的风险上升会在短期内被市场消化。

　　从实体经济和金融市场之间的风险溢出路径来看，实体经济向金融市场溢出的强度高于金融市场向实体经济的溢出强度，两者之间最主要的一条风险溢出路径是实体经济向股票市场的风险溢出。具体而言，实体经济对股票市场和外汇市场风险溢出渠道导致这两个金融市场的风险显著上升，但对实体经济风险产生影响的渠道只有债券市场对实体经济风险的溢出渠道。相较而言，实体经济对股票市场风险溢出渠道的重要程度远高于其他风险溢出路径。

　　整个经济金融风险溢出网络存在风险溢出闭环：外部冲击直接针对的实体经济和外汇市场成为风险入口，较为安全的债券市场成为风险出口，而债券市场风险也会进一步向实体经济溢出。具体地，风险溢出网络的闭环有三条：第一条风险溢出路径为：外部冲击→实体经济→股票市场→货币市场→债券市场→实体经济；第二条风险溢出路径为：外部冲击→外汇市场→股票市场→货币市场→债券市场→实体经济；第三条风险溢出路径为：外部冲击→外汇市场→债券市场→实体经济。三条风险溢出路径的风险入口不同，但最终都会通过债券市场再一次向实体经济溢出。风险溢出闭环可能会使风险在整个经济金融系统内部不断放大，这一点需引起监管者高度关注。

本 章 小 结

本章以2018年以来中美贸易摩擦这一具体案例展开研究，可以类比全球经济环境恶化对中国金融市场稳定以及实体—金融风险传染渠道带来的影响，为中国政府深刻理解系统性金融风险的形成机制和外部影响因素，并采取有效措施防范化解金融风险提供"防患于未然"的参考建议。

本章采用事件分析法来量化分析中美贸易摩擦对中国股票、债券和外汇市场的风险及跨市场之间风险传染的溢出效应。实证结果发现：第一，贸易摩擦在短期会造成中国各金融市场自身风险的上升。从统计显著性、经济显著性和影响持久度来看，不同市场具有不同的反应特征，且各市场之间存在"市场轮动"现象；第二，中美贸易摩擦对其针对的相关行业股票市场的溢出作用显著高于其他行业，体现了贸易摩擦的"靶向"溢出效应；第三，贸易摩擦对跨市场风险传染有显著且持久的溢出效应，共同风险敞口及投资者资产配置调整是该溢出效应产生的主要原因，且溢出效应方向的差异体现了资金向安全资产转移的特点。

按照中美贸易摩擦对"股""债""汇"三个市场产生显著溢出效应的先后顺序及溢出峰值由小到大的排序，本书将外部冲击下中国金融市场划分为三个风险区，三个风险区的划分可作为政策制定者为维护金融稳定干预市场的顺序选择。中美贸易摩擦首先对国内股票市场风险产生正向溢出效应，虽然该溢出效应主要受投资者情绪影响且会快速收敛，但股票市场对外汇市场和债券市场造成风险传染需引起政策制定者的注意。股票市场作为第一风险区，相关政策部门首先要稳定投资者情绪，降低其对中美贸易摩擦事件的过度反应，以切断外部冲击对第一风险区造成的不利影响，进而从源头上减少第一风险区对其他市场带来的风险传染。例如，对于与贸易摩擦相关的行业来说，政府部门可以通过适度的政策倾斜来释放利好消息，对冲投资者过度悲观的情绪，维持相关行业股票价格的稳定。

在第一风险区（股票市场）风险已遭受正向溢出效应的情况下，政策制定者要及时切断第一风险区向第二、第三风险区的（外汇市场和债券市场）的传染。例如，限制资本外流速度以维护外汇市场稳定；积极引导投资者资金流向，有效应对投资者追求安全资产的投资心理；增加安全资产供给，以维持安全资产价格的稳定，防止出现"安全资产"转变成"隐性风险资产"的现象。金融机构是第二风险区（外汇市场）和第三风险区（债券市场）的主要参与者，其持有风险资产的抛售行为在跨市场风险传染当中扮演着重要角色，同时也会造成金融机构自身资产端的恶化。因此，金融机构应当合理配置其持有的资产组合，尽量降低金融体系持有资产的集中度，进而降低系统性金融风险爆发的可能性。

实体经济与金融市场之间存在紧密的风险溢出关系，因此金融市场的风险评估和监管需要基于融合实体经济和金融市场为一体的宏观金融框架来理解和防控。本章结合事件分析法和正交分解法，构建风险溢出渠道的量化识别方法。利用2018年中美贸易摩擦事件作为外部冲击，分析冲击发生之后，中国实体经济和各金融市场风险之间的影响渠道，最终构建实体经济与金融市场整体的风险溢出路径。基于研究结论，总结从实体经济风险视角化解系统性金融风险的政策方案有如下几个方面。

首先，需要建立全面的风险监测体系。实体经济和金融市场之间存在紧密的风险溢出关系，外部冲击不仅导致实体经济风险的上升，更会将实体经济风险传导至金融部门，引起金融体系风险攀升。因此，金融体系的风险评估和监管需要基于融合实体经济和金融市场为一体的宏观金融框架来理解和防控。条件在险价值（$\Delta CoVaR$）作为度量系统重要性的指标被广泛接受，其对尾部依赖性的刻画符合金融变量厚尾的数据特征。该指标不仅能用于刻画系统重要性，也能应用于度量两两之间的尾部依赖关系。因此，通过将条件在险价值指标（$\Delta CoVaR$）引入到实体经济变量与各金融市场的变量中，可度量实体经济与各金融市场之间相互的风险溢出，全面刻画实体经济和金融市场之间的风险溢出网络，从而有效地进行风险监测。

其次，实体经济作为受外部冲击直接影响的部门，为防止其风险向金融体系传导，需及时采取针对实体经济，尤其是受冲击行业的稳定措施以防其风险进一步向其他金融市场和实体经济溢出。例如，可采取针对受冲击行业的贷款支持计划，阶段性延期还本付息政策等。从更宏观的角度来讲，加速合理化的产业链升级，尽可能增强实体经济内部各行业之间消化风险的能力，从而降低实体经济风险向金融体系的传导。

最后，中国实体经济和各金融市场之间的风险溢出路径表明，实体经济向金融市场的风险溢出，最终容易积聚在债券市场，而债券市场风险会进一步向实体经济溢出。因此，监管部门应关注债券市场风险状况，及时掐断其他金融市场向债券市场溢出风险的渠道，谨防对大量持有债券资产的银行、保险等金融机构造成不利影响，进而影响金融稳定，甚至对实体经济产生不利影响。同时，对于银行等关键性的金融部门，综合运用货币政策、宏观审慎政策工具，保持流动性合理充裕，这一方面可维持其服务实体经济的能力，另一方面可增强其抵御债券市场等其他部门风险溢出的能力。

第五章

重大冲击下全球债券市场的风险演变

2020 年新冠肺炎疫情的悄然暴发迅速增大了全球经济金融活动的不确定性。在恐慌情绪的驱动之下，全球各类金融资产价格在当年三月均出现暴跌的现象，并在之后的一年时间里，随着疫情的持续演变而相应波动。债券，特别是很多国家的主权国债，通常被投资者视为避险类的安全资产，也在新冠肺炎疫情的冲击下呈现压力迹象。2020 年 3 月 9 日，美国十年期国债收益率降至 0.32%，美国三十年期国债收益率降至 0.70%，均创历史新低。

为此，本章以全球主要的国债市场为依托，研究新冠肺炎疫情对全球金融市场之间风险溢出的动态影响规律。这对于了解金融投资者应对突发事件时如何决策，以及金融市场之间的系统性风险如何产生和转变，具有重要意义。重点来说，本章将回答以下问题：在新冠肺炎疫情演变的不同时期，疫情冲击在全球国债市场波动和风险溢出的形成过程中发挥着什么作用？来自国内和国外的疫情冲击的影响是否有所区别？

为了回答上述问题，本章利用 TGARCH 模型和 GARCH – ΔCoVaR 模型计算了 16 个代表性国家国债市场的个休风险和风险溢出指数，并利用局部投影法（Local projection）计算绘制疫情冲击下风险传染程度的累积脉冲响应曲线，综合量化新冠肺炎疫情对全球国债市场风险溢出的短期和中长期影响。其中，本章将疫情冲击影响金融市场的短期效应与疫情预测偏差产生的心理情绪，以及国内经济的直接压力相联系，将冲击下的中长期效应更多地与全球供应链紧张造成的间接经济压力联系在一起。

本章还重点对疫情冲击进行来源区分，分别讨论国内疫情和全球疫情对国债市场风险影响的异同。研究结果发现，国内疫情主要在短期内加剧国债市场的个体风险和传染风险，并且这种影响会在中长期内较为持久。而全球疫情冲击则对一国国债市场短期的风险影响较为轻微，但对中长期的风险影响程度比国内疫情冲击的影响水平更高。本章的研究结果不仅有助于提醒相关当局在短期和长期内更加关注输入性金融风险，也呼吁世界各国政府在抗击疫情方面的深化合作，不能独善其身。

尽管本章的研究以新冠肺炎疫情冲击为例，但研究思路和结论启示对于探究重大冲击影响全球债券市场风险演变的一般性规律也具有一定的参考借鉴意义。

第一节　疫情演化与全球债券市场风险概况

为了分析新冠肺炎疫情对全球债券市场风险的影响，本章选用美国、英国、日本、法国、德国、意大利、加拿大、澳大利亚、中国、巴西、韩国、土耳其、墨西哥、印度尼西亚、印度和俄罗斯 16 个代表性国家的十年期国债数据，用以代表全球的债券市场。其中，前 8 个国家是发达经济体，其余的是新兴经济体。本章的研究样本期间为 2019 年 1 月 1 日至 2021 年 9 月 30 日，相关数据均来自彭博数据库。本节首先对疫情演化带来的全球债券市场风险进行初步的描述性分析。

一、疫情冲击变量的刻画

全球及各个国家的新冠肺炎疫情每日确诊病例（$Confirmed$）数据可从约翰霍普金森大学数据网站下载得到。考虑到病毒的潜伏期和单日确诊病例可能出现大幅波动的情况，本章采用 14 天移动平均确诊病例增长率（GR）作为疫情冲击的刻画变量，计算方式如下：

$$GR_t = \frac{\sum_{t-13}^{t} \left[\ln(1 + Confimed_t) - \ln(1 + Confimed_{t-1}) \right]}{14} \tag{5.1}$$

进一步，本章区分考虑了两种类型的疫情冲击。一种是国内疫情冲击，即利用国内新增确诊病例计算得到的平均增长率。另一种是全球疫情冲击，即利用全球新增确诊病例计算得到的平均增长率。考虑到每日披露数据具有一定的滞后性，本章将两类新冠肺炎疫情冲击均设置为滞后一期。

二、全球国债市场风险演化分析

本章首先将国债的到期收益率转换成当日收益率，考虑到不同国家的市场不在同一时间开放而可能存在的不同步问题，本章将每个国家的国债收益率数据作两天滚动平均处理。在此基础上，进一步计算每个国家国债市场的个体波动风险与其他国家国债市场的风险溢出指数。

其中，本章使用 TGARCH 模型来刻画单一市场的风险波动（Vol），使用 GARCH－ΔCoVaR 方法来衡量各国债券市场之间的风险溢出。以 $\Delta CoVaR_{ij}$ 表示市场 i 对市场 j 的风险溢出水平，该指数越高表示两个市场之间的传染风险也越高。利用 $\Delta CoVaR_{ij}$，进一步构建以下溢出指数：

首先，构建全球国债市场的总溢出指数 $Totalspill$：

$$Totalspill = \frac{\sum_{i=1,j=1,i\neq j}^{16} \Delta CoVaR_{ij}}{16 \times (16-1)} \tag{5.2}$$

分母中 16 表示国家数量。$Totalspill$ 表示所有代表性国家债券市场之间风险溢出效应的加总。一般来说，$Totalspill$ 的快速增长通常表明溢出风险较高，系统性风险也较高。

第二个指标是 $Fromspill_i$，它衡量市场 i 受所有其他市场 j 的定向溢出。$Fromspill_i$ 值越高，表明 i 国债券市场受其他国家债券市场影响越大。因此，这个指数不仅可以帮助监测一国风险溢出的动态变化，还可以表明哪个国家受其他国家市场的影响更大。

$$Fromspill_i = \frac{\sum_{j=1,j\neq i}^{16} \Delta CoVaR_{ji}}{16-1} \tag{5.3}$$

第三个指标是 $Tospill_i$，衡量市场 i 对所有其他市场 j 的风险溢出。$Tospill_i$

的值越高，表明 i 国对其他国家的影响越大。该指数在系统性风险的监测中特别有用，因为它给出了哪个国家的债券市场具有系统重要性。

$$Tospill_i = \frac{\sum\limits_{j=1, j \neq i}^{16} \Delta CoVaR_{ij}}{16 - 1} \qquad (5.4)$$

在式（5.2）~式（5.4）中，$Totalspill$ 满足可加性，即 $Totalspill$ 等于所有国家或地区的 $Fromspill_i$ 指数或 $Tospill_i$ 指数的总和。因此，$Fromspill_i$ 和 $Tospill_i$ 本质上是来自不同方向的溢出贡献的两种度量指标。前者从输入的角度来衡量溢出的贡献，后者从输出的角度来衡量溢出的贡献。一般而言，应更多地关注具有较大指标值的国家或地区。

此外，本章还根据两两市场之间的相关系数来计算另一个指数，即 $Corr_i$，相关系数由 DCC – GARCH 模型计算得到。这个指数是债券市场 i 与所有其他债券市场相关性的平均值。该指数用来衡量市场之间的联动关系，相关指数本身不能给出有关风险或波动溢出概念的信息，也没有方向。

$$Corr_i = \frac{\sum\limits_{j=1, i \neq j}^{N} \rho_{ij}}{N - 1} \qquad (5.5)$$

表 5 – 1 给出了上述市场风险变量的描述性统计。债券市场波动率 Vol（%）的平均值为 0.548，标准差为 0.971，而无论 $Fromspill$ 还是 $Tospill$，债券市场风险溢出（%）的平均值为 0.083，标准差约为 0.16。市场间相关系数 $Corr$ 的平均值为 0.179。

表 5 – 1 　　　　　　　　　　　　　描述性统计

变量	观测值	均值	标准差	最小值	最大值
Vol	7056	0.548	0.971	0.011	22.606
$Corr$	7056	0.179	0.083	– 0.258	0.460
$Fromspill$	7056	0.075	0.152	– 3.726	6.441
$Tospill$	7056	0.075	0.162	– 2.167	2.382

资料来源：作者计算得出。

表5-2给出了国家层面变量的描述性统计，可以发现，发达国家债券市场之间的关联性普遍高于新兴市场国家。

表5-2　　　　　　　　　国家层面数据描述性统计

国家	Vol	Corr	Fromspill	Tospill
美国	0.412	0.252	0.127	0.058
日本	0.105	0.233	0.030	0.106
英国	0.388	0.244	0.114	0.073
澳大利亚	0.438	0.273	0.150	0.078
法国	0.314	0.288	0.110	0.107
德国	0.312	0.278	0.109	0.081
意大利	0.519	0.210	0.112	0.107
加拿大	0.021	0.202	0.005	0.100
南非	0.137	0.235	0.038	0.100
中国	0.221	0.148	0.033	-0.004
印度	0.344	0.162	0.050	0.091
俄罗斯	0.611	0.108	0.064	0.088
土耳其	2.731	0.103	0.173	0.045
墨西哥	0.044	0.153	0.007	0.090
巴西	1.637	0.082	0.067	0.035
印度尼西亚	0.490	0.080	0.008	0.044

资料来源：作者计算得出。

图5-1展示了16个代表性国家的国债市场个体波动率总和的变化趋势，并与全球新冠肺炎疫情的动态演变态势进行比较。在此期间，当疫情形势急剧恶化时，市场波动风险迅速增加，随后逐渐回到危机前的水平。而在疫情毒株变异引发的三轮疫情反弹期，发达国家金融市场的反应相比疫情初期趋于平稳，而新兴市场国家对疫情冲击的反应依然剧烈，导致全球波动风险随着疫情确诊病例的增加而呈现上升趋势。由此可以发现，国债市场波动与疫

情冲击两者高度相关。

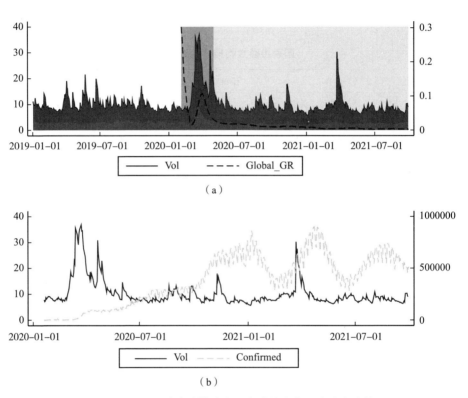

（a）

（b）

图 5 - 1 新冠肺炎疫情冲击下全球债券市场波动率趋势

注：（1）图中实线表示 16 个代表性国家债券市场波动率总和，其中下方（浅色）区域代表 8 个发达国家的波动率总和，上方（深色）区域代表 8 个新兴市场国家的波动率总和。虚线表示全球新增确诊病例 14 天移动平均增长率。左轴表示波动率（％），右轴表示 14 天移动平均增长率；（2）图中实线放大了（a）图阴影（疫情期间）中 16 个代表性国家债券市场波动率曲线，虚线表示全球新增确诊病例人数。

资料来源：作者计算得出。

本节还将上述风险指标按全球是否开展疫苗接种划分为不同的样本期，并对比统计各自样本期内的数据情况，参见表 5 - 3。其中，开展疫苗接种样本包括 2021 年 2 月之后的日期，未接种疫苗样本包括 2021 年 2 月之前的日期。未接种疫苗期间，市场个体波动率和风险溢出指数均较高，在接种疫苗之后则有所降低。

表 5 – 3　　　　　　　　　　　不同样本期的描述性统计

变量	全样本时期		非疫苗接种时期		疫苗接种时期	
	观测值	均值	观测值	均值	观测值	均值
Vol	7056	0.548	4352	0.588	2704	0.484
Corr	7056	0.179	4352	0.174	2704	0.187
Fromspill	7056	0.075	4352	0.077	2704	0.072
Tospill	7056	0.075	4352	0.077	2704	0.072

资料来源：作者计算得出。

　　图 5 – 2 绘制了三个不同样本期的风险溢出网络。黑色节点表示发达国家
国债市场，灰色节点表示新兴市场国家国债市场。连线代表两个市场之间在
各自样本期内的平均风险溢出水平，并只保留风险溢出高于平均水平的边线。
边线的粗细表示风险溢出强度，箭头表示风险溢出方向。图 5 – 2（a）涵盖
2019 年 1 月到 2020 年 1 月的疫情前时期。图 5 – 2（b）涵盖 2020 年 2 月至
2021 年 1 月的非接种期，而图 5 – 2（c）涵盖 2021 年 2 月之后的接种期。

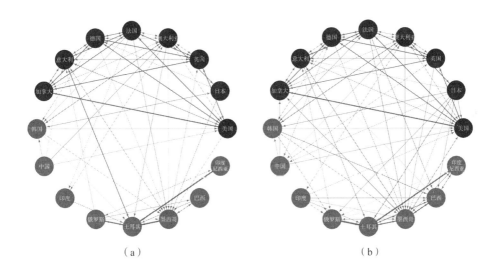

（a）　　　　　　　　　　　　　　　　　（b）

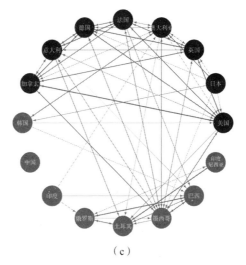

（c）

图5-2　风险溢出网络图

资料来源：作者计算得出。

从图5-2可以看出，风险溢出的网络结构经历了一个"稀疏-密集-稀疏"的变化过程。具体而言，第一，新冠肺炎疫情暴发之前，各国债券市场的溢出效应较弱，且主要表现为发达国家之间的风险溢出。第二，新冠肺炎疫情暴发之后，各国债券市场的风险溢出效应明显加剧，尤其是新兴市场国家的溢出效应更为显著。第三，随着疫苗接种在全球范围内进行，各国债券市场的风险溢出有所减弱，这种现象出现的原因可能是各国逐渐对社交隔离的重视以及疫苗接种等疫情防控措施的有效施行。

三、新冠肺炎疫情对国债市场风险的当期影响

本节将疫情和市场风险的面板数据，从时间序列维度上进行降维，即对每一个日期取上述变量的各国平均水平，并绘制如下两类散点图，分析疫情发展过程中市场风险指标的当期变化特征。

图 5 - 3 绘制了各国疫情与各市场风险指标的散点图,可以发现:第一,部分散点分布在低疫情增长率区域,即疫情低风险时期。而本书更为关注高疫情增长率区域,即疫情风险高发时期相关指标的变化特征。第二,整体上,风险指标与疫情发展状况之间呈现正相关关系。也即,新增确诊病例高发时期,各国国债市场的波动率、各国受其他各国债券市场的风险输入和各国对其他各国债券市场的风险输出均有所提高。

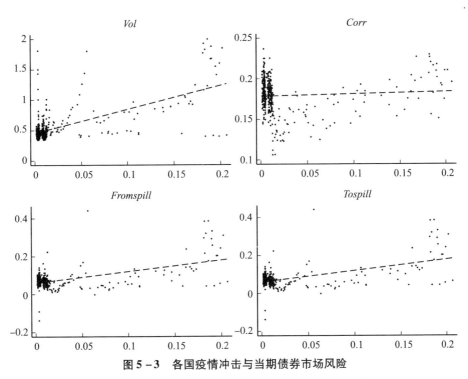

图 5 - 3　各国疫情冲击与当期债券市场风险

资料来源:作者计算得出。

图 5 - 4 绘制了全球疫情冲击与各市场风险指标的散点图,可以发现:第一,整体而言,除关联性指标之外,其余三个指标整体上均与疫情发展状况之间呈正相关关系,即全球新增确诊病例高发时期,各国波动率、各国受其他各国债券市场的风险输入和各国对其他各国债券市场的风险输出均有所提高。第二,关联性指标与全球疫情发展状况拟合曲线的斜率为负,

可能是因为高风险时期引发了各国国内债券市场投资者的恐慌情绪，故而选择购买低风险国家债券作为替代。图 5 - 4 表明，各国债券市场之间是替代的关系，主要表现为"跷跷板"效应。

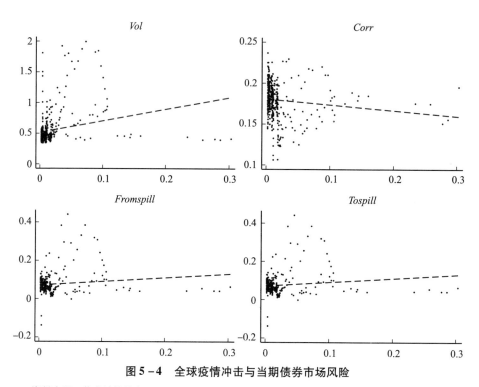

图 5 - 4　全球疫情冲击与当期债券市场风险

资料来源：作者计算得出。

第二节　新冠肺炎疫情对全球债券市场风险溢出的动态分析

上一节初步讨论了新冠肺炎疫情对全球债券市场风险的当期影响，本节则使用局部投影法，重点关注各国国内疫情或全球疫情对全球国债市场风险溢出的动态影响。

一、动态分析的实证方法

局部投影法通过设定一系列的回归方程来估计未来一段预测期内每一期（h）的市场风险变量对疫情冲击变量的响应程度，其线性模型设定如下：

$$y_{i,t+h} = \alpha_h + \beta_h shock_{i,t} + \psi_h(L)y_{i,t-1} + \theta_h(L)x_{i,t-1} + \mu_{i,h} + \varepsilon_{i,t+h}$$
$$(h = 0, 1, 2, \cdots) \tag{5.6}$$

其中，$y_{i,t+h}$ 表示各国债券市场的风险溢出变量；$x_{i,t-1}$ 代表一系列控制变量；$\psi_h(L)$ 和 $\theta_h(L)$ 是由 AIC 和 SBC 准则综合选择的滞后多项式算子；$shock_{i,t}$ 代表新冠肺炎疫情冲击；β_h 代表一系列回归系数，用来计算相应变量的累积脉冲响应；通过累积脉冲响应函数，可以进一步分析疫情冲击的短期影响（一周内，即 $h = 0, 1, \cdots, 5$）和中长期影响（$h = 6, 7, \cdots, 20$）；α_h 是截距；$\mu_{i,h}$ 代表国家固定效应；$\varepsilon_{i,t+h}$ 是误差项。

在控制变量的选择上，首先，本章控制了各国的短期利率 Short，即以各国 1 月期国库券到期收益率为主要代理指标。短期利率与市场对货币政策立场、商业周期和通货膨胀的预期紧密相关。因此，这个控制变量反映了各种宏观经济、金融和政策维度等方面信息。其次，本章在 BIS 数据库中收集了 16 个国家的有效汇率指数（$\Delta Exchange$）。一个国家的冲击传导到另一个国家的程度也取决于其汇率制度。一国债券市场的状况可以通过包括所谓的"套利交易"在内的投资组合流动来迅速传递给其他国家。再其次，为了考察与商业周期相关的变量。本章选择期限利差（Term）作为控制变量，它是 10 年期和 3 个月期国债收益率之间的差值。选择这个指标的原因在于，在大多数衰退之前，期限利差指标都会急剧下降。最后，本章选择彭博数据库的花旗集团惊喜指数的变化作为控制变量。$\Delta CESG10$ 是 G10 国家经济意外指数的变化，$\Delta CESEM$ 是花旗集团对新兴市场国家的惊喜指数的变化。当二者为正数时，表示实际经济形势好于投资者的普遍预期。表 5 - 4 给出了控制变量的描述性统计。

表 5 – 4   控制变量描述性统计

变量	Obs	Mean	Std. Dev.	Min	Max
Short	6812	2. 081	3. 494	− 0. 979	19. 127
Δ*Exchange*	7056	− 0. 005	0. 381	− 4. 43	2. 71
Term	6810	1. 309	1. 379	− 2. 717	6. 374
Δ*CESG*10	7056	− 0. 061	6. 774	− 56. 6	36. 3
Δ*CESEM*	6832	0. 047	4. 447	− 30. 5	24

资料来源：作者计算得出。

二、国内疫情冲击的脉冲响应结果分析

本节首先考虑来自国内的疫情冲击。图 5 – 5 展示了国内疫情冲击下的累积脉冲响应图，响应变量分别是债券市场波动率（*Vol*）、与其他市场的平均相关性（*Corr*）、其他市场的风险溢出（*Fromspill*）和对其他市场的风险溢出（*Tospill*）。将局部投影的估计系数乘以每个预测期下国内疫情确诊增长率的一个标准差计算得到每个图中的黑色实线，即 $\beta_h \times \delta$，而灰色阴影表示一个标准差置信区间。

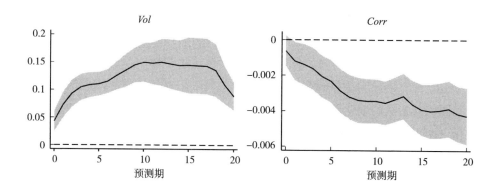

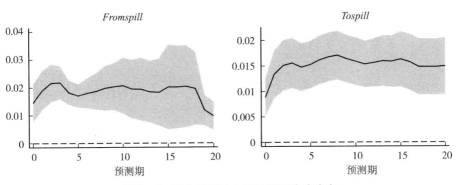

图 5-5 国内疫情冲击下的累积脉冲响应

资料来源：作者计算得出。

从图 5-5 可以直观地看出，当国内确诊病例数增长较快时，市场波动风险和风险溢出效应在一个月内都会显著上升。国债市场波动性在短期内快速增加，呈现出增长率边际递减的特征。新冠肺炎疫情冲击降低了金融资产的收益率，增加了隐含波动率。在中长期内，市场波动风险在 3 周内一直维持在较高水平，随后有所下降。国内疫情冲击对市场波动的总体影响较强，即一个标准差冲击使得市场波动率水平较样本平均水平增加 27.8%。同时，国债市场受其他市场的影响，对其他市场的风险溢出与波动风险表现出相似的曲线特征。在国内疫情确诊病例增长率的一个标准差正向冲击下，债券市场输入性风险较平均水平高出 26.6%，输出性风险较平均水平高出 19.5%。毫无疑问，国内疫情冲击确实加剧了债券市场的风险和传染性。

此外，观察市场之间相关性的累积脉冲响应可以发现，在国内疫情冲击下，本国国债市场与其他国债市场之间的平均相关性在一个月内变得更低。但需要指出的是，这种下降幅度很小，仅比样本均值下降 2.2%。换言之，市场之间的强关联性特征并没有完全改变，造成这一结果的原因可能与投资组合再平衡渠道有关。根据该渠道可知，在多个国债市场进行投资的投资者将出售面临国内疫情冲击的风险资产，从而转投更安全的资产。因此，在投资者的普遍恐慌情绪占主导地位的时候，市场之间的平均相关性会略有下降。

三、全球疫情冲击的脉冲影响结果分析

本节还同时考虑了全球疫情冲击对国债市场风险演化的动态影响。图5-6展示了债券市场风险溢出受全球确诊病例平均增长率冲击下的累积脉冲响应。各子图中线或阴影的响应变量和含义与图5-5相同。与国内疫情冲击相比，全球疫情冲击下的市场波动风险和传染风险总体上也显著上升，但与图5-5表现出截然不同的模式。

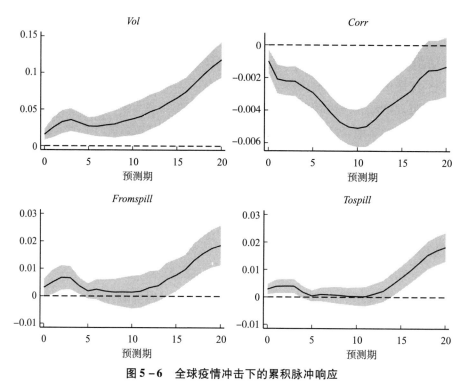

图5-6　全球疫情冲击下的累积脉冲响应

资料来源：作者计算得出。

与国内疫情冲击导致的长期风险加剧效应不同，面对全球疫情冲击时，国债市场的波动风险和传染风险在短期均在有限范围内上升，并在一周内开始快速回落至0。一周内市场的波动风险幅度最高仅上升6.5%左右，而来自

其他市场的风险溢出上升8.8%，对其他市场的溢出上升4.4%。然而，两周后市场的波动风险和传染风险开始急剧上升。这种现象可能来自全球疫情恶化对全球商业状况的潜在威胁。停产、全球旅行、运输禁令或封锁等防疫政策从供需两方面影响全球贸易和价值链，进而影响全球债券市场的价格波动。全球疫情冲击下市场间相关性的累积脉冲响应的变化原因也是同理。在全球经济下行压力下，大部分资产市场风险上升，削弱了投资者资产组合再平衡效应，导致累积脉冲响应线在两周后回0。

四、稳健性分析

本节通过三种方式检验上述脉冲响应结果的稳健性。首先，为检查本节结果对不同滞后期的敏感性，将模型中因变量由滞后2期改为滞后4期或滞后10期。其次，在模型中加入额外的控制变量，如拜克（Baker，2016）等使用的美国货币政策不确定性指数，以及阿若巴（Aruoba，2009）等使用的美国日常商业状况指数。最后，用迪博尔德和耶尔马兹（Diebold and Yilmaz，2014）的指标代替风险溢出指数，通过对VAR模型进行广义方差分解构造了两个国家债券市场之间的溢出指数。检验结果显示本节结果是稳健的。

第三节 疫情冲击影响的异质性分析

为了给本章主要结论提供更直接的依据，本节把简单的线性LP方法扩展到带状态变量的非线性局部投影，并将其应用于异质性分析。本节分别从疫苗接种状况、国家状态和全球风险状况三个角度进一步分析，以确定是否在不同的时期、新兴市场国家和发达国家之间在面对自身和全球疫情冲击下国债市场的变动规律。

状态依赖的非线性局部投影模型可以写成如下形式：

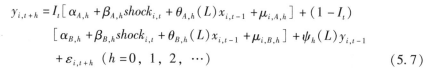

$$y_{i,t+h} = I_t \left[\alpha_{A,h} + \beta_{A,h} shock_{i,t} + \theta_{A,h}(L) x_{i,t-1} + \mu_{i,A,h} \right] + (1 - I_t)$$
$$\left[\alpha_{B,h} + \beta_{B,h} shock_{i,t} + \theta_{B,h}(L) x_{i,t-1} + \mu_{i,B,h} \right] + \psi_h(L) y_{i,t-1}$$
$$+ \varepsilon_{i,t+h} \quad (h = 0, 1, 2, \cdots) \tag{5.7}$$

其中，I_t 是状态的虚拟变量，它允许冲击变量的系数根据不同状态而发生改变。本书主要讨论三种状态的划分，即疫苗接种状态、国家状态和全球风险状态。首先，根据是否在全球范围内进行疫苗接种，本节将 2021 年 2 月之后的样本的疫苗接种状态变量设置为 1，其余时间设置为 0。选择该节点的理由在于，该节点全球超过 1% 的世界人口已经完全接种新冠肺炎疫苗，此时可以被视为疫苗接种全球化推进的里程点。其次，根据样本国家的发达程度，本节将新兴经济体的国家状态变量设置为 1，发达经济体的国家状态变量设置为 0。最后，本节以 VIX 指数代表全球金融风险，并以此将全部样本时间划分为高金融风险时期和低金融风险时期。当 VIX 指数较高时，全球投资者可能会预期市场波动更加剧烈，恐慌性会增加，风险承受能力会降低。本节将 2020 年 1 月至 2021 年 9 月间 VIX 指数大于整个样本 75% 的日期的风险状态变量设置为 1，其余的设置为 0。

图 5-7 显示了是否在全球范围内接种疫苗的异质性。"疫苗期"的结果在图中显示为点虚线，而"无疫苗期"的结果显示为虚线，实线则为图 5-5 或图 5-6 中的基准结果。从风险溢出的趋势来看，是否接种疫苗并不影响国内疫情冲击引发的风险溢出趋势。但在中长期可以抑制全球疫情冲击引发的债券市场风险溢出。从风险溢出的大小来看，虚线始终在点虚线上方，表明接种疫苗后，全球债券市场的风险溢出明显降低。其中，国内疫情冲击下引发的风险溢出受疫苗接种的影响更为明显。这在一定程度上反映了，除了通过降低投资者的恐慌情绪和对全球商业状况的负面预期外，接种疫苗对金融稳定也具有积极的经济影响。而相比国内疫情冲击，全球疫情冲击下引发的全球债券市场风险溢出在短期受疫苗接种的影响不太明显，但一段时间后，接种疫苗对于债券市场风险溢出依然表现出较为明显的抑制作用。

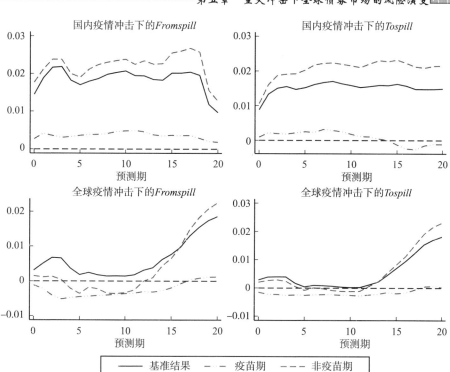

图 5 - 7 疫苗是否接种状态下累计脉冲响应图

资料来源：作者计算得出。

图 5 - 8 显示了全球金融风险较高与较低状态之间的异质性。值得注意的是，当全球金融风险高企，即 VIX 指数高企时，不论哪种疫情冲击下分析哪种指数，债券市场风险传染的加剧都主要发生在短期，中期内会有所减弱，呈现出一种驼峰形态。然而，当全球风险较低，即 VIX 指数较低时，疫情本身的冲击对债券市场风险传染的短期影响相对较小。相比之下，由于预期全球经济环境在长期和中期将会恶化，因此更容易增加债券市场之间的风险联动关系。同时，考虑国内疫情冲击时，无论是短期风险溢出还是中期风险溢出，高波动率时的风险溢出始终比低波动率时更大。而考虑全球疫情冲击时，在低波动率时的中期风险溢出甚至比在高波动率时更大。

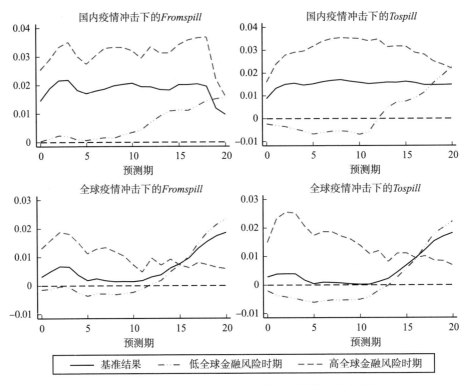

图 5-8 高 VIX 状态下和低 VIX 状态下累计脉冲响应图

资料来源：作者计算得出。

图 5-9 显示了发达国家和新兴市场国家之间的异质性。整体来看，面对疫情冲击，新兴市场国家比发达国家更加不稳定，受到更多的风险溢出影响。具体而言，面对国内疫情冲击时，发达国家债券市场短期内风险溢出大幅上升后逐渐趋于平缓，但对其他国家债券市场的风险溢出不断增加。而新兴市场国家债券市场的风险溢出效应在短期内明显高于发达国家，中期仍处于剧烈波动中。此外，在国内疫情冲击的中期阶段，新兴市场国家主要扮演风险接受者的角色，而发达国家主要扮演风险输出者的角色，这一结果与发达经济体的经济实力是一致的，在这种经济实力的影响下，发达国家国内疫情形势的恶化相比新兴市场国家，全球价值链中的供应和需求受到的冲击更小。如果考虑到全球疫情冲击的恶化，新兴市场国家将比

发达国家面临更大的金融不稳定。

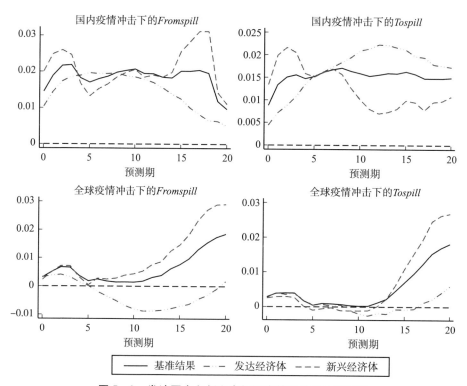

图 5-9 发达国家和新兴市场国家的累计脉冲响应图

资料来源：作者计算得出。

面对全球疫情冲击时，短期内发达国家和新兴市场国家风险溢出差异并不明显，但中期新兴市场国家风险溢出明显高于发达国家。可能是由于发达国家经济实力较强，得益于前期积累的经验，市场的个确定性大大降低，虽然新冠肺炎疫情确诊人数屡攀高峰、疫情形势依然严峻，但债券市场风险溢出不再像新兴市场国家如此剧烈。而新兴市场国家在后期第二波、第三波全球疫情发生时风险溢出再次攀升，这可能源于新冠暴发中心的区域转移，加上稳定债券市场能力较弱，使在全球疫情冲击下的中期风险溢出逐渐升高。

本 章 小 结

　　新冠肺炎疫情作为突发公共卫生事件的代表，不仅对人类生命安全构成巨大威胁，而且给人类社会的经济和金融稳定带来了巨大挑战。因此，有效识别新冠肺炎疫情冲击对金融市场的短期和长期影响方向和程度，有利于完善政府应对机制，防范金融不稳定的系统性风险。

　　本章利用 2020 年 1 月至 2021 年 9 月 16 个发达国家和新兴国家的数据构建了时变的债券市场波动率和风险溢出指数，并利用局部投影法识别了国内和全球疫情冲击下的动态风险溢出效应。从短期来看，国内疫情冲击加剧了债券市场之间的风险溢出，并且这种影响在中期内保持不变。对于全球疫情冲击，短期内风险溢出程度较低，但中期内经济衰退预期所导致的影响可能会达到比国内疫情冲击下更高的水平。同时本章利用依赖于状态的局部投影法来进行多个异质性分析。首先，在全球接种疫苗的时期，与疫情首次暴发的早期以及没有全球大规模接种疫苗的时期相比，在国内疫情冲击下以及在全球疫情冲击下的中期，与其他债券市场的风险溢出增加得要低得多，甚至微乎其微。其次，债券市场间风险溢出的加剧主要发生在全球风险较高的短期，而在全球风险较低的中期，疫情的冲击更容易通过全球经济环境的悲观预期来强化债券市场之间的风险联动关系。最后，新兴市场作为风险接受者要遭受更多的不稳定性和风险溢出，而发达国家主要扮演风险输出国的角色。

　　本章的发现还有一些重要的政策含义。第一，在面临突发公共卫生事件时，地方政府和监管部门要及时出台流动性注入等政策，在短期内快速稳定金融市场，防止因市场大幅波动引发系统性金融危机。同时，决策部门还应着眼于中长期受疫情影响可能导致的全球价值链和贸易链收缩，制定相关的经济振兴政策，稳定投资者对经济基本面的预期，防止实体经济风险进一步向金融市场传导。第二，疫情对金融市场的影响不仅来自国内病例的增加，还受到全球疫情恶化的影响。因此，各国政府应就防疫措施保持密切沟通，防止疫情在全球蔓延，警惕输入性金融风险。第三，实证结果表明，疫苗接种在保护生命的同时，也有利于减少病毒变异引起的市场恐慌，从而对金融稳定发挥重要作用。在持续的疫情冲击期间，提高疫苗接种率仍然至关重要。第四，新兴国家应更加积极地参与全球价值链和贸易链的重塑进程，将疫情防控政策对其经济的不利影响和金融市场的传染压力风险降至最低。

第六章

重大冲击下全球金融市场的
风险路径及演变规律

本章分析重大冲击下全球金融市场的风险演变规律，展现冲击发生之后中国金融市场外部环境的风险变动，为我国防控输入性金融风险做准备。具体选取股票市场、大宗商品市场、债券市场和外汇市场作为代表性的全球金融市场。考虑大宗商品市场的重要性以及在重大冲击发生之后大宗商品价格的大幅下跌，本章将着重考虑以下两个大宗商品市场：金融属性较强的原油市场和黄金市场。其中，原油作为重要的工业原料，其价格能够反映工业活动的需求；黄金作为重要的避险资产，其价格能够反映市场的恐慌程度。

本章首先采用事件分析法，分析新冠肺炎疫情冲击下单个金融市场的风险演变。其次采用广义方差谱分解表示法来刻画全球股票、债券、外汇、黄金、原油市场的短期风险生成路径和中长期周期趋势性变化。相较于短期冲击，趋势性变化会对未来的经济金融环境产生更加深刻的影响。

不同类型的重大冲击对金融市场的影响存在一定的异质性。例如，重大公共卫生事件与金融体系的内生性危机相比：第一，从经济基本面的角度来看，疫情暴发期间，停工停学、减少社交、社区隔离等措施会同时对基本面的供应端和需求端双方产生冲击，而金融体系内生性危机中对供应端的冲击较小。此外，需求萎缩对复工复产的阻碍更加剧了供应中断，致使疫情对经济影响的持续时间难以估计。第二，从投资者情绪的角度来看，疫情相关数据信息、谣言以及人们对疫情走势的预测偏误都会对投资者心理产生冲击。尽管相对于金融体系的内生性危机，疫情结束后经济可以更加迅速地恢复正常运作，但是经济复苏的前提是疫情成功得到有效控制。

鉴于此，本章重点分析重大金融冲击、地缘政治冲突、贸易摩擦事件以及公共卫生事件四类重大冲击事件发生时全球金融市场的风险演变，为深刻理解极端冲击下中国金融风险的外部影响因素提供参考。本章选取重大冲击事件的标准为：该事件对全球股票、债券、外汇、原油和黄金市场中的部分或全部市场产生重大冲击。选取的重大外部冲击事件包括重大金融冲击、地缘政治冲突、贸易摩擦事件以及公共卫生事件四种类型。其中，重大金融冲击主要包括 2007 年次贷危机与 2009 年欧债危机；地缘政治事件包括 2003 年伊拉克战争以及 2014 年乌克兰危机；公共卫生事件包括 2003 年"非典"疫情以及 2020 年新冠肺炎疫情全球蔓延；贸易摩擦事件包括 2017 至 2019 年的中美贸易摩擦事件。

第一节　新冠肺炎疫情冲击下全球
金融市场的风险演变

本节以新冠肺炎疫情为例，具体分析重大冲击下全球金融市场的风险演变。重大冲击对金融市场的影响具有一定的共性，本节对新冠肺炎疫情冲击的分析结果可以延伸至一般冲击对金融市场的影响。

对新冠肺炎疫情的发展阶段划分如下：世界卫生组织（WHO）于 2020 年 1 月 26 日首次将新冠肺炎疫情全球范围风险上调至"高"，于 2020 年 2 月 28 日将新冠肺炎全球风险级别提高为"非常高"。以这两个事件为分界点，将 2019 年 1 月 1 日至 2020 年 4 月 17 日划分为三个阶段。首先，定义 2019 年 1 月 1 日至 2020 年 1 月 24 日为第 I 阶段（疫情前），这段时期没有疫情数据或疫情开始出现但在全球范围未达到"高风险"的程度。其次，将 2020 年 1 月 27 日至 2020 年 2 月 27 日定义为第 II 阶段（高风险），这段时间新冠肺炎疫情的全球范围风险级别从"高"逐步上升到"非常高"。最后，将 2020 年 2 月 28 日至 2020 年 4 月 17 日定义为第 III 阶段（非常高风险），这一阶段新冠肺炎疫情全球风险级别提高为"非常高"。

不同阶段各金融市场的收益率描述如表6-1和图6-1所示。

表6-1　　　　　　　金融市场收益率描述性统计　　　　　单位:%

阶段	统计量	股票市场	原油市场	黄金市场	债券市场	外汇市场
第I阶段（疫情前）2019年1月1日~2020年1月24日	均值	0.082	0.063	0.073	0.035	0.007
	标准差	0.605	2.078	0.707	0.417	0.264
第II阶段（高风险）2020年1月27日~2020年2月27日	均值	−0.391	−0.585	0.190	0.174	0.022
	变化率	−576.83	−1028.57	160.27	397.14	214.29
	标准差	1.190	1.834	0.771	0.455	0.298
第III阶段（非常高风险）2020年2月28日~2020年4月17日	均值	−0.231	−2.630	0.062	0.170	0.037
	变化率	−381.71	−4274.60	−15.07	385.71	428.57
	标准差	3.951	10.150	1.943	1.296	0.825
全样本 2019年1月1日~2020年4月17日	均值	0.016	−0.269	0.080	0.059	0.011
	标准差	1.427	3.891	0.919	0.578	0.366

注:（1）第I阶段（疫情前）表示没有疫情数据，或疫情开始出现但在全球范围未达到"高风险"的程度的时期；第II阶段（高风险）期间新冠肺炎疫情的全球范围风险级别从"高"逐步上升到"非常高"；第III阶段（非常高风险）期间新冠肺炎全球风险级别为"非常高"，下同；（2）表内"变化率"的计算方式为:（该阶段日度收益率均值−第I阶段日度收益率均值）/第I阶段日度收益率均值。

资料来源:作者计算得出。

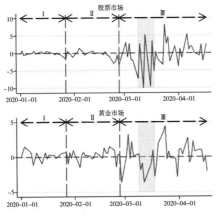

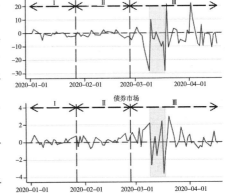

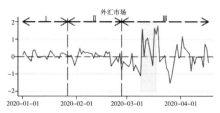

图6-1　2020年1月1日至2020年4月17日金融市场收益率走势

注：（1）横轴表示日期变量，频率是日度，纵轴表示各金融市场收益率；横向虚线代表收益率为零的位置（单位为%）；（2）阶段Ⅰ、Ⅱ、Ⅲ分别代表新冠肺炎疫情暴发前期、疫情期间WHO全球风险级别为"高风险""非常高风险"时期；（3）阴影部分表示2020年3月9日至2020年3月18日期间美股分别于3月9日，3月12日，3月16日和3月18日发生的四次熔断。

资料来源：作者计算得出。

结合表6-1和图6-1可知，从均值的角度来看，第Ⅱ阶段（高风险）各金融市场的收益率相对于第Ⅰ阶段（疫情前），股票市场和原油市场收益率相较疫情暴发前分别降低576.83%和1028.57%；黄金市场、债券市场和外汇市场的收益率分别增加160.27%，397.14%和214.29%。收益率的异常波动主要发生在第Ⅱ阶段（高风险）的后期。这一结果表明，在第Ⅱ阶段（高风险）后期风险资产（股票、原油）被抛售，而避险资产（黄金、美国国债和美元）的需求上升。2020年2月28日，新冠肺炎疫情全球风险级别提升为"非常高"以后疫情进入第Ⅲ阶段（非常高风险），各金融市场的收益率出现剧烈波动，标准差达到第一阶段的两倍以上。从均值的角度来看，股票市场、原油市场和黄金市场的收益率相较疫情暴发前分别降低381.71%、4274.60%和15.07%；债券市场和外汇市场的收益率分别增加了385.71%和428.57%。这一结果表明，随着恐慌情绪的加剧，通常情况下作为避险资产的黄金也会被抛售。

为定量分析新冠肺炎疫情暴发后各金融市场收益率的阶段性特征，构建两个事件变量分别代表第Ⅱ阶段（高风险）和第Ⅲ阶段（非常高风险）。第Ⅱ阶段（高风险）的事件变量将2020年1月27日至2020年2月27日期间数据设置为1，其余时间数据设置为0。第Ⅲ阶段（非常高风险）事件变量将2020年2月28日至2020年4月17日期间数据设置为1，其余时间数据设置为0。以各金融市场收益率作为被解释变量，两个事件变量同时作为解释变量进行回归。样本区间为2019年1月1日至2020年4月17日。

表6-2结果表明，平均来看，第Ⅱ阶段（高风险）股票市场和原油市场的收益率较其余时期分别减少0.47%和0.65%，第Ⅲ阶段（非常高风险）各市场平均收益率未发生显著的变化。这说明，在疫情的全球风险级别从"高"上升到"非常高"的过程中，股票市场和原油市场的资产被投资者抛售。在全球风险级别上升到"非常高"以后，各金融市场收益率在这个阶段并没有发生显著的持续性单向变动。

表6-2　　　　金融市场收益率对新冠肺炎疫情暴发阶段回归结果

阶段	股票市场	原油市场	黄金市场	债券市场	外汇市场
第Ⅱ阶段（高风险） 2020年1月27日～ 2020年2月27日	-0.473* (0.051)	-0.649* (0.096)	0.117 (0.467)	0.139 (0.144)	0.016 (0.802)
第Ⅲ阶段（非常高风险） 2020年2月28日～ 2020年4月17日	-0.313 (0.632)	-2.693 (0.110)	-0.011 (0.973)	0.135 (0.531)	0.030 (0.827)
常数项	0.082** (0.024)	0.063 (0.612)	0.073* (0.087)	0.035 (0.162)	0.007 (0.673)

注："**""*"分别表示5%和10%的显著性水平；括号中为p值。
资料来源：作者计算得出。

如图6-1的阴影部分所示，在2020年3月9日至18日美股四次熔断这一压力事件发生期间，各金融市场收益率出现单向变动。股票市场、原油市场、黄金市场和债券市场的收益率主要发生负向变动，外汇市场的收益率主要发生正向变动。同样，还可通过事件回归来定量分析美股熔断事件发生期间各金融市场收益率的变动特征。其中，"熔断当日"的事件变量将2020年3月9日、3月12日、3月16日和3月18日美股四次熔断的时间设置为1，其余时间设置为0，回归结果将得到熔断当日各金融市场收益率的变动情况。"熔断期间"的事件变量将2020年3月9日至18日这一区间内的时间均设置为1，其余时间设置为0，回归结果将得到压力事件发生期间各金融市场收益率的变动情况。样本区间为2019年1月1日至2020年4月17日。

表6-3的结果显示，在美股熔断当日，全球股票市场、原油市场和黄金

市场的收益率相对于其余时期均有不同程度的下降，降幅分别为8.14%、17.65%和1.87%。而在2020年3月9日至3月18日美股四次熔断期间，原油市场和黄金市场的收益率分别下降8.77%、1.60%，外汇市场的收益率上升0.61%。无论在熔断当日还是在压力事件发生期间，债券市场的收益率并没有发生显著的持续性单向变动。

表6-3　　　　　　金融市场收益率对美股熔断事件回归结果

	股票市场	原油市场	黄金市场	债券市场	外汇市场
熔断当日	-8.137*** (0.000)	-17.650*** (0.001)	-1.867** (0.019)	0.985 (0.166)	0.134 (0.786)
常数项	0.112* (0.067)	-0.060 (0.731)	0.102** (0.036)	0.048 (0.114)	0.009 (0.626)
熔断期间	-3.161 (0.116)	-8.767** (0.047)	-1.603*** (0.003)	-0.605 (0.397)	0.609* (0.072)
常数项	0.090 (0.115)	-0.062 (0.723)	0.118** (0.014)	0.074*** (0.006)	-0.003 (0.851)

　　注："熔断当日"变量将2020年3月9日、3月12日、3月16日和3月18日美股四次熔断的时间设置为1，其余时间设置为0。"熔断期间"变量将2020年3月9日至18日美股四次熔断期间设置为1，其余时间设置为0。
资料来源：作者计算得出。

　　以上结果表明：新冠肺炎疫情在全球持续蔓延导致市场恐慌程度增加，极度强烈的避险情绪引发全球的流动性危机。这一时期表现为，避险资产（黄金）和风险资产（股票、原油）被无差别抛售。投资者秉持"现金为王"的理念，市场对美元的需求增大。在极端事件发生时，美国国债价格也同样因投资者抛售而下降。但与此同时，美联储为应对流动性危机采取了一系列宽松政策（如降息、开启QE、回购等）导致利率下降。这意味着债券价格会回升。因此，在该压力事件期间债券收益率的变动方向会发生改变。

运用 TGARCH 方法得到各金融市场波动率的描述性统计结果如表 6 - 4 和图 6 - 2 所示。

表 6 - 4	金融市场波动率描述性统计					单位：%
阶段	统计量	股票市场	原油市场	黄金市场	债券市场	外汇市场
第 I 阶段（疫情前）2019 年 1 月 1 日 ~ 2020 年 1 月 24 日	均值	0.586	2.068	0.713	0.406	0.293
	标准差	0.267	0.526	0.141	0.072	0.039
第 II 阶段（高风险）2020 年 1 月 27 日 ~ 2020 年 2 月 27 日	均值	0.879	2.042	0.685	0.443	0.258
	变化率	50.00	- 1.26	- 3.93	9.11	- 11.95
	标准差	0.499	0.205	0.057	0.059	0.017
第 III 阶段（非常高风险）2020 年 2 月 28 日 ~ 2020 年 4 月 17 日	均值	3.633	8.788	1.463	0.928	0.634
	变化率	519.97	324.95	105.19	128.57	116.38
	标准差	1.878	3.131	0.255	0.299	0.151
全样本 2019 年 1 月 1 日 ~ 2020 年 4 月 17 日	均值	0.930	2.780	0.791	0.464	0.327
	标准差	1.148	2.355	0.278	0.199	0.122

注：表内"变化率"计算方式为：（该阶段日度波动率均值 - 第 I 阶段日度波动率均值）/第 I 阶段日度波动率均值。

资料来源：作者计算得出。

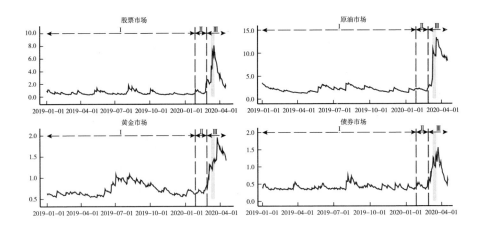

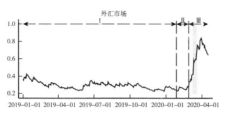

图 6-2 2019 年 1 月 1 日至 2020 年 4 月 17 日金融市场波动率走势

注：（1）横轴表示日期变量，频率是日度，纵轴表示各金融市场波动率；（2）阶段Ⅰ、Ⅱ、Ⅲ分别代表新冠肺炎疫情暴发前期、疫情期间 WHO 全球风险级别为"高风险"和"非常高风险"时期；（3）阴影部分表示 2020 年 3 月 9 日至 18 日期间美股分别于 3 月 9 日，3 月 12 日，3 月 16 日和 3 月 18 日发生的四次熔断。

资料来源：作者计算得出。

结合表 6-4 和图 6-2 可以得出，第Ⅱ阶段（高风险）与第Ⅰ阶段（疫情前）相比，各金融市场的波动率较为接近。进入第Ⅲ阶段（非常高风险）以后，各金融市场自身波动率的斜率大幅上升，并在 2020 年 3 月底达到峰值之后逐渐下降。第Ⅲ阶段（非常高风险）各金融市场波动率均增加至疫情前的两倍以上。按第Ⅲ阶段相对于第Ⅰ阶段（疫情前）波动率的变化率排序，从大到小依次为股票市场、原油市场、债券市场、外汇市场和黄金市场。

采用与收益率相同的方法来定量分析新冠肺炎疫情暴发后金融市场波动率的阶段性特征，其具体结果如表 6-5 所示。在第Ⅱ阶段，新冠肺炎疫情全球风险级别从"高"上升至"非常高"的过程中，股票市场和债券市场的波动率相对于其他时期均显著上升，而黄金市场和外汇市场的波动率相对于其他时期反而下降。新冠肺炎疫情全球风险级别上升到"非常高"以后进入第Ⅲ阶段，各金融市场的波动率均显著增加。

表 6-5 金融市场波动率对新冠肺炎疫情暴发阶段回归结果

阶段	股票市场	原油市场	黄金市场	债券市场	外汇市场
第Ⅱ阶段（高风险）2020 年 1 月 27 日 ~ 2020 年 2 月 27 日	0.294 *** (0.004)	− 0.027 (0.609)	− 0.029 ** (0.043)	0.037 *** (0.004)	− 0.035 *** (0.000)
第Ⅲ阶段（非常高风险）2020 年 2 月 28 日 ~ 2020 年 4 月 17 日	3.047 *** (0.000)	6.720 *** (0.000)	0.749 *** (0.000)	0.522 *** (0.000)	0.340 *** (0.000)

阶段	股票市场	原油市场	黄金市场	债券市场	外汇市场
常数项	0.586 *** (0.000)	2.068 *** (0.000)	0.713 *** (0.000)	0.406 *** (0.000)	0.293 *** (0.000)

注："***""**"分别表示1%和5%的显著性水平；括号中为 p 值。
资料来源：作者计算得出。

新冠肺炎疫情暴发后的第一阶段各金融市场自身波动的增大程度较小，部分市场波动率反而下降的现象主要有两方面原因：第一，源于中国迅速而有效的防控措施，使得市场普遍预期中国经济的复苏将提振其他经济体；第二，源于初期没有证据表明病毒会传播到其他经济体，且当初市场普遍预期货币政策能有效缓冲金融市场的反应（Mann，2020）。随后疫情持续向全球蔓延，2020 年 2 月 28 日，世卫组织将新冠肺炎全球风险级别提升至"非常高"。此后，避险情绪极度强烈使得全球暴发流动性危机，各金融市场产生剧烈波动，风险迅速提高。

表 6 - 6 展示了金融市场波动率对美股熔断事件的回归结果。其中，无论是美股熔断当日，还是美股熔断期间（也即压力事件发生期间），各金融市场的波动率相对于其他时期均显著上升。这表明，美股熔断期间各金融市场之间发生了风险联动。回归系数的大小表明，在美股熔断当日各市场按回归系数从大到小依次排序为原油市场、股票市场、债券市场、黄金市场和外汇市场。在美股熔断发生期间，各市场按回归系数从大到小排序依次是原油市场、股票市场、债券市场、黄金市场和外汇市场。

表 6 - 6　　　　　　　**金融市场波动率对美股熔断事件回归结果**

	股票市场	原油市场	黄金市场	债券市场	外汇市场
熔断当日	4.160 *** (0.000)	5.635 *** (0.000)	0.530 *** (0.000)	0.667 *** (0.000)	0.237 *** (0.000)
常数项	0.881 *** (0.000)	2.713 *** (0.000)	0.785 *** (0.000)	0.457 *** (0.000)	0.324 *** (0.000)

续表

	股票市场	原油市场	黄金市场	债券市场	外汇市场
熔断期间	4.763 *** （0.000）	6.622 *** （0.000）	0.529 *** （0.000）	0.724 *** （0.000）	0.241 *** （0.000）
常数项	0.818 *** （0.000）	2.624 *** （0.000）	0.778 *** （0.000）	0.447 *** （0.000）	0.321 *** （0.000）

注："***"表示1%的显著性水平；括号中为 p 值。
资料来源：作者计算得出。

　　在量化重大冲击下全球金融市场的风险演变时，将世界卫生组织（WHO）每次对新冠肺炎全球范围风险级别向上的调整当作一次新冠肺炎疫情恶化事件。如此设定的原因在于，世卫组织对新冠肺炎疫情全球范围风险级别的提高，是对疫情恶化的官方性确认。此外，本章还选取美联储出台宽松政策的时间点当作缓解新冠肺炎疫情影响的政策事件。在所选样本区间内，有关新冠肺炎疫情的事件共9个。其中，包括3个恶化事件和6个缓解疫情影响的政策事件，如表6-7所示。以每次新冠肺炎疫情相关事件发生时间为基础设置事件虚拟变量，事件虚拟变量设置方法如模型设定部分所示。

表6-7　　　　　　新冠肺炎疫情（COVID-19）相关事件概览

发生时间	对金融市场的风险影响	事件内容
2020年1月26日	↑	世卫组织将新冠肺炎全球范围风险级别上调至"高风险"
2020年2月28日	↑	世卫组织将新冠肺炎全球风险级别提高为"非常高"
2020年3月3日	↓	美联储宣布将联邦基金利率目标区间下调50个基点到1%~1.25%，为2008年以来首次紧急降息
2020年3月11日	↑	世卫组织评估认为，新冠肺炎疫情已构成"全球大流行"
2020年3月19日	↓	美联储宣布与9家中央银行建立临时美元流动性互换安排
2020年3月23日	↓	美联储启动无限量 QE
2020年4月1日	↓	美联储宣布对补充杠杆率（SLR）规定进行为期一年的临时调整，降低了银行资本金要求

续表

发生时间	对金融市场的 风险影响	事件内容
2020 年 4 月 6 日	↓	美联储开始提供海外央行回购工具（FIMA）向全球释放流动性，进阶为"全球央行"
2020 年 4 月 9 日	↓	美联储实施 2.3 万亿美元贷款计划

注：表中"↑"代表正向影响，"↓"代表负向影响。
资料来源：作者整理。

图 6－3 展现了新冠肺炎疫情持续蔓延期间股票市场、原油市场、黄金市场、债券市场和外汇市场波动率的基本走势，可大致反映出新冠肺炎疫情冲击对金融市场风险造成的影响。由图 6－3 可知，各金融市场的波动率在绝大部分新冠肺炎疫情恶化事件发布（图中 × 号所示）之后均有不同程度的上升，而在绝大部分缓解新冠肺炎疫情影响事件发布（图中○号所示）之后，均有不同程度的下降。

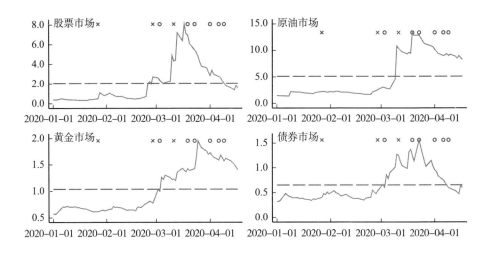

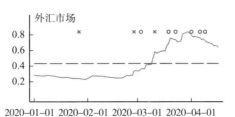

图 6 - 3　新冠肺炎疫情事件冲击与金融市场波动率

注：（1）横轴表示日期变量，频率是日度，纵轴表示各金融市场波动率（单位为%）；（2）"×"号表示新冠肺炎疫情恶化事件发生的日期，"○"号表示缓解新冠肺炎疫情影响宽松政策生效的日期；（3）横向虚线表示 2020 年 1 月 1 日至 4 月 17 日波动率均值的位置。

资料来源：作者计算得出。

　　然而，并非在所有事件发生点各金融市场都符合上述规律，且事件发生之后各金融市场波动率的变动幅度不尽相同。尽管以上描述性结果能简要概括出新冠肺炎疫情这一外部冲击对各金融市场带来的影响，但是其没有排除同时期其他因素对金融市场带来的影响。通过事件分析法可以在众多影响金融市场风险的因素中提炼出由新冠肺炎疫情冲击所带来的风险影响。

一、新冠肺炎疫情恶化事件冲击下单个金融市场的风险演变

　　图 6 - 4 展示了基于事件分析法得到的新冠肺炎疫情恶化事件对股票市场、原油市场、黄金市场、债券市场以及外汇市场自身风险的影响结果。其中，事件分析法中参数 m（即窗口期）选取为 6。

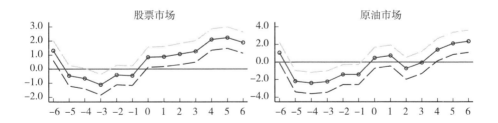

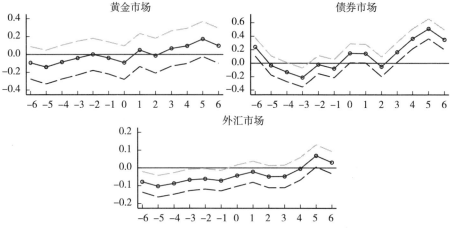

图 6-4　新冠肺炎疫情恶化事件对各金融市场风险的影响

注:(1)横轴表示距离新冠肺炎疫情恶化事件的时间距离(单位是交易日),纵轴表示事件虚拟变量 δ_s 的回归系数;(2)实线表示事件虚拟变量 δ_s($-6 \leqslant s \leqslant 6$)的回归系数,虚线表示回归系数正负两倍标准差的置信区间。

资料来源:作者计算得出。

(1)整体看,新冠肺炎疫情恶化事件在短期内会加剧全球股票市场、原油市场、债券市场和外汇市场的风险。其中,对于股票市场而言,新冠肺炎疫情恶化事件发生后当即会使股市风险加剧,并且这种加剧作用持续至第 6 个交易日依然显著为正。这说明,由于疫情在全球持续蔓延并未得到有效控制,股票市场上的恐慌情绪具有持续性。

(2)分市场看,新冠肺炎疫情恶化事件对原油市场风险的加剧作用具有滞后性。事件发生的 4 个交易日之后,原油市场的风险开始显著升高。这种滞后性可由疫情对原油市场的影响渠道来解释。具体而言,新冠肺炎疫情恶化之后将会引发企业停工、全球产业链中断,待到生产活动停滞与对经济的悲观预期形成之后,市场会对原油需求下降,最终原油市场才会发生剧烈波动。也即,疫情首先会对实体经济的生产与消费活动产生负向影响,这种负向影响再经历一段时间才会作用于原油市场。

(3)分市场看,新冠肺炎疫情恶化事件在短期内对黄金市场并没有产生显著的影响。作为传统的避险资产,当黄金在金融市场上避险情绪较强时往往会被投资者选择买入。然而,在市场上恐慌情绪极高时,包括黄金在内的各

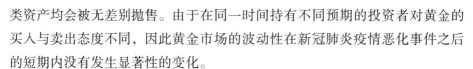

类资产均会被无差别抛售。由于在同一时间持有不同预期的投资者对黄金的买入与卖出态度不同,因此黄金市场的波动性在新冠肺炎疫情恶化事件之后的短期内没有发生显著性的变化。

(4)分市场看,新冠肺炎疫情恶化事件发生当期及1个交易日之后的债券市场波动显著提升,并且在事件发生3个交易日之后还继续维持上升趋势。关于债券市场,市场普遍认为美国国债的安全性相对于黄金更高。因此,疫情发生之后,投资者往往选择持有美国国债,推动债券价格不断上升,增大债券市场的波动性。

(5)分市场看,短期内,新冠肺炎疫情恶化事件对外汇市场的波动率未产生显著影响,直到事件发生5个交易日后,外汇市场的风险才显著加剧。新冠肺炎疫情恶化事件的冲击对外汇市场的短期影响具有较强的滞后性。

表6-8总结出了新冠肺炎疫情恶化事件冲击之后,全球金融市场风险的变动特征。首先,从溢出峰值来看,受新冠肺炎疫情恶化事件冲击影响从大到小依次为股票市场、债券市场、原油市场、黄金市场和外汇市场。其次,从风险恶化持久度来看,受新冠肺炎疫情恶化事件影响持续时间最久的是股

表6-8　　　　新冠肺炎疫情恶化事件冲击后金融市场风险的变动特征

	股票市场波动率	原油市场波动率	黄金市场波动率	债券市场波动率	外汇市场波动率
溢出峰值	2.396 **	0.846 **	0.219	1.100 **	0.207 **
首次显著影响	事件发生当天	事件发生后4个交易日	—	事件发生当天	事件发生后5个交易日
显著影响持久度	7个交易日	3个交易日	—	4个交易日	1个交易日

注:(1)溢出峰值=事件发生后虚拟变量回归系数峰值/被解释变量均值;(2)"首次显著影响"由事件出现之后,事件变量的回归系数首次显著时所对应的交易日表示;(3)显著影响持久度由事件发生后6个交易日内,事件变量的回归系数连续显著的最长时间段表示;(4)"**"表示事件虚拟变量的回归系数在5%显著性水平下显著。

资料来源:作者计算得出。

票市场，债券市场和原油市场次之，外汇市场最短。最后，从市场对冲击的反应速度来看，股票市场和债券市场的自身风险在新冠肺炎疫情恶化事件发生当天即显著增大，而原油市场和外汇市场的风险分别滞后四五个交易日后才有显著的反应。

二、货币政策对单个金融市场风险演变的影响

图 6-5 显示了缓解疫情货币政策冲击之后各金融市场的风险演变。从中可以发现，政策出台前 6 个交易日，各金融市场风险较其他时期均显著增高。

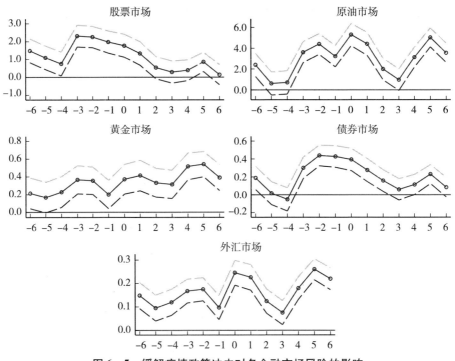

图 6-5　缓解疫情政策冲击对各金融市场风险的影响

注：（1）横轴表示距离新冠肺炎疫情恶化事件的时间距离（单位是交易日），纵轴表示事件虚拟变量 δ_s 的回归系数；（2）实线表示事件虚拟变量 δ_s（$-6 \leqslant s \leqslant 6$）的回归系数，虚线表示回归系数正负两倍标准差的置信区间。

资料来源：作者计算得出。

这与政策的出台背景相符，2020年3月份以后，疫情引发的恐慌情绪导致各金融市场的风险普遍增大。在此期间，美联储出台了一系列较为激进的宽松货币政策，如紧急降息、启动无限量QE等应对新冠肺炎疫情带来的恐慌性抛售。

图6-5的结果显示：缓解疫情的货币政策出台后1~3个交易日，事件变量对各金融市场风险的回归系数均呈现下降趋势。但除股票市场以外，其余金融市场在政策出台后，其虚拟变量的回归系数依旧显著为正。这表明，美联储宽松货币政策对于缓解疫情引发的恐慌性情绪产生了效果，能够在一定程度上降低疫情对市场风险的加剧程度，但是不能完全抵消疫情恶化冲击带来的风险加剧效应。此外，缓解疫情货币政策对金融风险缓解效果并不具有持续性。政策出台后的第4个交易日开始，恐慌情绪对多数金融市场风险的加剧程度再次回升。

具体而言，股票市场波动率对事件变量的回归系数在政策出台后的2个交易日开始转为不显著。这表明，缓解疫情的货币政策能够抑制疫情对股市波动的影响，使股票市场风险不再增加。原油市场、黄金市场、债券市场和外汇市场则于缓解疫情的货币政策出台第4个交易日起，事件变量的回归系数又呈现上升趋势。这表明，除股票市场以外，疫情引发的风险增加效果依然持续存在，美联储的宽松货币政策只能在短期内缓解疫情影响。

美联储流动性投放对金融市场并不具有长期效果的可能原因是：

首先，在流动性的供给端（商业银行）存在传导不畅的问题。对于商业银行而言，在资本金短缺压力下，一方面无法向养老金、ETF基金或对冲基金提供流动性；另一方面为弥补资本金的消耗，商业银行开始回收流动性。

其次，流动性的需求端陷入"流动性陷阱"。由于在新冠肺炎疫情袭击之前，2020年全球金融环境较为宽松，因此在利率水平极低的情况下，消费者财富或企业融资成本并不是制约消费者和企业从事消费或生产行为的限制条件。在新冠肺炎疫情暴发期间，继续通过实施宽松的货币政策难以刺激经济，对金融市场风险的缓解不具有长期效果。不确定性的提升和实体经济活动的减弱，才是疫情暴发期间消费者或企业行为的制约因素。

由此可见，消除新冠肺炎疫情对金融市场风险的影响需要把控制疫情进一步蔓延作为第一要务。否则，随着疫情的不断传播，带来的恐慌情绪难以通过实施宽松货币政策来缓解，宽松的防控政策可能还会在未来带来更高的经济成本（Bofinger et al.，2020）。

表6–9统计了缓解疫情政策冲击之后，金融市场风险的变动特征。比较表6–9中的最大回撤可得到如下结论。首先，从风险缓解水平来看，缓解疫情政策冲击风险的缓解水平从大到小依次是股票市场、原油市场、债券市场、外汇市场和黄金市场。其次，从反应速度来看，除黄金市场以外，缓解疫情政策冲击在当天即起到风险缓解作用。最后，从风险缓解持续度来看，政策对股票市场风险缓解效果的持久度最长，达到4个交易日；对原油市场、债券市场和外汇市场缓解效果的持续期为3个交易日。政策生效4~5个交易日之后，对风险恶化的缓解作用失效，疫情对各金融市场风险的恶化程度持续加剧。

表6–9　　　　　　　**缓解疫情政策冲击后金融市场风险的变动特征**

	股票市场	原油市场	黄金市场	债券市场	外汇市场
最大回撤	1.591	1.558	0.158	0.720	0.520
首次风险缓解	事件发生当天	事件发生当天	事件发生后1个交易日	事件发生当天	事件发生当天
风险缓解持久度	4个交易日	3个交易日	2个交易日	3个交易日	3个交易日
首次风险回升	事件发生后5个交易日	事件发生后4个交易日	事件发生后4个交易日	事件发生后4个交易日	事件发生后4个交易日

注：（1）最大回撤＝事件发生后虚拟变量回归系数回撤幅度的最大值/被解释变量均值；（2）"首次风险缓解"由事件出现之后，回归系数首次呈现下降趋势所对应的交易日表示；"风险缓解持久度"由事件发生后6个交易日内，回归系数呈现下降趋势或转变为不显著的最长时间段表示；（3）"首次风险回升"由事件出现之后，事件变量的回归系数首次显著上升时所对应的交易日表示。

资料来源：作者计算得出。

第二节　新冠肺炎疫情冲击下全球金融 市场风险传染路径演变

重大冲击会引发各金融市场之间相互传染并产生风险联动。本节以新冠肺炎疫情为例，分析重大冲击下全球金融市场风险传染路径的演变规律。本节按如下顺序进行分析：

首先，利用股票市场、原油市场、黄金市场、债券市场和外汇市场的波动率数据建立向量自回归（VAR）模型。在建立 VAR 模型之前，需要进行变量的平稳性检验。平稳性检验结果显示，股票市场、黄金市场、债券市场和外汇市场在 1% 的显著性水平上平稳；原油市场原序列不平稳，一阶差分后在 1% 的显著性水平上平稳。本节利用各个变量的平稳数据建立 VAR 模型。其中，模型的滞后阶数根据 Schwarz 信息准则设定为 3。

其次，划分频率带研究新冠肺炎疫情对金融市场风险的短周期、中周期、长周期影响。为将金融市场间溢出分解至不同持续期，需把区间 $[0, \pi]$ 划分为若干条频域带。本节参照巴鲁尼克和克里利克（Baruník and Křehlík, 2018）的设置，设定 $[\pi/20, \pi]$ 为高频率带，代表周期为 1 天至 20 天（约 1 个月）的短周期波段溢出；设定 $[\pi/300, \pi/20]$ 为中频率带，代表周期为 20 天（约 1 个月）至 300 天（约 1 年）的中周期波段溢出；设定 $[0, \pi/300]$ 为低频率带，代表周期为 300 天（约 1 年）以上的长周期波段溢出。方差分解谱表示法在理论上需要令预测步长 $H \to \infty$，但在实际计算中只需将 H 设置得足够大即可，本节采用向前 300 交易日的预测步长。

最后，采用滚动窗口法来分析金融市场之间溢出关系的动态特征。基于窗口长度等于中频周期上限的原则，本节设定窗口长度为 300 天，滚动窗口分析的结果时间范围为 2019 年 1 月 3 日至 2020 年 4 月 17 日。

一、全球金融市场间的风险传染水平

通常而言，对溢出的考察主要从总体溢出水平、方向性溢出水平、单市场净溢出水平和成对净溢出水平 4 个方面来测度金融市场风险的传染强度。其中，总体溢出水平揭示了跨市场风险传染的总体规模，反映了整个金融系统的风险关联程度；方向性溢出水平揭示了单个金融市场接受其他市场风险传染以及对其他市场风险传染的大小，反映了单个市场与其他市场之间的风险关联程度；单市场净溢出水平揭示了金融市场风险输入与输出之间的关系，反映了单个市场在关联网络中扮演的角色；成对净溢出水平揭示了金融市场两两之间的风险传染关系，反映了两市场之间溢出的不对称性。

（一）风险传染总体水平

表 6 - 10 揭示了 2019 年 1 月 1 日至 2020 年 4 月 17 日不同阶段金融市场之间的风险传染总体水平。从总溢出强度来看，2020 年 1 月 27 日新冠肺炎疫情全球风险级别达到"高"以后，金融市场在各频域上的风险传染总体水平都高于疫情前水平。新冠肺炎疫情全球风险级别达到"非常高"以后，中长期波段风险总溢出水平达到了疫情暴发前的 3 倍以上。这反映了随着疫情不断蔓延，整个金融系统的短期、中期与长期风险关联程度均增大，尤其是中长期风险关联大幅增加。进一步结合上述模型分析可知，疫情暴发后，金融市场处于不确定性极高的动荡时期，从而风险容易在金融市场之间形成长期关联性。

第 Ⅱ 阶段（高风险）相对于第 Ⅲ 阶段（非常高风险），金融市场风险的短期总关联程度略有降低（从 11.83 下降到 11.66），但第 Ⅲ 阶段中长期风险总关联程度是第 Ⅱ 阶段的 2 倍以上。这说明，新冠肺炎疫情在全球范围的风险级别达到"非常高"以后，金融市场更加动荡，形成的风险关联性从短期转向中长期。

表 6-10　　　　　金融市场之间风险传染总体水平描述性统计　　　　单位：%

阶段	统计量	短周期波段	中周期波段	长周期波段	时域
第Ⅰ阶段（疫情前）2019年1月1日～2020年1月24日	均值	9.089	10.644	2.754	22.488
	标准差	1.548	1.571	2.165	4.197
第Ⅱ阶段（高风险）2020年1月27日～2020年2月27日	均值	11.833	13.463	3.503	28.800
	标准差	0.511	0.557	0.118	0.763
第Ⅲ阶段（非常高风险）2020年2月28日～2020年4月17日	均值	11.662	39.808	15.094	66.564
	标准差	8.116	14.026	15.381	12.388
全样本2019年1月1日～2020年4月17日	均值	9.557	13.941	4.118	27.615
	标准差	3.135	10.133	6.538	14.622

资料来源：作者计算得出。

　　从风险传染总水平的波动程度来看，新冠肺炎第Ⅰ阶段（疫情前）金融市场时域和频域总溢出指数的波动较小，标准差低于疫情暴发前的水平。当疫情全球风险级别达到"非常高"以后，短期与中长期总体风险传染水平的波动都显著增加，标准差分别达到8.12、14.03和15.38，远高于前两个阶段。

　　图6-6的上半部分描绘了时域总溢出指数与VIX恐慌指数的变化特征。VIX恐慌指数由芝加哥期权交易所（CBOE）将指数期权隐含波动率加权平均后获得。VIX指数越高，代表市场参与者预期市场波动程度将会越激烈，进而恐慌和避险情绪越强。由图6-6可知，时域总溢出指数和VIX恐慌指数的变化趋势高度一致。具体来看，这两个指数之间的相关系数在2019年1月1日至2020年4月17日期间达到0.90，反映出金融市场投资者恐慌情绪引发全球各金融市场之间的风险联动。在美股熔断期间，时域总溢出指数和VIX恐慌指数均达到阶段性顶点。之后VIX恐慌指数逐渐回落，但总溢出指数依然维持在高位。这说明，由新冠肺炎疫情诱发全球风险联动的持续性要高于全球金融市场恐慌情绪，溢出一旦形成比恐慌情绪更难消散。

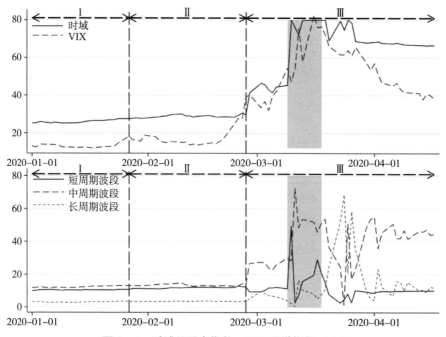

图 6 - 6 时域总溢出指数、VIX 恐慌指数（上）

与各频域总溢出指数（下）

注：（1）横轴表示日期变量，频率是日度，纵轴表示总溢出指数或 VIX 指数（单位为%）；（2）阶段Ⅰ、Ⅱ、Ⅲ分别代表新冠肺炎疫情暴发前期、疫情期间 WHO 全球风险级别为"高风险""非常高风险"时期；（3）阴影部分表示 2020 年 3 月 9 日至 18 日期间美股分别于 3 月 9 日、3 月 12 日、3 月 16 日和 3 月 18 日发生的四次熔断。

资料来源：作者计算得出。

将时域下的关联性分解至不同周期波段，考察金融市场风险的短期、中期和长期风险关联性的变动结果可以发现：2019 年 1 月 1 日至 2020 年 4 月 17 日期间，短周期波段、中周期波段和长周期波段总溢出指数和 VIX 恐慌指数之间的相关系数分别为 0.26、0.83 和 0.60。这说明，由新冠肺炎疫情诱发中长期风险联动大小与全球金融市场恐慌程度之间的相关性更高。但从图 6 - 6 中可以看出，中周期风险联动的持续性要高于全球金融市场恐慌情绪，中周期溢出一旦形成比恐慌情绪更难消散。

由表 6 - 10 可知，疫情发生前，金融市场短周期、中周期和长周期波段总溢出指数的均值依次为 9.09，10.64 和 2.75。新冠肺炎疫情的暴发进入第一阶段以后，各频域金融市场之间的风险关联性均有不同程度的增加，分别达到 11.83，13.46 和 3.50。第Ⅲ阶段（非常高风险）新冠肺炎疫情在世卫组织的全球风险级别达到"非常高"以后，金融市场之间的短期风险关联性均值下降为 11.666，中长期风险关联性达到高位，分别达到 39.81 和 15.09。由图 6-6 可知，美股前两次发生熔断时，短期和中期的风险关联性先后出现尖峰值，两次尖峰值分别达到 49.36 和 72.67。第四次熔断之后，金融市场的短期风险关联性下降到疫情前水平，而中长期风险关联性则交替占据主导地位。这表明，随着新冠肺炎疫情的蔓延，投资者对未来的不确定性预期不断上升，市场情绪极度恐慌。此外，疫情还会引发产业链中断、停工失业等问题，对多数国家的供给端和需求端均造成不利冲击，经济基本面同步恶化，风险在金融系统中越来越广泛和持久地传播。

（二）方向性风险传染水平

风险传染的接受水平在很大程度上取决于各金融市场抵御冲击的能力。具体表现为，在危机中易受恐慌性情绪、投资者资产配置行为影响的市场，往往会被动地接受更多的溢出风险，进而具有更高的脆弱性。各金融市场短周期、中周期和长周期波段接受溢出指数如图 6-7 所示。

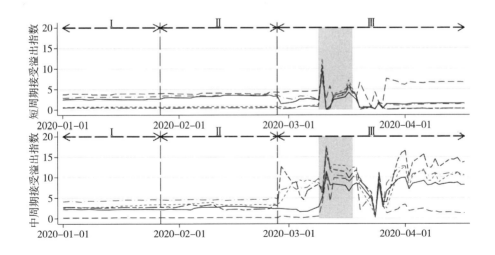

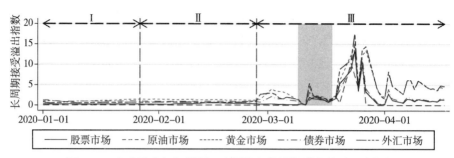

图6-7　各金融市场短周期、中周期和长周期波段接受溢出指数

注：（1）横轴表示日期变量，频率是日度，纵轴表示各频域接受溢出指数（单位为%）；（2）阶段Ⅰ、Ⅱ、Ⅲ分别代表新冠肺炎疫情暴发前期、疫情期间WHO全球风险级别为"高风险"和"非常高风险"时期；（3）竖直参考线分别对应2020年3月9日与2020年3月18日，期间美股分别于3月9日、3月12日、3月16日和3月18日发生四次熔断。

资料来源：作者计算得出。

　　从疫情发展阶段这一维度来分析接受溢出指数的特点。第Ⅱ阶段（高风险）与第Ⅰ阶段（疫情前）相比，各金融市场接受风险传染的情况没有发生显著的差异。进入第Ⅲ阶段（非常高风险）以后，各市场接受风险传染的趋势相比第Ⅰ、Ⅱ阶段出现明显的改变。在第Ⅲ阶段，尽管各市场抵御冲击的能力不同，接受风险传染的强度也有所差异，但是从时间维度来看，大多数市场接受风险传染水平会发生同步变化。也即，各市场的被溢出趋势接近。这在一定程度上表明，各市场接受风险传染时面临共同的风险敞口，会同时受到疫情带来的冲击影响。

　　由于第Ⅲ阶段（非常高风险）接受溢出指数发生了显著的变化，所以我们进一步从金融市场的角度来分析第Ⅲ阶段接受风险传染指数的变化特征。

　　第一，原油市场。在短周期波段，原油市场接受溢出风险在美股熔断期间（图中阴影部分）出现尖峰值。在美股熔断期过后出现回落，随后上升并稳定在略高于第Ⅰ、Ⅱ阶段的水平。在中周期波段，进入第Ⅲ阶段以后，原油市场接受溢出水平呈现上升趋势，在美股熔断期间达到峰值，并在美股熔断期过后逐渐回落到疫情前期水平。在长周期波段，进入第Ⅲ阶段以后，原油市场接受溢出水平先小幅上升，并在美股熔断期过后接受的长期风险传染大幅上升，直到2020年3月底回落至第Ⅰ、Ⅱ阶段的水平。

　　第二，其他市场。对于其他市场（股票市场、黄金市场、债券市场和外汇市场）而言，在短周期波段，2020 年 3 月发生美股四次熔断事件期间接受的风险传染出现尖峰值；在美股熔断期以后，这些市场的短周期波段接受的风险传染恢复到疫情前水平。在中周期波段，进入第Ⅲ阶段以后，这些金融市场接受的风险传染水平呈现上升趋势，仅在美股熔断期间出现短暂回落，但随后又恢复为上升趋势。这表明，在第Ⅲ阶段（非常高风险）金融市场被动接受的风险传染难以消散。在长周期波段，进入第Ⅲ阶段以后，这些市场和原油市场一样，接受溢出水平先小幅上升，并在美股熔断期过后接受的长期风险传染大幅上升，直至 2020 年 4 月初回落至第Ⅰ、Ⅱ阶段的水平。

多数时间各金融市场接受溢出指数之间的差距较小。值得注意的是，外汇市场中长期接受溢出风险指数在所有市场之间始终位列首位。这表明，疫情进入第Ⅲ阶段（非常高风险）以后，外汇市场的脆弱性最高，始终被动地接受源于其他市场的中长期风险传染。外汇市场的长期脆弱性源于两个方面：一方面，新冠肺炎疫情暴发过程中投资者在抛售其他金融市场风险资产的同时往往会选择持有美元；另一方面，缓解疫情政策如降息、设置美元流动性互换等均能直接或间接地对汇率产生影响。

此外，金融市场风险传染输出水平的变化特征也具有一定的特点。通常而言，对其他市场造成风险传染水平的影响因素包括：市场间由于面临共同风险敞口而发生的风险联动；恐慌情绪、投资者进行资产配置调整而形成的风险关联。对其他市场造成的风险传染水平越强，代表该金融市场的风险传染越强，系统重要性程度越高。各金融市场短周期、中周期和长周期波段溢出指数如图 6 - 8 所示。

从疫情发展阶段这一维度来分析金融市场对外风险传染的特点。与接受溢出指数类似，第Ⅱ阶段（高风险）和第Ⅰ阶段（疫情前）相比，各金融市场对外风险传染的情况并没有显著的差异。进入第Ⅲ阶段（非常高风险）以后，各市场对外风险传染的趋势相比第Ⅰ、Ⅱ阶段出现明显改变。在第Ⅲ阶段，尽管由于各市场输出风险的强度以及持续时间有所差异，但从时间维度来看，大多数市场的风险传染水平会发生同步变化。也即，各市场的溢出趋势接近。

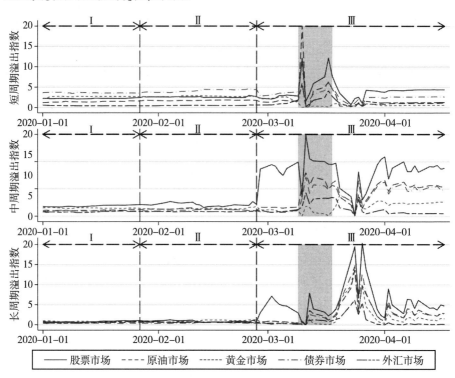

图6-8 各金融市场短周期、中周期和长周期波段溢出指数

注：（1）横轴表示日期变量，频率是日度，纵轴表示各频域溢出指数（单位为%）；（2）阶段Ⅰ、Ⅱ、Ⅲ分别代表新冠肺炎疫情暴发前期、疫情期间WHO全球风险级别为"高风险"和"非常高风险"时期；（3）竖直参考线分别对应2020年3月9日与2020年3月18日，期间美股分别于3月9日、3月12日、3月16日和3月18日发生四次熔断。

资料来源：作者计算得出。

    同样，由于第Ⅲ阶段（非常高风险）溢出指数发生了显著变化，所以我们进一步从金融市场的角度来分析第Ⅲ阶段风险传染指数的变化特征。总体来看，在美股第四次熔断发生之后，各市场对其他市场的短期风险传染逐渐恢复到疫情前水平，从而市场的风险传染输出以中长期为主。由此可知，疫情发展使金融市场间形成的风险关联性由短期向中长期转移。

    具体来看，在短周期波段，五个金融市场对外风险传染在美股第一次熔断前未发生显著的变化，在美股熔断期间（图中阴影部分）才呈现上升趋势并出现尖峰值。在美股熔断期之后出现回落，并稳定在略高于第Ⅰ、Ⅱ阶段的水平。

在中周期波段，美股发生第一次熔断以前，股票市场对外溢出水平率先增加，其他四个市场（原油市场、黄金市场、债券市场和外汇市场）对外溢出水平相对于第Ⅰ、Ⅱ阶段并没有显著的差异。在美股熔断期间，股票市场、原油市场、债券市场和外汇市场呈现上升趋势并两次出现尖峰值。只有黄金市场对外溢出未出现明显的上升趋势，仅出现一次尖峰值。在美股熔断期之后，从2020年4月初开始，各市场对外溢出水平保持稳定。股票市场、原油市场和债券市场的对外溢出水平高于第Ⅰ、Ⅱ阶段，而黄金市场和外汇市场的对外溢出水平与第Ⅰ、Ⅱ阶段相近。

在长周期波段，美股发生第一次熔断以前，股票市场对外溢出水平率先增加，其他四个市场（原油市场、黄金市场、债券市场和外汇市场）对外溢出水平相对于第Ⅰ、Ⅱ阶段并没有显著的差异。在美股熔断期间，股票市场、原油市场、债券市场呈现上升趋势，黄金市场和外汇市场的变化不显著。在美股熔断期之后，五个金融市场的对外溢出水平均呈现上升趋势，达到阶段性峰值后逐渐回落。从2020年4月初开始，各市场对外溢出水平保持稳定。其中，股票市场、原油市场和债券市场的对外溢出水平高于第Ⅰ、Ⅱ阶段，而黄金市场和外汇市场的对外溢出水平与第Ⅰ、Ⅱ阶段相近。

与接受溢出指数情况不同的是，各市场溢出指数（尤其是中长周期波段）大小的差异较大。这表明，各金融市场对外溢出的强度有所不同。在美股第一次熔断以后，各频域溢出指数从大到小依次是股票市场、原油市场、债券市场、外汇市场和黄金市场。其中，股票市场、原油市场和债券市场的溢出指数高于第Ⅰ、Ⅱ阶段。黄金市场和外汇市场的对外溢出水平与第Ⅰ、Ⅱ阶段相近，对外发起的风险传染较小。

根据综合溢出输出指标的结果可知，股票市场、原油市场以及债券市场容易对其他市场造成影响。关于这种结果可从以下3个角度进行解释。第一，这三个市场易受投资者资产配置调整活动影响。第二，股票市场、原油市场以及债券市场面临共同的风险敞口。能源企业在疫情期间受到剧烈冲击，而三者均受到能源企业的影响。美国能源相关企业是重要的高收益债主体。原油市场受到冲击之后，能源企业经营困难、信用状况恶化。因此，原油市场、股票市场和债券市场会同时发生风险联动。第三，股票市场存在较强的风险放大机制，导致对外风险传染水平最高。例如，美国上市公司通过发债方式进行大规模股票回购；机构投资者通过 ETF 进行权益投资，交易结构雷同，容易发生踩踏。这些特征都会放大股票市场的风险。

（三）单市场净溢出指数

参考杨和周（Yang and Zhou，2013）的研究，当一个市场接受的风险传染明显大于其风险外溢时，可称之为风险的"扩散者"。与之相反，当一个市场对其他市场外溢的风险明显大于其接受的来自于其他市场的风险传染时，可称之为风险的"接受者"。此外，当一个市场风险传染指数与接受溢出指数都较高且两者水平相近时，称之为风险的"中转站"。通过观察各金融市场在时间维度上扮演的角色，可以捕捉各时期的主要风险源头。

如图 6-9 所示，从不同时间单市场净溢出指数的大小变动来看，各金融市场在风险传递中扮演的角色比较稳定，样本期内没有发生明显转变。原油市场在疫情前后都主要充当短期风险传染的"接受者"。只有在 2020 年 3 月美股四次熔断期间，原油市场短期风险净溢出方向出现逆转，成为风险的"扩散者"。但这种结果也在一定程度上说明，本节构建的指标是合理的。

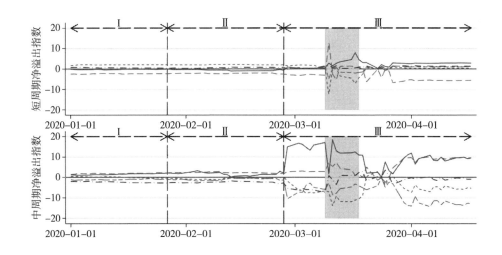

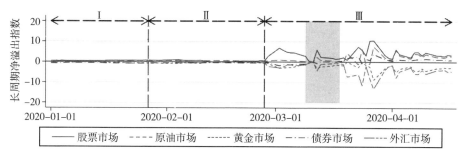

图6－9　各金融市场短周期、中周期和长周期波段净溢出指数

注：（1）横轴表示日期变量，频率是日度，纵轴表示各频域净溢出指数（单位为%）；（2）阶段Ⅰ、Ⅱ、Ⅲ分别代表新冠肺炎疫情暴发前期、疫情期间WHO全球风险级别为"高风险""非常高风险"时期；（3）竖直参考线分别对应2020年3月9日与2020年3月18日期间美股分别于3月9日、3月12日、3月16日和3月18日发生的四次熔断。

资料来源：作者计算得出。

从中长期风险净溢出的角度来看，股票市场和原油市场在第Ⅲ阶段（非常高风险）充当风险的"扩散者"，黄金市场和外汇市场充当风险的"接受者"。债券市场的风险传染指数与接受溢出指数都较高且两者的水平相近，充当风险的"中转站"。这表明，债券市场具有较强的中长期风险传递性。

（四）成对净溢出指数

金融市场i和金融市场j之间的成对净溢出指数，表示金融市场j对金融市场i风险传染与金融市场i对金融市场j风险传染之间的差值。该指数反映了两市场之间风险传染的非对称性。两市场成对净溢出指数为正数，代表后者的溢出占主导；成对净溢出指数为负数，代表前者的溢出占主导；成对净溢出指数接近零，代表两市场之间的溢出势均力敌，不存在主导市场。金融市场短周期、中周期和长周期波段成对净溢出指数如图6－10所示。

从整体上看，绝大多数成对净溢出指数的绝对值在第Ⅲ阶段（非常高风险）才显著增大。因此，接下来本节将对第Ⅲ阶段（非常高风险）金融市场间不对称性的特征进行分析。

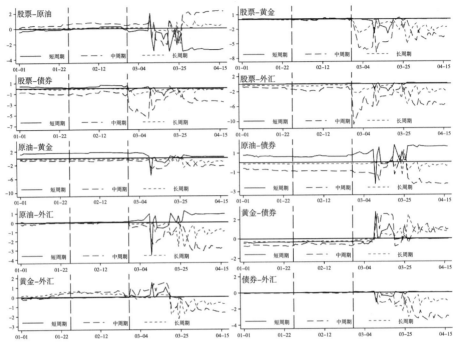

图6-10 金融市场短周期、中周期和长周期波段成对净溢出指数

注：（1）实线，长虚线和短虚线分别表示短期、中期和长期成对净溢出指数（单位为%）；（2）横轴表示2020年以后的日期变量，频率是日度，纵轴表示各频域成对净溢出指数；（3）竖直参考线分别代表2020年1月27日和2月27日，将图中日期分为三个阶段，阶段Ⅰ、Ⅱ、Ⅲ分别代表新冠肺炎疫情暴发前期、疫情期间WHO全球风险级别为"高风险""非常高风险"时期。

对于股票市场而言，在短周期波段，股票市场向原油市场扩散短期风险净溢出，与其他三个市场（黄金市场、债券市场和外汇市场）之间的短期风险传染较为对称；在中长周期波段，股票市场在美股熔断期间向原油市场扩散中长期风险净溢出，而在第Ⅲ阶段（非常高风险）美股熔断期前后接受来自原油市场的中长期风险净溢出。对于其他三个市场（黄金市场、债券市场和外汇市场），股票市场向其他市场扩散中长期风险净溢出。

对于原油市场而言，在短周期波段，原油市场在第Ⅲ阶段多数时间接受来自其余四个市场的短期风险净溢出。在美股熔断期部分时间内发生逆转，向其余四个市场扩散短期风险净溢出；在中长周期波段，原油市场在第Ⅲ阶段多数时间向其他四个市场扩散中长期风险净溢出。

对于黄金市场而言，在短周期波段，黄金市场在美股熔断期间接受来自其他四个市场的短期净溢出，第Ⅲ阶段美股熔断期前后与其他四个市场之间的短期风险传染较为对称；在中长周期波段，黄金市场在第Ⅲ阶段的多数时间接受来自股票市场、原油市场和债券市场的中长期风险净溢出。在美股熔断期结束前，黄金市场接受来自外汇市场的中长期风险净溢出，但在美股熔断期之后转为向外汇市场扩散中长期净溢出。

对于债券市场而言，在短周期波段，债券市场与股票市场、外汇市场之间的短期风险传染较为对称，并向原油市场扩散短期风险净溢出。在第Ⅲ阶段美股熔断期前后，债券市场与黄金市场之间的短期风险传染较为对称；但在美股熔断期间，债券市场向黄金市场扩散短期风险净溢出；在中长周期波段，债券市场在第Ⅲ阶段向黄金市场和外汇市场扩散中长期风险净溢出，并接受来自股票市场和原油市场的中长期风险净溢出。

对于外汇市场而言，在短周期波段，外汇市场与股票市场、黄金市场、债券市场的短期风险净溢出较为对称。在第Ⅲ阶段美股熔断期前后，外汇市场向原油市场扩散短期风险净溢出，只有在美股熔断期部分时间接受来自原油市场的短期风险净溢出；在第Ⅲ阶段外汇市场主要接受来自股票市场、原油市场和债券市场的风险净溢出。在美股熔断期结束前，外汇市场向黄金市场扩散中长期风险净溢出，但在美股熔断期之后转为接受来自黄金市场的中长期风险净溢出。

二、全球金融市场间风险传染路径

基于两两市场之间不同频域的溢出关系，可以分别构建短周期、中周期与长周期波段的金融市场溢出网络，以捕捉不同持续期溢出的传导结构特征。本节以金融市场对其他市场的溢出（溢出输出）指数来刻画节点的大小，以金融市场的被溢出（溢出输入）指数刻画节点的颜色。也即，节点越大，表示该节点代表金融市场对其他市场输出的溢出水平越高；节点颜色越深，表示该节点代表金融市场接受的溢出水平越高。连接节点的有向线段，代表金融市场之间有向的溢出路径，有向箭头的大小代表金融市场之间的溢出强度。

各个节点的位置采用 Force Atlas2 布局方式。该算法设定节点之间像两块磁铁的磁极一样相互排斥，而连线则像弹簧一样吸引节点，连线对节点的吸引力与平均成对溢出指数成正比。节点之间的距离越近，表示两者之间的溢出越大，以便于更清晰地呈现出市场之间溢出的结构特征。本节以 2020 年 1 月 26 日世卫组织将新冠肺炎疫情全球风险等级调整为"高"为分界点，得到疫情暴发前后中国金融市场之间的溢出关系，如图 6 – 11 和图 6 – 12 所示。其中，模型的滞后阶数根据施瓦茨信息准则（Schwarz Criterion）设定。

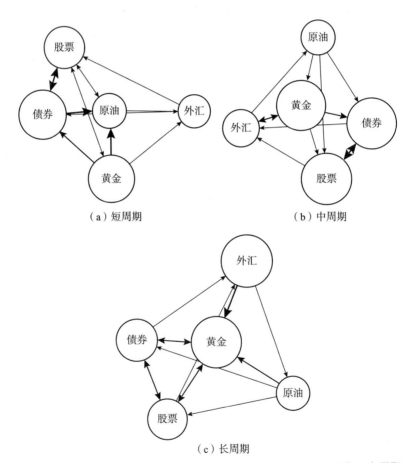

图 6 – 11　疫情前（2019 年 1 月 1 日～2020 年 1 月 24 日）短周期、中周期
与长周期波段风险传染网络

资料来源：作者计算得出。

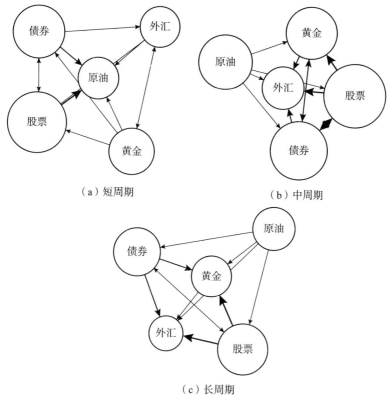

图 6 - 12　疫情后（2020 年 1 月 27 日～2020 年 4 月 17 日）短周期、中周期
与长周期波段风险传染网络

资料来源：作者计算得出。

对比图 6 - 11 和图 6 - 12 可以得到如下结论。

从整体上看，疫情发生之后，各周期金融市场风险传染网络的共同变化特征是：各节点的大小增加，节点之间的联系更加紧密，溢出连线的宽度增加。这表明，在疫情发生之后，各金融市场之间风险传染的强度更大。

从溢出接受者（节点深度）的角度分析如下：在短周期波段，疫情发生前后，原油市场均是最大的溢出接受方；在中周期波段，疫情发生前，债券市场是最大的溢出接受方，疫情发生后，外汇市场是最大的溢出接受方；在长周期波段，疫情发生前，黄金市场是最大的溢出接受方，疫情发生后，外汇市场是最大的溢出接受方。

从溢出扩散者（节点大小）的角度分析如下：在短周期波段，疫情发生前后，股票市场、债券市场和黄金市场均是较强的溢出发起方；在中周期波段，疫情发生后前后，这三个市场（股票市场、债券市场和黄金市场）同样是较强的溢出发起方；在疫情发生前，原油市场对外风险传染较小，但在疫情发生后，原油市场也成为了主要的溢出发起方；在长周期波段，疫情发生前，外汇市场是最大的溢出发起方，但在疫情发生后，外汇市场对外溢出最少。股票市场、债券市场和原油市场成为最大的溢出发起方。

接下来，分析不同频域金融市场风险传染网络的变化特征。疫情前后，金融市场之间的主要风险传染路径如表6-11所示。为了更清晰地揭示传导路径规律，这里对实证过程中的溢出进行阈值处理。其中，短周期波段和中周期波段选取溢出强度大于5的传导路径，长周期波段选取溢出强度大于3的传导路径。

表6-11　　　　　　　　　疫情前后金融市场间主要风险传染路径

频域	疫情前	疫情后
短周期波段	黄金/债券→原油 股票↔债券	股票/债券/黄金/外汇→原油 股票↔债券
中周期波段	股票↔债券 黄金→债券 黄金↔外汇	股票↔债券　股票↔黄金 股票/债券/黄金/原油→外汇 债券↔黄金 原油→黄金/股票/债券
长周期波段	外汇→黄金→债券	股票→外汇/黄金

资料来源：作者整理。

首先，金融市场的短期风险传染网络结构在新冠肺炎疫情前后变化较小。具体而言，短期溢出网络中，主要由股票市场、债券市场向其他市场输出风险，原油市场接受的溢出最多。此外，股票市场和债券市场之间还存在较强的双向溢出。

其次，金融市场的中期风险关联性在疫情发生之后显著增强。具体而言，溢出强度大于5的传导路径增多，各金融市场在疫情发生过程中联系更加紧

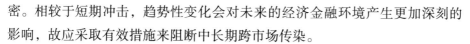

密。相较于短期冲击，趋势性变化会对未来的经济金融环境产生更加深刻的影响，故应采取有效措施来阻断中长期跨市场传染。

最后，金融市场风险传染网络可以捕捉新冠肺炎疫情发生后的风险传导路径。具体而言，在短周期波段，原油市场接受来自其他四个市场的风险传染，股票市场和债券市场之间存在双向溢出。在中周期波段，股票市场与债券市场、黄金市场之间存在双向溢出。债券市场与股票市场、黄金市场之间存在双向溢出。原油市场向其他四个市场扩散风险传染，而外汇市场则接受来自其他四个市场的风险传染。在长周期波段，主要是股票市场向外汇市场和黄金市场发起风险传染。

第三节　重大冲击下全球金融市场的风险演变

本节分析重大金融冲击、地缘政治冲突、贸易摩擦事件以及公共卫生事件四类重大冲击事件发生时全球金融市场的风险演变，为深刻理解极端冲击下中国金融风险的外部影响因素提供参考。

四类重大冲击事件的具体内容见表6－12～表6－15。

表 6 - 12　　　　　　　　　　　重大金融冲击

核心事件	时间	重大金融冲击
次贷危机	2007 年 4 月 4 日	美国第二大次级房贷公司新世纪金融公司（New Century Financial Corporation）因其经营的次级债坏账问题严重导致公司市值迅速蒸发而被迫申请破产保护，揭开了 2007 年美国次级房屋信贷风暴的序幕。
	2007 年 7 月 10 日	标普降低次级抵押贷款债券评级，全球金融市场大震荡。
	2007 年 8 月 6 日	房地产投资信托公司 American Home Mortgage 申请破产保护。
	2008 年 8 月 1 日	贝尔斯登宣布旗下两只投资次级抵押贷款证券化产品的基金倒闭，投资人总共损失逾 15 亿美元。
	2008 年 3 月 16 日	摩根大通证实，将以总价约 2.36 亿美元（每股 2 美元）收购贝尔斯登。
	2008 年 9 月 7 日	美国财政部接管房利美公司和房地美公司。

续表

核心事件	时间	重大金融冲击
次贷危机	2008 年 9 月 15 日	美国第四大投资银行雷曼兄弟控股公司申请破产保护。
	2008 年 9 月 16 日	美国国际集团（AIG）提供 850 亿美元短期紧急贷款。这意味着美国政府出面接管了 AIG。
	2008 年 9 月 21 日	美联储宣布：把现在只剩下最后两家投资银行，即高盛集团和摩根士丹利两家投资银行，全部改为商业银行。
欧债危机	2009 年 12 月 8 日	希腊主权信用评级被下调至 BBB + 级。
	2009 年 12 月 16 日	标普将希腊的长期主权信用评级由 A - 下调为 BBB +。
	2010 年 11 月 21 日	爱尔兰政府正式请求欧盟和国际货币基金组织提供救助，成为在欧债危机中倒下的第二个欧元区成员国。
	2011 年 5 月 5 日	欧元区财长同意和国际货币基金组织一道向葡萄牙提供 780 亿欧元的援助贷款。葡萄牙成为在欧债危机中倒下的第三个欧元区成员国。
	2011 年 11 月 8 日	意大利总理贝卢斯科尼当地时间 8 日宣布，将在意大利议会通过欧洲联盟要求的经济改革方案后辞职，从而成为又一位被欧债危机拖垮的政府领导人。
	2012 年 1 月 6 日	惠誉公司将匈牙利主权信用评级从此前的"BBB -"下降一个等级至"BB +"。至此，三大国际主要评级机构均已将匈牙利的主权信用评级降至垃圾级。
	2012 年 1 月 13 日	标准普尔下调了法国和奥地利的 AAA 主权信用评级，同时将意大利和西班牙以及其他五个欧盟成员国的评级下调两个级别，同时维持了芬兰、德国、卢森堡和荷兰的最高信贷评级。

资料来源：作者整理。

表 6 - 13　　　　　　　　　　　　　　　　地缘政治冲突

核心事件	时间	地缘政治冲突
伊拉克危机	2003 年 2 月 15 日	全球反对对伊战争大游行当天在全球 600 多个城市同步上演，有大约 600 万人参与，是有史以来最大的反战示威活动。
	2003 年 2 月 26 日	美国总统乔治·沃克·布什就伊拉克战后问题发表讲话，称希望看到一个民主的伊拉克，并为其他阿拉伯国家树立榜样。

续表

核心事件	时间	地缘政治冲突
伊拉克危机	2003 年 3 月 1 日	阿拉伯联合酋长国表示希望萨达姆主动下台以避免战争，科威特随后也发表类似声明。
	2003 年 3 月 12 日	英国首相布莱尔提出新的联合国安理会决议草案的修正案，但很快遭到法国的反对，称将会对新决议案动用否决权。
	2003 年 3 月 16 日	美国、英国、葡萄牙与西班牙四国元首在亚速尔群岛会晤，美国总统布什表示最后时刻已经到来，美国及盟国将做最后努力，使其所提交的决议案获得通过。全球反对对伊作战大游行：最大规模的全球守夜祈平活动在全球各地上演，再次表达反战诉求。
	2003 年 3 月 17 日	美国总统乔治·沃克·布什发出最后通牒，要求伊拉克总统萨达姆及其儿子在 48 小时内离开伊拉克，否则将遭到美国的军事打击。
	2003 年 3 月 20 日	以美国和英国为主的联合部队在未经联合国授权下正式宣布对伊拉克开战，伊拉克战争爆发。
	2003 年 3 月 22 日	美国开始对伊拉克首都巴格达进行大规模轰炸。
	2003 年 4 月 9 日	美军部队占领伊拉克首都巴格达，萨达姆政权被推翻。
乌克兰危机	2014 年 9 月 12 日	美国政府以俄罗斯继续破坏乌克兰东部稳定为由，宣布对其国防、金融和能源行业采取进一步制裁措施，包括把俄罗斯最大银行俄罗斯储蓄银行纳入制裁范围。欧盟制裁方案同样加大限制俄罗斯银行进入资本市场，禁止欧盟公司向 5 家俄罗斯主要国有银行提供贷款。欧盟和美国公司被禁止与俄罗斯国内能源巨头合作。
	2014 年 10 月 18 日	穆迪因俄罗斯"中期增长前景持续恶化"将俄罗斯债务评级从 BAA1 下调至 BAA2，对其展望为负面。
	2014 年 12 月 1 日	石油输出国组织欧佩克（OPEC）在之前一天决定维持每天3000 万桶的产量目标，原油价格大跌至五年以来的最低水平，卢布汇率受拖累再创历史新低，多种大宗商品货币的汇率晋跌，美元指数全天交易中上涨 0.32%。
	2014 年 12 月 16 日	俄罗斯遭遇"黑色星期二"，美国白宫 16 日警告称，在多轮制裁、油价下跌以及卢布贬值等因素的共同作用下，俄经济已处于"危机的边缘"。

资料来源：作者整理。

表 6 – 14   公共卫生事件

核心事件	时间	公共卫生事件
SARS 冠状病毒	2003 年 2 月 26 日	一名美国商人在越南河内出现 SARS 症状，一名世界卫生组织医生向世卫报告在该地区发生了一种极具传染性的疾病。
	2003 年 3 月 12 日	世界卫生组织发布 SARS 全球警报。
	2003 年 4 月 16 日	世界卫生组织根据包括中国内地和香港地区，加拿大、美国在内的 11 个国家和地区的 13 个实验室通力合作研究的结果，宣布重症急性呼吸综合征的病因是一种新型的冠状病毒，称为 SARS 冠状病毒。
COVID – 19 新型冠状病毒	2020 年 1 月 30 日	世界卫生组织宣布，将新型冠状病毒疫情列为国际关注的突发公共卫生事件。
	2020 年 3 月 9 日	美股遭遇"黑色星期一"，开盘后随即暴跌，标普 500 指数跌幅超过 7%，触发一级熔断机制，停牌 15 分钟。收盘时为 7.79%。
	2020 年 3 月 12 日	开盘后，标普 500 指数跌幅扩大至 7%，美股市停牌 15 分钟。
	2020 年 3 月 16 日	美股开盘后暴跌，标普 500 指数下跌 7.47%，再次引发熔断，停牌 15 分钟。
	2020 年 3 月 18 日	标普 500 指数下跌 7.01%，引发当月第四次熔断，停牌 15 分钟。当天收盘下跌 6.3%；复盘后，道指一度跌破 2000 点，标普 500 指数自 2017 年 2 月以来首次跌破 2300 点。
	2020 年 4 月 20 日	5 月到期的 WTI 原油期货价格创下每桶 – 40.32 美元的盘中交易新低，最终结算价为 – 37.63 美元每桶。

资料来源：作者整理。

表 6 – 15   贸易摩擦事件

核心事件	时间	贸易摩擦事件
中美贸易摩擦	2017 年 8 月 14 日	美国针对中国展开"301 调查"。
	2018 年 3 月 8 日	美国总统特朗普宣布对钢铁和铝制品分别加征 25% 和 10% 的关税。
	2018 年 3 月 22 日	美国贸易代表（USTR）公布《中国贸易实践的 301 条款调查》。
	2018 年 3 月 23 日	中国政府公布了价值 30 亿美元的加征关税的美国产品清单。

续表

核心事件	时间	贸易摩擦事件
中美贸易摩擦	2018 年 4 月 4 日	美中双方各提出总值 500 亿美元商品加征 25% 关税的惩罚措施。
	2018 年 4 月 5 日	特朗普要求 USTR 考虑加征 1000 亿美元中国商品的关税，中国向美方提出 WTO 磋商请求，正式启动 WTO 争端解决程序。
	2018 年 4 月 16 日	美国商务部工业安全局（BIS）宣布对中兴实施制裁。
	2018 年 5 月 25 日	美国为停止对中兴制裁提出针对中兴的改组及惩罚措施。
	2018 年 5 月 29 日	美国称仍将对 500 亿美元中国商品征收 25% 的关税，具体商品清单将在 6 月 15 日公布。
	2018 年 6 月 15 日	美国重启贸易战，并将按原计划于 7 月 6 日执行对中国进口商品加税 25%，中国宣布将对美国出台"同等规模、同等力度"的征税措施。
	2018 年 6 月 19 日	中国宣布对原产于美国的 659 项约 500 亿美元进口商品加征 25% 的关税，美国总统特朗普又宣称将对 2000 亿美元中国商品加征 10% 关税。
	2018 年 7 月 6 日	中美新贸易措施正式实施。
	2018 年 7 月 11 日	美方宣布将开启针对价值 2000 亿美元贸易品加征 10% 关税程序。
	2018 年 8 月 8 日	美国贸易代表办公室宣布，将从 8 月 23 日起对从中国进口的约 160 亿美元商品加征 25% 的关税。
	2019 年 8 月 2 日	在第十二轮中美经贸高级别磋商结束后不久，美方再次举起关税大棒，威胁从 9 月 1 日起对 3000 亿美元中国输美商品加征 10% 关税。

资料来源：作者整理。

重大冲击下全球金融市场的风险演变如图 6－13 所示。由图 6－13 可知，在重大金融冲击事件发生时，全球股票市场、全球债券市场、全球外汇市场、全球原油市场风险以及全球黄金市场风险均出现尖峰。在地缘政治事件发生时，全球外汇市场和全球债券市场出现尖峰值。在公共卫生事件发生时，全球股票市场、全球债券市场、全球外汇市场、全球原油市场风险以及全球黄金市场风险均出现尖峰。在贸易摩擦事件发生时，全球外汇市场出现尖峰。

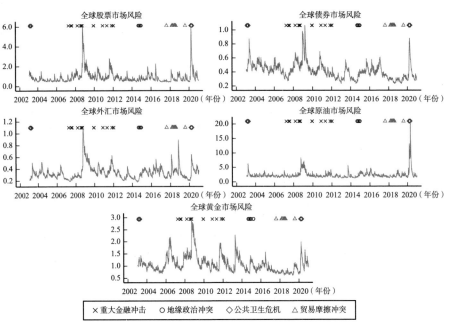

图 6 – 13　重大冲击下全球金融市场的风险演变

资料来源：作者计算得出。

　　以全球金融市场风险为被解释变量，重大冲击事件为解释变量进行回归。各金融市场风险峰值与对应时间如表 6 – 16 所示。从表 6 – 16 中可知，重大金融冲击发生之后，全球股票市场的风险峰值最高，发生在事件发生后的第 6 个交易日。地缘政治事件发生之后，全球原油市场的风险峰值最高，发生在事件发生后的第 6 个交易日。公共卫生事件发生之后，全球原油市场的风险峰值最高，风险均发生在事件发生后的第 5 个交易日。贸易摩擦事件发生之后，全球外汇市场的风险峰值最高，发生在事件发生后第 1 个交易日。

表 6 – 16				重大冲击下全球金融市场风险峰值和对应时间				
	重大金融冲击		地缘政治事件		公共卫生事件		贸易摩擦事件	
	风险峰值	对应时间	风险峰值	对应时间	风险峰值	对应时间	风险峰值	对应时间
全球股票市场	**0.57**	6	− 0.16	6	**1.92**	5	− 0.03	3
全球债券市场	0.06	1	0.02	6	0.42	5	− 0.16	5
全球外汇市场	0.16	6	− 0.09	1	0.36	5	**0.06**	1
全球原油市场	0.27	6	**0.22**	6	**2.04**	5	− 0.03	1
全球黄金市场	0.30	3	0.03	1	0.29	5	− 0.16	5

注：风险峰值＝事件发生后回归系数峰值/全本期间波动率均值。
资料来源：作者计算得出。

图 6 – 14 展示了重大金融冲击前后，全球金融市场的风险变动。重大金融冲击会对各类金融资产产生负向冲击。重大金融冲击发生当日开始，全球股票市场、全球债券市场、全球外汇市场、全球原油市场以及全球黄金市场的风险均呈现上升趋势。重大金融冲击使很多大型金融机构面临流动性危机。大型金融机构对股市的涨跌非常重要，同时金融业的萧条将导致信贷紧缩，不利于经济增长。股票市场的资产价格是由投资者对未来经济的预期决定，因此重大金融冲击会使股票市场风险上升。

在不发生流动性危机的情况下，债券市场的资产价格受违约概率和无风险利率影响，其价格波动不剧烈，且可以持有至到期。在发生流动性危机之后，一方面无风险利率因受央行调控和投资者避险情绪而波动加剧，另一方面投资者因流动性短缺不能将债权资产持有至到期。重大金融冲击产生之后，全球债券市场的风险因受无风险资产的利率波动、债务主体违约概率上升以及市场流动性短缺的影响而上升。原油价格反映了对经济前景的预期，重大金融冲击发生之后，全球原油市场的风险变动与股票市场类似。重大金融冲击发生之后，美元和黄金的需求量因避险情绪上升而提高，这使得全球外汇市场和全球黄金市场的风险上升。

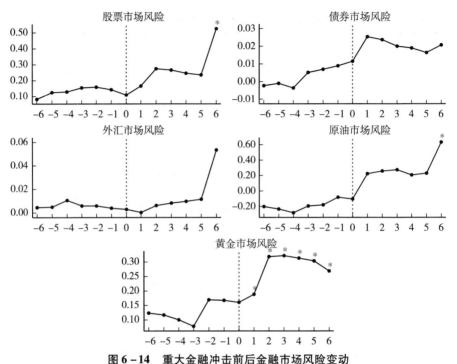

图 6 - 14　重大金融冲击前后金融市场风险变动

注："＊"表示在 5% 的显著性水平上显著。下同。
资料来源：作者计算得出。

图 6 - 15 展示了地缘政治事件前后全球金融市场的风险变动。重大金融冲击会对各类金融资产均产生负向冲击。地缘政治事件发生当日开始，全球债券市场的风险均呈现上升趋势。地缘政治事件发生后的第 3 个交易日开始，全球股票市场和全球原油市场的风险均呈现上升趋势。地缘政治事件多发生于能源产出地区，油价波动使全球原油市场的风险上升。地缘政治事件使得经济前景恶化，引发全球股票市场风险上升。此外，地缘政治事件使事件所在国家的主权信用下降，该国的债券遭到抛售，进而使得全球债券市场的风险上升。在地缘政治事件发生前 2 ~ 3 个交易日，全球外汇市场和黄金市场的风险已经开始呈现上升趋势。这是因为：在地缘政治局势不稳定的时候，黄金和美元作为避险资产，将受到投资者的大量买入。同时，地缘政治局势不

稳定的国家的货币将被抛售，引发该国货币大幅贬值。这也加剧了全球外汇市场的风险上升。

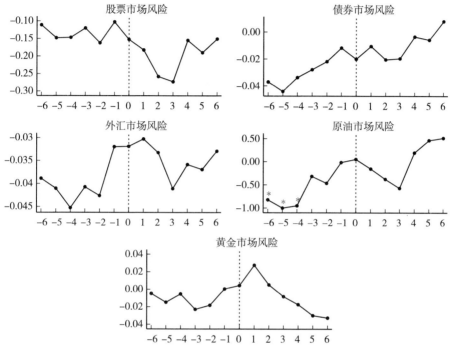

图 6 – 15　地缘政治事件前后金融市场风险变动

图 6 – 16 展示了公共卫生事件前后全球金融市场的风险变动。重大公共卫生事件具有突发性和紧迫性的特征，使全球经济发展面临较高的不确定性，并引起全球金融市场震荡。全球性公共卫生危机对各国的经济与社会生活产生巨大的负面冲击。经济基本面受到供给端和需求端的双重打击，几乎所有高风险金融资产与大宗商品价格同时下跌。公共卫生事件发生当日开始，全球股票市场、全球债券市场、全球外汇市场、全球原油市场以及全球黄金市场风险均呈现上升趋势。

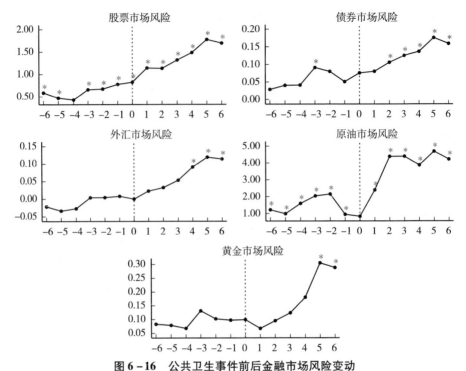

图6-16 公共卫生事件前后金融市场风险变动

图6-17展示了贸易摩擦事件前后全球金融市场的风险变动。贸易摩擦事件发生当日开始，全球股票市场和全球原油市场的风险均呈现上升趋势。贸易摩擦事件发生后的第1个交易日开始，全球债券市场和全球黄金市场的风险均呈现上升趋势。不同金融市场的风险变动体现了资金向安全资产转移（Flight-to-quality）的特点。首先，贸易摩擦使风险资产率先被抛售，因此全球股票市场和全球原油市场的风险显著上升。其次，债券和黄金作为安全资产被买入，成为投资者避险的重要投资工具，因此全球债券市场和全球黄金市场的风险显著上升。虽然美元往往被视为安全资产，但贸易摩擦过程中美国经济前景面临不确定性，因此贸易摩擦期间全球外汇市场的风险未显著上升。

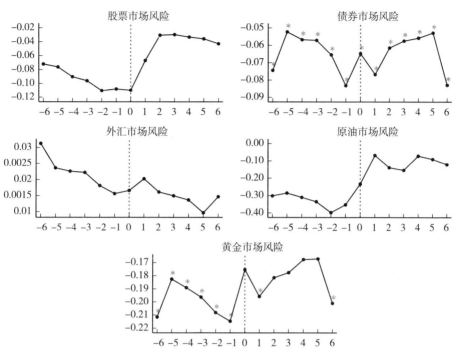

图 6−17 贸易摩擦事件前后金融市场风险变动

本 章 小 结

本章分析重大冲击下全球金融市场的风险演变规律，为我国防控输入性金融风险做准备。首先，本章采用事件分析法，分析新冠肺炎疫情冲击下单个金融市场的风险演变规律。其次，本章采用广义方差谱分解表示法来刻画全球股票、债券、外汇、黄金、原油市场的短期风险生成路径和中长期周期趋势性变化。相较于短期冲击，趋势性变化会对未来的经济金融环境产生更加深刻的影响。

鉴于不同类型重大冲击对金融市场的影响存在一定的异质性，本章重点分析重大金融冲击、地缘政治冲突、贸易摩擦事件以及公共卫生事件四类重大冲击事件发生时全球金融市场的风险演变，为深刻理解极端冲击下中国金融风险的外部影响因素提供参考。

重大金融危机事件发生之后，全球股票市场的风险较高。地缘政治事件发生之后，全球原油市场的风险较高。公共卫生事件发生之后，全球股票市场和全球原油市场的风险较高。贸易摩擦事件发生之后，全球外汇市场的风险较高。从全球金融市场的风险演进来看，新冠肺炎疫情恶化在短期内会使全球股票市场、原油市场、债券市场和外汇市场的风险加剧。从风险传染的中长周期效应来看，新冠肺炎疫情诱发全球金融市场之间产生风险联动，且风险联动大小与全球金融市场恐慌程度之间高度相关。从全球金融市场对我国金融市场风险的作用来看，全球金融市场出现较强的风险联动时对我国金融市场产生了显著的溢出效应。

重大金融危机事件发生之后，全球股票市场的风险峰值最高，发生在事件发生之后的第6个交易日。地缘政治事件发生之后，全球原油市场的风险峰值最高，发生在事件发生后的第6个交易日。公共卫生事件发生之后，全球股票市场和全球原油市场的风险峰值最高，风险均发生在事件发生后的第5个交易日。贸易摩擦事件发生之后，全球外汇市场的风险峰值最高，发生在事件发生之后的第1个交易日。

从政策防控的角度来看，美联储宽松货币政策生效后缓解金融市场风险恶化效果从大到小依次是股票市场、原油市场、债券市场、外汇市场和黄金市场。从反应速度来看，除黄金市场以外，宽松货币政策在生效当天就起到了缓解风险恶化的作用。政策生效4~5个交易日之后，对风险恶化的缓解作用失效，疫情对各金融市场风险的恶化程度继续不断加剧。

根据系统性风险领域的分析框架，重大冲击首先会使单个金融市场的风险加剧，随后风险将在金融市场之间发生传导。本章提供了分析重大冲击下金融市场短期风险演变的实例。首先，可采用事件分析法分析重大冲击下单个金融市场的风险演变。其次，可以采用广义方差分解法来刻画金融市场的短期风险溢出关系（Diebold & Yilmaz，2014）。其中，可采用广义方差分解谱分析金融市场间的短期和长期风险关联性（Baruník & Křehlík，2018）。

第七章

重大冲击下中国金融市场的
输入性金融风险规律及其防控

    首先，本章探究新冠肺炎疫情冲击下全球金融市场对中国各金融市场输入性金融风险的短期影响和长期效应。第一，借鉴艾德里安和布鲁纳迈尔（Adrian and Brunnermeier，2016）提出的 $\Delta CoVaR$ 方法来计算全球金融市场对中国股票市场、债券市场和外汇市场的风险传染。第二，量化分析全球金融市场对中国三大金融市场风险的短期和中长期溢出效应。

    其次，本章还对比分析金融危机事件、地缘政治冲突、贸易摩擦冲突以及公共卫生事件四种冲击发生期间，中国输入性金融风险在短期和长期演化规律的异质性，及其不同的影响渠道。具体将从经济渠道、情绪渠道、利率渠道以及直接作用这四个角度进行分析。

    自从 2020 年初新冠肺炎（COVID-19）疫情大流行开始，疫情的发展过程就伴随着疫苗研发和病毒变异的斗争。本章利用马尔可夫区制转移模型将疫情发展划分为暴发初期、恶化期和缓解期三个阶段，并分析各阶段输入性金融风险的传染特征，为后疫情时代输入性金融风险的防控提供参考。

    最后，本章分析重大冲击下输入性金融风险的防控政策。所选政策涵盖货币政策工具、财政政策工具和宏观审慎政策工具三方面。本章利用局部投影（Local Projection）方法检验宽松的数量型货币政策、宽松的价格型货币政策、财政扩张政策以及外汇审慎政策对输入性金融风险的动态影响，以得出应对重大冲击的有效政策工具。

第一节 疫情冲击下中国金融市场的 输入性金融风险防控

新冠肺炎疫情在引起全球各金融市场产生风险联动的同时，也会对中国金融市场产生溢出效应。此外，"防控输入性金融风险"是中国监管部门密切关注的对象。因此，考察新冠肺炎疫情暴发之后，全球金融市场对中国金融市场风险的短期和中长期溢出效应，以及后疫情时期输入性金融风险的演变特征，将为健全中国风险防范体系，阻断风险跨市场、跨区域的扩散与传染提供思路。

一、新冠肺炎疫情冲击下中国金融市场的输入性金融风险防控

如表 7-1 所示，在第Ⅱ阶段（高风险）和第Ⅲ阶段（非常高风险），中国金融市场波动率的均值都高于第Ⅰ阶段（新冠肺炎疫情暴发前）。其中，股票市场的波动率在第Ⅱ阶段的增幅高于第Ⅲ阶段，相较于第Ⅰ阶段的均值上升了98.18%。债券市场的波动率在第Ⅲ阶段的增幅高于第Ⅱ阶段，变化率从41.47%上升到54.62%。外汇市场的波动率在第Ⅱ阶段和第Ⅲ阶段增幅相近，波动率均值相对于第Ⅰ阶段分别上升到33.61%和35.52%。

表 7-1 中国金融市场波动率描述性统计 单位：%

阶段	统计量	股票市场	债券市场	外汇市场
COVID-19 暴发第Ⅰ阶段 （2019 年 1 月 2 日～ 2020 年 1 月 23 日）	均值	1.102	0.064	0.213
	标准差	0.402	0.024	0.067
COVID-19 暴发第Ⅱ阶段 （2020 年 2 月 3 日～ 2020 年 2 月 27 日）	均值	2.183	0.090	0.284
	变化率	(98.18)	(41.47)	(33.61)
	标准差	0.632	0.138	0.101

阶段	统计量	股票市场	债券市场	外汇市场
COVID-19暴发第Ⅲ阶段 （2020年2月28日~ 2020年4月17日）	均值	1.785	0.099	0.282
	变化率	(62.02)	(54.62)	(32.52)
	标准差	0.302	0.092	0.062
全样本 （2019年1月2日~ 2020年4月17日）	均值	1.243	0.069	0.225
	标准差	0.519	0.051	0.074

注：括号内"变化率"计算方式为（该阶段日度波动率均值－第Ⅰ阶段日度波动率均值)/第Ⅰ阶段日度波动率均值。

资料来源：作者计算得出。

下文将进一步探究新冠肺炎疫情冲击下全球金融市场发生较强风险联动时对中国金融市场的短期和中长期风险传染渠道。全球金融市场对中国金融市场的风险传染机制如图7-1所示。首先，新冠肺炎疫情冲击发生之后，由于各国采取的防控措施以及经济贸易条件各不相同，各国金融市场所处环境的经济贸易情况、疫情控制程度和投资者情绪有所差异。在这些因素的驱动之下，全球金融市场通过不同的作用渠道对中国金融市场产生风险传染，表现为风险传染或风险分担作用。

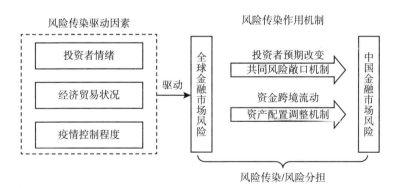

图7-1　全球金融市场对中国金融市场风险传染机制

资料来源：作者整理。

从作用渠道的角度来看，全球金融市场主要通过共同风险敞口机制和资产配置调整机制向中国金融市场产生风险传染。风险传染作用，主要发生在具有相似风险属性的金融市场之间，表现为"风险共振"，即风险同向变动。风险分担作用，主要发生在具有替代性的金融市场之间，表现为"跷跷板效应"，即风险的反向变动（Rungcharoenkitkul，2012）。

（一）疫情恶化后我国金融市场风险短期影响渠道分析

本部分探究全球金融市场对我国金融市场的风险传染机制。首先，通过正交分解法来量化识别疫情恶化以后，全球金融市场对我国各金融市场风险的影响渠道。其次，通过 DCC - GARCH 的动态相关系数法，来分析新冠肺炎疫情冲击下全球金融市场和我国金融市场风险传染的走势。

就理论而言，金融市场风险的增大来自于两个渠道。一个是外部冲击直接影响渠道，另一个是外部冲击的间接传染渠道。本部分利用正交分解法，对新冠肺炎疫情恶化冲击发生之后的 6 个交易日内引起我国金融市场风险上升的不同风险传染渠道进行动态分析。

图 7-2～图 7-4 分别展示了新冠肺炎疫情恶化冲击对我国股票市场、债券市场和外汇市场总风险的动态影响，以及风险影响渠道的动态演进过程。其中，股票市场、债券市场和外汇市场的总风险分别用上海证券综合指数、中债综合净价指数以及国际清算银行（BIS）公布的广义名义有效汇率的日间 TGARCH 波动率表示。

图 7-2～图 7-4 中，横轴表示窗口期 s 的取值，纵轴表示外部冲击发生后市场总风险的变化（第一行左侧子图）和各风险影响渠道的变化（第一行右侧子图和第二、三、四行子图）。正交分解顺序依次为我国金融市场和全球金融市场，最后从剩余残差项中提取外部冲击直接影响渠道对股票市场风险的影响。其中，金融市场总风险的动态变化由事件虚拟变量的回归系数来表示。每幅子图的标题展示了各渠道对我国股票、债券和外汇市场风险的动态影响与总风险的动态变化之间的相关系数。

整体而言，相关系数大小可以刻画各渠道对我国金融市场风险的影响程度。渠道与总风险之间的相关系数越接近于 1，说明该渠道对总风险的正向溢出作用越大；相关系数越接近于0，说明该渠道对总风险的影响程度越小；相关系数越接近于 -1，说明该渠道对总风险的负向溢出作用越强。需要指出的是，相关系数的大小，仅能给出某个渠道对总风险的整体影响。然而，有些渠道虽然在整体上对总风险的影响力较低，但仍有可能在某阶段对总风险产生显著的影响。

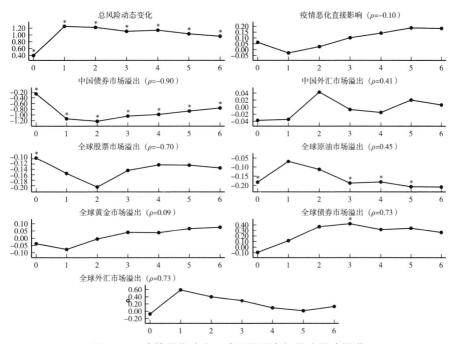

图 7 - 2   疫情恶化冲击下我国股票市场风险影响渠道

注：图中" * "代表在10%的水平上显著。
资料来源：作者计算得出。

由图7-2可以得到如下结论：从股票市场来看，疫情恶化之后我国股票市场的风险显著增大，且疫情对我国股票市场的影响将持续6个交易日以上。首先，就传染渠道而言，全球外汇市场和全球债券市场是我国股票市场的主要风险源。全球外汇市场、全球债券市场之间的风险传染作用与我国股票市场风险的相关性达到0.73。其次，全球股票市场对我国股票市场起风险分担

作用。全球股票市场的风险溢出作用与我国股票市场风险变动的相关性达到
-0.70。最后，全球原油市场和全球黄金市场对我国股市的溢出作用较弱，
具体表现为全球原油市场和全球黄金市场之间的风险传染作用与我国股票市
场风险变动的相关性较弱（相关系数分别为0.45和0.09）。

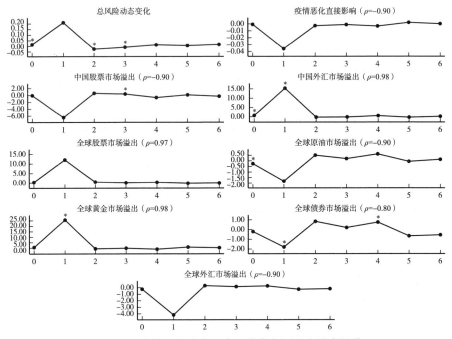

图 7 - 3　疫情恶化冲击下我国债券市场风险影响渠道

注：图中"＊"代表在10%的水平上显著。
资料来源：作者计算得出。

　　由图 7 - 3 可以得到如下结论：从债券市场来看，在疫情恶化的 1 个交易
日之后，我国债券市场风险虽然有所上升，但统计显著性较弱。在疫情恶化
2 个交易日之后，我国债券市场风险显著下降。

　　就传染渠道而言，全球黄金市场对我国债券市场的风险传染作用最强，
是我国债券市场的主要风险传染源（相关系数达到0.98），同时全球股票市
场也是我国债券市场的主要风险传染源（相关系数达到0.97）。另外，全球
外汇市场、全球原油市场和全球债券市场对债券市场风险起到风险分担作用，

相关系数分别为 -0.90、-0.90 和 -0.80。

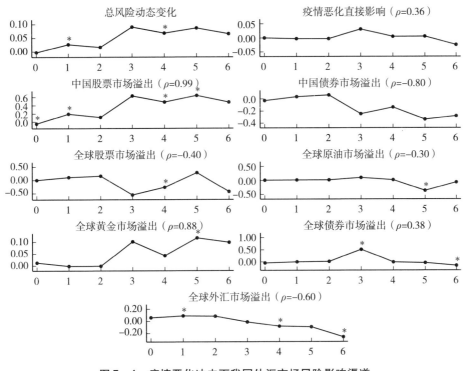

图 7 - 4　疫情恶化冲击下我国外汇市场风险影响渠道

注：图中"＊"代表在 10% 的水平上显著。

资料来源：作者计算得出。

由图 7 - 4 可以得到如下结论：从外汇市场来看，疫情恶化之后我国外汇市场的风险显著增大，且疫情对我国外汇市场的影响将持续 6 个交易日以上。就传染渠道而言，全球黄金市场对我国外汇市场的风险传染作用最强（相关系数为 0.88）。全球外汇市场对我国外汇市场风险起到风险分担作用，两者之间的相关系数为 -0.60。全球股票市场、全球债券市场和全球原油市场对我国外汇市场的溢出较弱，相关系数分别为 -0.40、0.38 和 -0.30。

表 7 - 2 根据事件变量的显著性情况对图 7 - 2～图 7 - 4 我国金融市场的风险影响渠道进行总结。

表7-2 我国金融市场风险影响渠道总结

	波动率变化情况	疫情恶化后1~6个交易日风险影响渠道					
		疫情恶化直接影响	全球股票市场风险传染	全球原油市场风险传染	全球黄金市场风险传染	全球债券市场风险传染	全球外汇市场风险溢出
中国股票市场	显著增大（第1~6交易日）	×	×	×	×	×	×
中国债券市场	先增大（第1交易日）后减小	×	×	×	√（1）	√（4）	×
中国外汇市场	显著增大（第1~6交易日）	×	×	×	√（5）	√（3）	√（1）

注：表中括号内数字表示外部冲击后的交易日数，意味着在这些交易日风险影响渠道产生显著正向影响。

资料来源：作者计算得出。

由表7-2可以得到以下结论。

第一，疫情恶化冲击产生之后，相对于疫情冲击的直接影响，全球金融市场的间接传染是我国金融市场风险的主要影响因素。这说明，在新冠肺炎疫情冲击下，来自全球金融市场的输入性金融风险是我国金融市场风险的主要来源。

第二，就我国各金融市场的影响渠道对比而言，疫情全球风险等级提高后的6个交易日内，我国股票市场主要受国内市场的短期风险传染。我国债券市场在疫情恶化后的第1个交易日和第4个交易日分别受到黄金市场和全球债券市场的正向风险传染。我国外汇市场在疫情恶化后第1个交易日、第3个交易日和第5个交易日分别受到全球外汇市场、全球债券市场和黄金市场的正向风险传染。

全球金融市场对中国股票市场、债券市场、外汇市场之间按风险传染绝对值降序排名如表7-3~表7-5所示。表7-3展示了从统计学意义的角度来看，全球金融市场对中国股票风险综合风险传染回归系数的绝对值排名和显著性水平。

表7-3　　　　　　　　全球金融市场对中国股票市场风险传染排名

全球金融市场对中国股市	短周期波段		中周期波段		长周期波段		常数项
	风险溢出	排名	风险溢出	排名	风险溢出	排名	
全球股票市场	2.532 *** (0.001)	1 风险传染↑	-0.074 (0.913)	5 风险传染↓	1.058 *** (0.000)	1 风险传染↑	0.926 *** (0.000)
全球原油市场	1.906 *** (0.000)	2 风险传染↑	0.409 (0.347)	2 风险传染↑	0.799 ** (0.033)	2 风险传染↑	0.905 *** (0.000)
全球外汇市场	0.106 (0.704)	5 风险分担↓	-1.252 *** (0.000)	1 风险分担↑	-0.754 ** (0.038)	3 风险分担↑	-0.034 (0.467)
全球黄金市场	0.283 * (0.068)	4 分担→传染	0.327 *** (0.001)	4 分担→传染	0.415 *** (0.000)	4 分担→传染	-0.041 (0.285)
全球债券市场	-0.751 *** (0.000)	3 风险分担↑	-0.372 *** (0.005)	3 风险分担↑	-0.313 (0.195)	5 风险分担↑	-0.533 *** (0.000)

注："***""**""*"分别表示1%，5%和10%的显著性水平；括号中为 p 值。
资料来源：作者计算得出。

通过表7-3可以得到以下结论。

第一，在短周期波段全球风险联动较强时，从加剧尾部风险的角度来看，全球股票市场和全球原油市场对中国股票市场的风险传染作用在增强。全球黄金市场对中国股票市场从风险分担转变为风险传染。从缓解尾部风险的角度来看，全球债券市场对中国股票市场的风险分担作用增强。

第二，在中周期波段全球风险联动较强时，对中国股票市场风险的传染从大到小依次是全球外汇市场、全球原油市场、全球债券市场、全球黄金市场和全球股票市场。其中，从加剧尾部风险的角度来看，全球原油市场对中国股票市场的风险传染作用增强，全球黄金市场对中国股票市场从风险分担转变为风险传染。从缓解尾部风险的角度来看，全球外汇市场和全球债券市场对中国股票市场的风险分担作用增强。

第三，在长周期波段全球风险联动较强时，对中国股票市场的风险传染从大到小依次是全球股票市场、全球原油市场、全球外汇市场、全球黄金市场和全球债券市场。其中，从加剧尾部风险的角度来看，全球股票市场、全球原油市场对中国股票市场的风险传染作用增强。全球黄金市场对中国股票市场从风险分担转变为风险传染。从缓解尾部风险的角度来看，全球外汇市场对中国股票市场的风险分担作用增强。

从经济学意义的角度出发，对该结果进行分析，可以得到以下结论。

第一，全球股票、全球原油和中国股票同为风险资产，在受到冲击之后，全球股票市场、全球原油市场和中国股票市场的风险变动方向相同，表现为"同涨同跌"的风险共振关系。从共同风险敞口机制的角度来看，全球股票市场、全球原油市场发生暴跌之后，投资者会根据全球市场的变化来推测中国股票市场也会发生下跌，并相应地降低投资。从投资者资产配置机制的角度来看，投资者将资金从中国股票市场转向安全资产，全球股票市场和全球原油市场的风险也因此向中国股票市场传染。在全球发生较强的风险联动时，投资者情绪、全球经济基本面恶化以及疫情的持续扩散加剧了这种风险传染作用。

第二，全球债券市场、全球外汇市场与中国股票市场之间存在"跷跷板效应"。全球债券市场、全球外汇市场和中国股票市场的风险变动方向相反，表现为风险分担关系。从共同风险敞口机制的角度来看，全球债券市场、全球外汇市场的风险升高之后，由于中国股票市场与它们之间存在"跷跷板效应"，投资者预期此时中国股票市场的风险较小。从投资者资产配置机制的角度来看，投资者将资金从全球债券市场和全球外汇市场转入中国股票市场。因此，全球债券市场和全球外汇市场对中国股票市场具有风险分担作用。在全球发生较强的风险联动时，投资者避险需求的上升也使得这种风险分担作用在增强。

第三，全球黄金市场在平常时期可成为中国股票市场的避险资产，具有风险分担的作用。然而，在全球风险联动较强的时期，黄金市场风险的上升并不意味着股票市场的风险得到缓解，而是意味着投资者避险情绪较强，会进一步将资金从股票市场转向更加安全的地方。因此，股票市场与黄金市场的风险变动方向相同。全球黄金市场和中国股票市场不再具有风险分担关系，而是转变为风险传染关系。

表7-4展示了从统计学意义的角度来看，全球金融市场对中国债券市场综合风险传染回归系数的绝对值排名和显著性水平。

表7-4　　　　　　　　全球金融市场对中国债券市场风险传染排名

全球金融市场对中国债市	短周期波段		中周期波段		长周期波段		常数项
	风险溢出	排名	风险溢出	排名	风险溢出	排名	
全球外汇市场	0.001 (0.690)	5 风险传染↑	0.020 *** (0.000)	1 风险传染↑	0.027 *** (0.000)	1 风险传染↑	0.007 *** (0.001)
全球债券市场	0.003 (0.336)	4 风险传染↑	0.012 *** (0.000)	2 风险传染↑	0.013 *** (0.000)	2 风险传染↑	0.000 (0.886)
全球原油市场	−0.034 *** (0.000)	1 传染→分担	0.000 (0.959)	5 传染→分担	−0.011 *** (0.004)	3 传染→分担	0.003 (0.212)
全球黄金市场	−0.015 *** (0.000)	2 风险传染↓	−0.001 (0.850)	4 风险传染↓	−0.004 (0.162)	4 风险传染↓	0.023 *** (0.000)
全球股票市场	0.009 (0.240)	3 风险分担↓	−0.004 (0.319)	3 风险分担↑	−0.003 (0.492)	5 风险分担↑	−0.016 *** (0.000)

注："***"表示1%的显著性水平；括号中为p值。
资料来源：作者计算得出。

由表7-4可以得到以下结论。

第一，短周期波段全球风险联动较强时，全球大宗商品市场（全球原油市场和全球黄金市场）对中国债券市场具有缓解尾部风险的作用，具体表现在全球原油市场对中国债券市场从风险传染转变为风险分担作用，而全球黄金市场的风险传染作用减弱。

第二，中周期波段全球风险联动较强时，全球外汇市场和全球债券市场对中国债券市场具有加剧尾部风险的作用，表现为风险传染作用的增强。

第三，长周期波段全球风险联动较强时，对中国债券市场风险传染从大到小依次是全球外汇市场、全球债券市场、全球原油市场、全球黄金市场和全球股票市场。其中，从加剧尾部风险的角度来看，全球外汇市场和全球债券市场对中国债券市场的风险传染作用在增强。从缓解尾部风险的角度来看，全球原油市场对中国债券市场从风险传染转变为风险分担。

从经济意义的角度对该结果进行分析，可以得到以下结论。

第一，全球债券市场、全球外汇市场和中国债券市场的避险属性相似，在股票市场风险上升之后，投资者往往会选择将资金投入到债券或外汇市场之中。但全球债券市场、全球外汇市场和中国债券市场之间表现为"同涨同跌"的风险共振关系。从共同风险敞口机制的角度来看，由于同为避险资产，全球债券市场、全球外汇市场和中国债券市场的风险变动方向相同。全球债券市场、全球外汇市场的风险上升以后，投资者推测中国债券市场的风险同样会上升，因此会降低对中国债券市场的投资。从投资者资产配置机制的角度来看，投资者会将资金从中国债券市场转向安全资产，全球债券市场和全球外汇市场的风险由此向中国债券市场传染。在全球发生较强的风险联动时，投资者情绪、全球经济基本面恶化以及疫情的持续扩散将加剧风险传染。

第二，全球黄金市场在平常时期可作为避险资产，但在市场恐慌情绪较强时，黄金的避险性将会减弱（刘志蛟和刘力臻，2018）。因此，在短周期波段全球金融市场风险联动较强的时期，全球黄金市场对中国债券市场的风险传染作用在减弱。

第三，全球原油市场价格发生暴跌时，由于原油企业是重要的债券发行主体，油价暴跌之后，投资者担心企业的违约概率上升，因此会抛售高风险的企业债券，风险通过共同风险敞口机制从原油市场向债券市场传染。然而，在新冠肺炎疫情引发全球金融市场发生较强联动的时期，原油作为重要的工业原料，其价格的暴跌预示着经济基本面的恶化。此时，投资者的避险情绪占据主导，以中国国债为代表的低风险债券成为投资者的选择，全球原油市场对中国债券市场产生了风险分担作用。

表7-5展示了从统计学意义的角度来看，全球金融市场对中国外汇市场综合风险传染回归系数的绝对值排名和显著性水平。

表7-5　　　　　　　　全球金融市场对中国外汇市场风险传染排名

全球金融市场对中国外汇市场	短周期波段		中周期波段		长周期波段		常数项
	风险溢出	排名	风险溢出	排名	风险溢出	排名	
全球股票市场	0.675 *** (0.000)	1 风险传染↑	0.223 *** (0.026)	1 风险传染↑	0.319 ** (0.032)	1 风险传染↑	0.151 *** (0.000)
全球债券市场	-0.094 *** (0.001)	4 风险分担↑	-0.174 *** (0.000)	2 风险分担↑	-0.186 *** (0.000)	2 风险分担↑	-0.113 *** (0.000)
全球原油市场	0.280 *** (0.000)	2 风险传染↑	0.134 ** (0.035)	3 风险传染↑	0.148 *** (0.000)	3 风险传染↑	0.120 *** (0.000)
全球外汇市场	0.068 * (0.096)	5 风险分担↓	-0.117 *** (0.004)	4 风险分担↑	-0.141 *** (0.004)	4 风险分担↑	-0.076 *** (0.000)
全球黄金市场	-0.147 *** (0.000)	3 风险分担↑	-0.060 * (0.088)	5 风险分担↑	-0.100 *** (0.000)	5 风险分担↑	-0.140 *** (0.000)

注:" *** "" ** "" * "分别表示1%，5%和10%的显著性水平；括号中为p值。
资料来源：作者计算得出。

由表7-5可以得到以下结论。

第一，短周期波段全球风险联动较强时，对中国外汇市场的风险传染从大到小依次是全球股票市场、全球原油市场、全球黄金市场、全球债券市场和全球外汇市场。从加剧尾部风险的角度来看，全球股票市场和全球原油市场对中国外汇市场的风险传染作用增强，而全球外汇市场对中国外汇市场的风险分担作用减弱。从缓解尾部风险的角度来看，全球黄金市场和全球债券市场对中国股票市场的风险分担作用增强。

第二，中周期和长周期波段全球风险联动较强时，全球各金融市场对中国外汇市场的影响一致。对中国外汇市场的风险传染从大到小依次是全球股票市场、全球债券市场、全球原油市场、全球外汇市场和全球黄金市场。其中，从加剧尾部风险的角度来看，全球股票市场和全球原油市场对中国外汇市场的风险传染作用在增强。从缓解尾部风险的角度来看，全球黄金市场、全球外汇市场和全球债券市场对中国股票市场的风险分担作用增强。

从经济意义的角度对该结果进行分析，可以得出以下结论。

第一，由于股票是经济的晴雨表，原油是重要的工业原料，因此全球股票市场和全球原油市场价格下跌预示着经济基本面的恶化。在全球股票市场和全球原油市场的风险加剧之后，投资者预期中国的经济贸易环境将会恶化，进而人民币发生贬值，并导致投资者减少对中国外汇市场的投资以及中国外汇市场风险的上升。

第二，由于全球黄金市场、全球债券市场、全球外汇市场和中国外汇市场都具有避险属性，因此，各市场之间具有替代作用。全球黄金市场、全球债券市场和全球外汇市场的风险升高之后，从共同风险敞口机制的角度来看，投资者会认为中国外汇市场相对安全，从而增加对中国外汇市场的投资。从投资者资产配置机制的角度来看，投资者将资金从全球黄金市场、全球债券市场和全球外汇市场转向中国外汇市场。在全球发生较强的风险联动时，投资者避险需求的上升，也使得全球黄金市场和全球债券市场的风险分担作用增强。

第三，在中周期、长周期波段全球风险联动较强时，全球外汇市场的风险分担作用在增强。然而，在短周期波段全球风险联动较强时，全球外汇市场的风险分担作用有所下降。究其原因，这种现象可能与全球风险联动较强时期，投资者对中国外汇市场的信心程度有关。新冠肺炎疫情的 WTO 全球风险等级达到"非常高"之后，短周期波段的全球风险联动开始增强。由于全球经济贸易环境的恶化和疫情的持续蔓延，一开始投资者对中国外汇市场的信心不足。因此，该时期全球外汇市场对中国外汇市场的风险分担作用减弱。随后，由于中国对新冠肺炎疫情防控效果较好，并积极开展复工复产，投资者对中国市场的信心提高，因此全球金融市场在中长周期波段的风险联动性增强，从而使得全球外汇市场对中国外汇市场的风险分担作用增强。

综上所述，根据统计显著性将全球风险联动较强时期，对中国金融市场溢出渠道总结如表 7-6 所示。为防止短期冲击演变形成中长期趋势，需要重点关注中长期波段加剧中国金融市场尾部风险的影响渠道。在全球金融市场发生中长期联动时，对中国金融市场尾部风险具有加剧作用的渠道如下：第一，对于中国股票市场，应关注全球股票市场、全球原油市场和全球黄金市场对其风险传染作用的增强；第二，对于中国债券市场，应关注全球债券市场和全球外汇市场对其风险传染作用的增强；第三，对于中国外汇市场，应关注全球股票市场和全球原油市场对其风险传染作用的增强。

表7-6　　　全球金融市场风险联动较强时期对中国金融市场风险传染渠道

	中国股票市场		中国债券市场		中国外汇市场				
	短周期联动	中周期联动	长周期联动	短周期联动	中周期联动	长周期联动	短周期联动	中周期联动	长周期联动
全球股票市场	× 传染↑		× 传染↑				× 传染↑	× 传染↑	× 传染↑
全球原油市场	× 传染↑		× 传染↑	○ 传染→分担		○ 传染→分担	× 传染↑	× 传染↑	× 传染↑
全球黄金市场	× 分担→传染	× 分担→传染	× 分担→传染	○ 传染↓			○ 分担↑	○ 分担↑	○ 分担↑
全球债券市场	○ 分担↑	○ 分担↑			× 传染↑	× 传染↑	○ 分担↑	○ 分担↑	○ 分担↑
全球外汇市场		○ 分担↑	○ 分担↑		× 传染↑	× 传染↑	× 分担↓	○ 分担↑	○ 分担↑

注："×"号表示加剧尾部风险的渠道，表现为风险传染增强，风险分担减弱或由风险分担转变为风险传染；"○"号表示缓解尾部风险的渠道，表现为风险传染减弱，风险分担增强或由风险传染转变为风险分担。

资料来源：作者计算得出。

（二）压力事件期间我国金融市场风险影响渠道分析

本部分通过计算我国和主要国际金融市场之间的 DCC-GARCH 动态相关系数，反映我国股票市场、债券市场和外汇市场与其他主要金融市场之间风险传染的走势。首先，分析美股四次熔断期间我国金融市场与其他金融市场之间的风险传染走势。其次，利用前文通过广义方差分解谱表示法得到的风险传染指数，探究全球金融市场发生较强风险联动时我国金融市场与其他金融市场之间的风险传染情况。市场之间呈现正相关性，则表明这两个市场之间是互补共振的关系，两个市场同涨同跌；市场之间呈现负相关性，则表明两个市场之间是替代的关系，俗称"跷跷板"效应。

本部分选取美国、欧洲和日本相关市场代表国际金融市场，分别利用标普 500 指数、泛欧斯托克 600 指数和日经 225 指数代表股票市场，数据来源于 Wind 数据库。利用美国 10 年期国债到期收益率、欧元区 10 年期企业债券到期收益率和日本的 10 年期企业债券收益率取相反数后反映债券价格的变动，数据来源于 Bloomberg 数据库。利用国际清算银行（BIS）公布的美国、欧元区和日本广义有效汇率指数代表外汇市场，数据来源于 Wind 数据库。计算动态相关系数时的样本期为 2017 年 1 月 3 日至 2020 年 4 月 17 日。图 7-5 ~ 图 7-7 展示了 DCC-GARCH 收敛的结果。图中两条竖直参考线分别表示世卫组织将新冠肺炎疫情全球风险等级上升为"高"和"非常高"的日期，阴影部分表示美股四次熔断发生的时期。

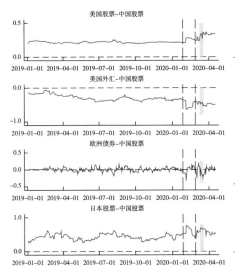

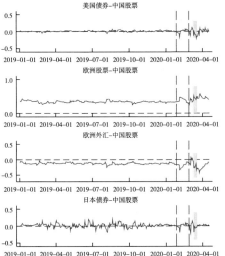

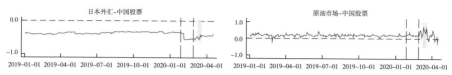

图 7-5　我国股票市场与其他金融市场间的风险传染走势

注：（1）横轴表示日期变量，频率是日度，纵轴表示动态相关系数；（2）竖直参考线分别对应 2020 年 3 月 9 日与 2020 年 3 月 18 日期间美股分别于 3 月 9 日、3 月 12 日、3 月 16 日和 3 月 18 日发生的四次熔断；（3）横向参考线表示动态相关系数为零的位置。

资料来源：作者计算得出。

图 7-5 展示了我国股票市场与其他金融市场之间的跨市场风险传染走势。由图 7-5 可以看出，我国股票市场和全球金融市场之间的动态相关系数在美股四次熔断期间呈现出如下特征。

第一，我国股票市场与国际股票市场之间存在正向的风险传染关系，表示各国股市会发生"同涨同跌"。压力事件发生期间，这种正向风险传染关系增强。第二，在美股熔断期间，美国、欧洲债券市场与我国股票市场之间的负向传染增强，表明压力事件发生期间，我国债券市场与美国、欧洲和日本债券市场之间均存在替代关系。第三，疫情发生前，美国、欧洲和日本外汇市场与我国股市之间存在负向的风险传染。在压力事件发生期间，美国外汇市场与我国股市之间的替代关系增强，而欧洲、日本外汇市场与我国股市之间的替代关系减弱。第四，我国股市和原油市场在美股熔断期间之间的正向传染关系增强，二者表现为风险共振关系。

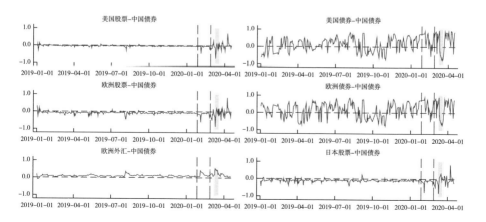

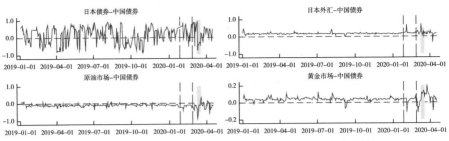

图7-6　我国债券市场与其他金融市场间的风险传染走势

注：（1）横轴表示日期变量，频率是日度，纵轴表示动态相关系数；（2）竖直参考线分别对应2020年3月9日与2020年3月18日期间美股分别于3月9日、3月12日、3月16日和3月18日发生的四次熔断；（3）横向参考线表示动态相关系数为零的位置。

资料来源：作者计算得出。

图7-6展示了我国债券市场与其他金融市场之间的跨市场风险传染走势。由图7-6可以看出，我国债券市场和全球金融市场之间的动态相关系数在美股四次熔断期间呈现出如下特征。

第一，在疫情发生前，我国债券市场与国际股票市场之间的相关系数较小，在美股熔断期间一开始，二者之间表现为负向风险传染，后期表现为正向风险传染。第二，美国、欧洲和日本债券市场与我国股票市场之间的负向传染加强，表明压力事件发生期间"跷跷板效应"更加显著。第三，欧洲和日本外汇市场和我国债券市场之间存在正向风险传染，具有风险共振关系。第四，我国债券市场和原油市场之间存在负向风险传染，我国债券市场和黄金市场则存在正向风险传染。

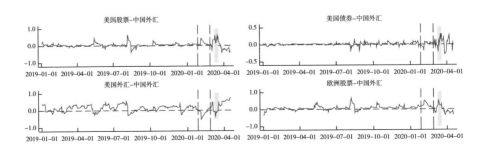

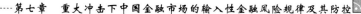

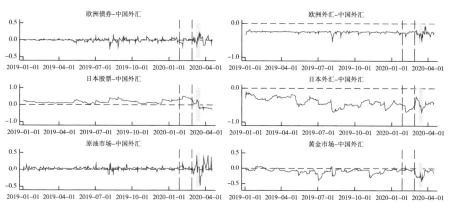

图7-7　我国外汇市场与其他金融市场间风险传染走势

注：（1）横轴表示日期变量，频率是日度，纵轴表示动态相关系数；（2）竖直参考线分别对应2020年3月9日与2020年3月18日期间美股分别于3月9日、3月12日、3月16日和3月18日发生的四次熔断；（3）横向参考线表示动态相关系数为零的位置。

资料来源：作者计算得出。

图7-7展示了我国外汇市场与其他金融市场之间的跨市场风险传染走势。由图7-7可以看出，我国外汇市场和全球金融市场之间的动态相关系数在美股四次熔断期间呈现出如下特征。

第一，我国外汇市场与国际股票市场、国际债券市场之间存在正向风险传染，即表现为风险共振。美国、欧洲和日本股票市场，美国和欧洲债券市场均与我国外汇市场之间同涨同跌。第二，疫情发生前，我国外汇市场与美国外汇市场之间的风险传染方向不确定。在美股熔断期间，我国外汇市场与美国外汇市场之间呈现负向风险传染关系。这说明，在危机中，美国外汇市场对我国外汇市场具有替代作用。疫情前后，欧洲和日本外汇市场对我国外汇市场均存在负向的风险传染，且美股熔断期间这种替代作用增强。第三，我国债券市场与原油市场之间存在正向风险传染关系，债券市场与黄金市场之间则存在负向风险传染。

为量化分析全球金融市场对我国股票、债券和外汇市场的影响，本书设定美股熔断事件变量，将2020年3月9日至18日设定为1，其余时间设定为0。以动态相关系数为被解释变量，美股熔断事件变量为解释变量进行回归，可将回归系数代表我国金融市场和全球金融市场的风险传染程度。样本期为

2019 年 1 月 1 日至 2020 年 4 月 17 日。按关联程度的降序排列结果如表 7 - 7 所示。

表 7 - 7　　　　美国熔断期间我国金融市场和全球金融市场风险传染情况

中国股票市场			中国债券市场			中国外汇市场		
风险关联市场	风险传染	p 值	风险关联市场	风险传染	p 值	风险关联市场	风险传染	p 值
原油	0.332 ***	0.000	美国债券	- 0.350	0.121	美国股票	0.351 ***	0.000
日本股票	0.212 ***	0.000	欧洲债券	- 0.293	0.158	美国外汇	- 0.25 ***	0.000
美国外汇	- 0.141 ***	0.000	欧洲外汇	0.288 ***	0.000	欧洲股票	0.236 ***	0.000
欧洲债券	- 0.126 ***	0.000	日本债券	- 0.265	0.212	黄金	- 0.19 ***	0.000
日本外汇	- 0.106 ***	0.000	原油	- 0.182	0.179	日本外汇	- 0.13 ***	0.001
欧洲外汇	- 0.104 ***	0.001	美国股票	- 0.138	0.151	欧洲外汇	- 0.10 ***	0.000
美国债券	0.097 ***	0.000	日本外汇	0.110	0.140	日本股票	- 0.098	0.179
欧洲股票	0.095 ***	0.000	欧洲股票	- 0.102	0.357	美国债券	0.052	0.389
美国股票	0.088 ***	0.000	黄金	0.050 ***	0.000	欧洲债券	0.041	0.324
日本债券	- 0.072 ***	0.000	日本股票	0.002	0.984	原油	0.024	0.743

资料来源：作者计算得出。

　　综合考虑风险传染的大小和显著性水平，在美股熔断这种压力事件发生期间与我国股票市场之间的风险传染前三位从高到低排序，依次是原油市场、日本股票市场和美国债券市场；与我国债券市场之间的风险传染从高到低排序，依次是欧洲外汇市场和黄金市场；与我国外汇市场之间的风险传染排序前三位从高到低，依次是美国股票市场、欧洲股票市场和美国债券市场。

二、后疫情时代中国金融市场的输入性金融风险防控

　　自从 2020 年初新冠肺炎（COVID - 19）疫情大流行开始以来，全世界已出现了一系列新冠病毒的变异株。2021 年 4 月以来，Delta 病毒开始在全球范

围内传播，并不断引发大规模疫情反弹。相较于原始毒株及其他变异株，Delta 病毒传染力大幅提升。美国 CDC 研究显示，Delta 病毒的基本传染数为 5~8，远远高于原始毒株的 2~3。Delta 病毒引发了更多的突破性病例，患者感染此病毒后的二次传播风险也更高。突破性病例，是指已经完成疫苗接种的确诊病例。不仅如此，感染 Delta 病毒的突破性病例与未接种疫苗的感染者体内病毒载量接近，具有较高的二次传播风险。

变异毒株对全球经济和通胀的影响带来不确定性，变异毒株的流行与 2020 年 3 月份以来的新冠肺炎全球大流行一样，会令国际金融市场的风险资产价格承压。不同的是，变异毒株产生的背景是在激进的救助和刺激政策下，全球金融资产价格得到了修复。因此，与 2020 年上半年疫情暴发初期相比，疫情变异冲击下中国金融市场的输入性金融风险将呈现不同的特征。全球日度新增确诊、疫苗接种情况与疫情发展阶段如图 7-8 所示。

将每日新增确诊病例等连续变量转化为冲击变量有两种方法：第一，选取尖峰值将连续数据离散化，将每日新增确诊病例较高的时点作为事件发生时期。这种方法适合处理未呈现显著阶段性的数据；第二，假设根据每日新增确诊病例走势可分为疫情暴发初期、疫情恶化期以及疫情缓解期三种状态，利用汉密尔顿（Hamilton，1989）提出的马尔可夫区制转移模型将每日新增确诊病例划分成上述三种状态之后，可进一步分析疫情暴发初期、疫情恶化期以及疫情缓解期金融市场风险的变动情况。这种方法适合处理呈现显著阶段性或具有结构性转变的数据。综上所述，分析疫情演变规律适合采用马尔可夫区制转移模型。

根据马尔可夫区制转换模型，引入简单的自回归模型结构，构建马尔可夫区制转换的疫情发展阶段识别模型如下：

$$COVID_t = \mu_{s_t} + \varepsilon_t \tag{7.1}$$

其中，$\varepsilon_t \sim N(0, \sigma_{s_t}^2)$，$\mu_{s_t} = \mu_1 s_{1t} + \mu_2 s_{2t}$，$\sigma_{s_t}^2 = \sigma_1^2 s_{1t} + \sigma_2^2 s_{2t}$。如果 $s_t = i$，$(i = 1, 2, 3)$，则有 $s_{it} = 1$，$s_{jt} = 0$，$j \neq i$。在此模型中，假设每日新增确诊病例的动态变化过程当中可能存在 3 区制（分别对应疫情暴发初期、疫情恶化期以及疫情缓解期三个状态），模型中所有参数均是状态依存并由区制状态变量 S 控制，3 区制之间的转移概率满足离散取值的 1 阶马尔可夫过程，转

移概率矩阵 P 表示为：

$$P = \begin{bmatrix} p_{11} & p_{21} \\ p_{12} & p_{22} \end{bmatrix} \tag{7.2}$$

其中，p_{ij} 表示区制状态控制变量 S 从 $t-1$ 时刻的 i 状态变迁到 t 时刻 j 状态的转移概率，且 $p_{ij} = \Pr(s_t = j \mid s_{t-1} = i)$，并满足 $\sum\limits_{j=1}^{3} p_{ij} = 1, (i, j = 1, 2, 3)$。

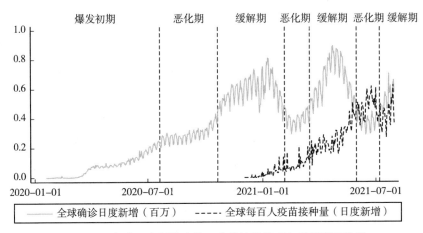

图 7-8 全球日度新增确诊、疫苗接种情况与疫情发展阶段

资料来源：根据 Wind 数据库相关数据整理。

如图 7-8 所示，利用马尔可夫区制转移模型，根据新冠肺炎疫情全球日度新增疫情的走势，可将 2020 年 1 月至 2021 年 7 月的疫情发展阶段分成 3 个区制状态。状态 I 代表疫情暴发初期：在这一阶段新冠肺炎疫情作为超预期事件，给全球经济和金融市场带来了极高的不确定性。状态 II 代表疫情恶化期：这一阶段表现为全球疫情每日新增确诊病例处于快速增长阶段且斜率不断上升。状态 II 第一次出现的原因为疫情在全球持续暴发，后两次出现的原因是病毒变异使得疫情出现反弹。状态 III 代表疫情缓解期：这一阶段的表现是全球疫情每日新增确诊病例逐渐达到拐点，并随后呈现出下降趋势。状态 III 出现的原因包括社交隔离以及疫苗接种等疫情防控措施的有效施行。

图7-9和表7-8展示了不同疫情发展阶段中国输入性金融风险的变动情况。根据表7-8可知，除全球股票市场的输入性金融风险以外，状态Ⅱ疫情恶化期和状态Ⅲ期间疫情缓解期，全球金融市场对我国金融市场的风险输入均小于状态Ⅰ疫情暴发初期。这说明，在疫情防控政策和金融刺激政策的双重作用之下，全球金融资产价格得到修复。即使疫情发生反弹，带来的不确定性也将小于疫情暴发初期。

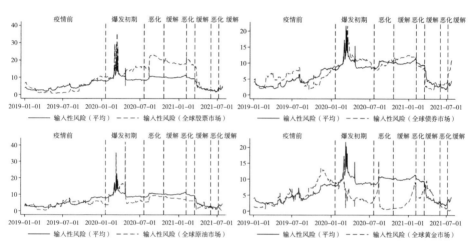

图7-9 不同疫情发展阶段与中国输入性金融风险

注：横轴表示时间，纵轴表示比值（单位为%）。
资料来源：作者计算得出。

表7-8 不同疫情发展阶段与中国输入性金融风险

样本期 （2003年1月22日~ 2021年7月26日）	输入性金融风险				
	平均	全球股票	全球债券	全球原油	全球黄金
状态Ⅰ区制 （疫情暴发初期）	3.541 *** (0.000)	6.827 *** (0.000)	4.546 *** (0.000)	4.017 *** (0.000)	−1.224 *** (0.002)
状态Ⅱ区制 （疫情恶化期）	1.590 *** (0.000)	8.351 *** (0.000)	0.975 ** (0.030)	0.622 (0.160)	−3.588 *** (0.000)
状态Ⅲ区制 （疫情缓解期）	0.705 *** (0.002)	4.804 *** (0.000)	1.103 *** (0.006)	−0.380 (0.337)	−2.705 *** (0.000)

资料来源：作者计算得出。

全球股票市场的敏感性高于其他金融市场。状态Ⅱ疫情的恶化或反弹使全球股票市场的输入性金融风险高于疫情暴发初期和疫情缓解期。在"Delta"变异毒株新感染人数比较多的国家或者区域，股市资产价格出现一定程度的下跌。以收盘价计，2021年7月1日至2021年7月19日期间，"Delta"变异毒株新感染比较多的国家或者区域股市整体上出现3%~5%的跌幅。

如图7-9所示，2021年1月以后，全球金融市场对我国的风险输入呈现下降趋势。这说明，由于我国疫情较早地得到控制，因此生产能力恢复较快，金融市场的风险抵御能力也得到增强。在由变异毒株引起的疫情恶化时期（第二次进入状态Ⅱ），全球股票市场、全球债券市场和全球原油市场对我国金融市场的风险输入未发生显著的变动，全球黄金市场引发的输入性金融风险呈现出上升趋势。因此，在病毒变异引发疫情反弹时，应防范来自全球黄金市场的输入性金融风险。

第二节 重大冲击下中国金融市场的输入性金融风险防控

本节首先通过对输入性金融风险总体水平指标 To_{sum} 和分市场水平指标 To_i 进行分析，来初步探究重大冲击下我国输入性金融风险的演变规律。其次，采用事件分析法来量化分析重大冲击对我国输入性金融风险总体水平和不同来源输入性金融风险的影响。最后，分析重大冲击下我国金融市场的脆弱性以及输入性金融风险的长期效应。

一、重大冲击对中国金融市场输入性金融风险的影响

图7-10显示了重大冲击下我国输入性金融风险的总体水平和来源。

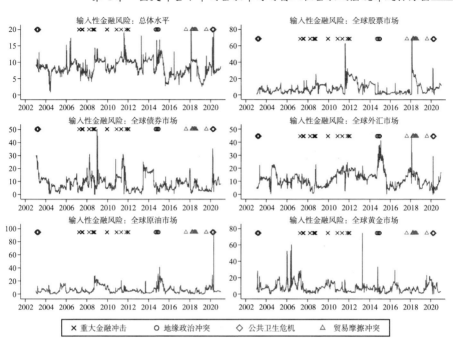

图 7－10　重大冲击下我国输入性金融风险总体水平和来源

注：横轴表示时间，纵轴表示比值（单位为%）。
资料来源：作者计算得出。

通过图 7－10 可以得到如下结论。第一，从我国输入性金融风险的总体水平来看，一方面，重大金融冲击、地缘政治冲突、公共卫生事件以及贸易摩擦冲突这四类重大冲击事件发生之后，均会使我国输入性金融风险产生尖峰值。另一方面，输入性金融风险总体水平的绝大多数尖峰值均与四类重大冲击事件相对应。第二，从我国输入性金融风险的来源来看，重大金融冲击发生期间，我国的输入性金融风险主要来自全球股票市场和全球债券市场。地缘政治冲突发生期间，我国的输入性金融风险主要来自全球外汇市场和全球原油市场。公共卫生事件发生期间，各全球金融市场引发的输入性金融风险均较高。贸易摩擦冲突发生期间，我国的输入性金融风险主要来自全球股票市场和全球外汇市场。

下面使用事件分析法来量化四类重大冲击对我国输入性金融风险总体水平 To_{sum} 和不同来源输入性金融风险 To_i 的影响。

重大金融冲击对不同来源输入性金融风险 To_i 的影响如图7－11所示。

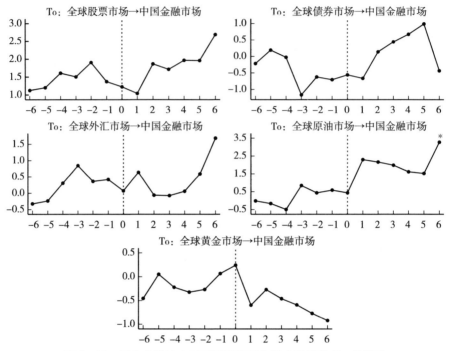

图7－11　重大金融冲击对不同来源输入性金融风险 To_i 的影响

注：（1）横轴表示距离冲击发生的时间距离（单位是交易日），纵轴表示事件虚拟变量 δ_s 的回归系数；（2）实线表示事件虚拟变量 δ_s（$-6 \leqslant s \leqslant 6$）的回归系数，"＊"表示在10%的显著性水平上显著。

资料来源：作者计算得出。

通过图7－11可以得到如下结论。第一，从趋势上看，重大金融冲击发生之后，全球股票市场、全球债券市场、全球外汇市场和全球原油市场引发的输入性金融风险呈现出上升趋势。全球黄金市场引发的输入性金融风险在重大金融冲击发生后呈现下降趋势。这说明，在重大金融冲击发生后，全球黄金市场具有吸收风险的特性。第二，从反应速度的角度来看，全球外汇市场和全球原油市场引发的输入性金融风险在重大金融冲击发生当日之后，即呈现上升趋势。全球股票市场和全球债券市场引发的输入性金融风险在重大金融冲击发生 1 个交易日后呈现上升趋势。第三，从溢出峰值①的角度来看，在重大金融冲击发生后的 6 个交易日内，全球股票市场、全球债券市场、全球外汇市场、全球原油市场和全球黄金市场的输入性金融风险峰值相对于平常时期均值分别上升 33.95%、11.62%、14.33%、53.10% 及 3.19%。

地缘政治冲突对不同来源输入性金融风险 To_i 的影响如图 7 – 12 所示。

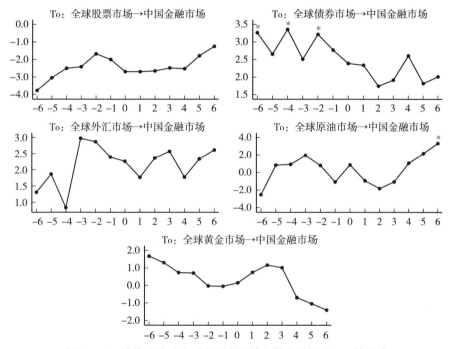

图 7 – 12　地缘政治冲突对不同来源输入性金融风险 To_i 的影响

资料来源：作者计算得出。

通过图 7 – 12 可以得到如下结论。第一，从趋势来看，地缘政治冲突发生之后，全球股票市场和全球原油市场引发的输入性金融风险呈现上升趋势；全球债券市场引发的输入性金融风险呈现下降趋势。在地缘政治事件发生前

---

① 金融市场 i 的溢出峰值＝事件发生后 6 个交易日内回归系数的最大值/输入性风险 To_i 均值，这样处理的目的是使不同金融市场的溢出峰值具有可比性。

3 个交易日，全球外汇市场引发的输入性金融风险大幅上升，并维持在较高的风险传染水平。全球黄金市场引发的输入性金融风险在地缘政治事件发生之后呈现出先上升后下降的趋势。地缘政治冲突发生之后的第 3 个交易日开始，全球黄金市场的风险吸收作用不断增强。第二，从反应速度的角度来看，全球股票市场引发的输入性金融风险在地缘政治冲突发生后的 4 个交易日内小幅上升，在事件发生后的第 5 个交易日开始大幅上升。全球原油市场引发的输入性金融风险在地缘政治冲突发生之后的第 2 个交易日开始大幅上升。第三，从溢出峰值的角度来看，在地缘政治冲突发生之后的 6 个交易日内，不考虑风险传染效应低于平常时期的市场，全球债券市场、全球外汇市场、全球原油市场和全球黄金市场的输入性金融风险峰值相对于平常时期均值分别上升 30.67%，22.22%，53.82% 以及 15.36%。

公共卫生事件对不同来源输入性金融风险 To_i 的影响如图 7-13 所示。

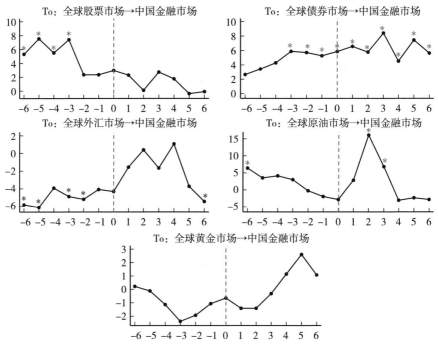

图 7-13　公共卫生事件对不同来源输入性金融风险 To_i 的影响

资料来源：作者计算得出。

通过图 7 - 13 可以得到如下结论。第一，从趋势和反应速度来看，在公共卫生事件发生前 6 个交易日开始，全球股票市场引发的输入性金融风险即显著高于平常水平。在公共卫生事件发生前 2 个交易日，全球股票市场引发的输入性金融风险下降并保持稳定。在公共卫生事件发生前 6 个交易日开始，全球债券市场引发的输入性金融风险即呈现上升趋势，从事件发生前 3 个交易日开始维持在较高水平。全球外汇市场引发的输入性金融风险在公共卫生事件发生当日开始呈现上升趋势，直至事件发生后的第 4 个交易日开始下降。全球原油市场引发的输入性金融风险在公共卫生事件发生后当日开始呈现上升趋势，在事件发生后的第 2 个交易日即开始下降。全球黄金市场引发的输入性金融风险在公共卫生事件发生后第 1 个交易日开始呈现上升趋势，在事件发生后第 5 个交易日即开始下降。第二，从溢出峰值的角度来看，在公共卫生事件发生后的 6 个交易日内，全球股票市场、全球债券市场、全球外汇市场、全球原油市场和全球黄金市场的输入性金融风险峰值相对于平常时期均值分别上升 320.74%、2011.31%、319.16%、705.48% 及 247.22%。

贸易摩擦事件对不同来源输入性金融风险 To_i 的影响如图 7 - 14 所示。

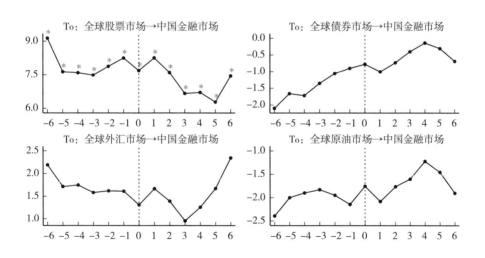

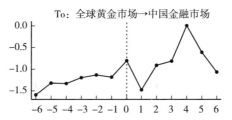

图7-14　贸易摩擦事件对不同来源输入性金融风险 To_i 的影响

资料来源：作者计算得出。

通过图7-14可以得到如下结论。第一，从趋势和反应速度来看，从贸易摩擦事件发生前的6个交易日开始，全球股票市场引发的输入性金融风险即显著高于平常水平。从贸易摩擦事件发生后的第1个交易日开始，全球股票市场引发的输入性金融风险逐渐下降。这说明，贸易摩擦事件的影响被市场预期并提前反映在全球股票市场的输入性金融风险之中，在贸易摩擦事件真正发生之后，市场能较快地消化该影响。从贸易摩擦事件发生前的6个交易日开始，全球债券市场引发的输入性金融风险即呈现上升趋势，从事件发生之后的第4个交易日开始下降。全球外汇市场引发的输入性金融风险从贸易摩擦事件发生之后的第2个交易日开始呈现上升趋势。全球原油市场引发的输入性金融风险从贸易摩擦事件发生后的第1个交易日开始呈现上升趋势，在事件发生之后的第4个交易日开始下降。全球黄金市场引发的输入性金融风险从贸易摩擦事件发生之后的第1个交易日开始呈现上升趋势，在事件发生后的第4个交易日开始下降。第二，从溢出峰值的角度来看，在贸易摩擦事件发生后的6个交易日内，不考虑风险传染效应低于平常时期的市场，全球股票市场、全球外汇市场和全球黄金市场的输入性金融风险峰值相对于平常时期均值分别上升893.68%、702.79%及0.67%。

表7-9展现了重大冲击对不同来源输入性金融风险 To_i 的溢出峰值与对应时间。

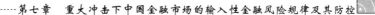

表7-9　　　　　重大冲击对不同来源输入性金融风险 To_i 的

溢出峰值与对应时间

	$To_{全球股票市场}$	$To_{全球债券市场}$	$To_{全球外汇市场}$	$To_{全球原油市场}$	$To_{全球黄金市场}$
重大金融冲击	0.339（6）	0.116（5）	0.143（6）	0.531（6）	0.032（0）
地缘政治冲突	—	0.307（4）	0.222（6）	0.538（6）	0.154（2）
公共卫生事件	3.207（0）	20.113（3）	3.192（4）	7.055（2）	2.472（5）
贸易摩擦事件	8.937（1）	—	7.028（6）		0.007（4）

注：表格内数据为重大冲击对不同来源输入性风险 To_i 的溢出峰值，"－"代表该冲击发生期间输入性风险小于平常时期，括号内数值为溢出峰值的对应时间。

资料来源：作者计算得出。

从表7-9中可以得到如下结论。第一，在重大金融冲击发生时，需要防范全球股票市场和全球原油市场引发的输入性金融风险。重大金融冲击如2007年次贷危机发生时，往往会伴随着全球股市的剧烈震动，同时国际投机资本撤离油市导致油价下跌。全球股市和油价的下跌会对我国金融市场产生溢出效应。第二，在地缘政治冲突发生时，需要防范全球债券市场和全球原油市场引发的输入性金融风险。地缘政治冲突会影响冲突所在地的原油产出，同时投资者会抛售低信用的主权债券。第三，在公共卫生事件发生时，需要防范全球各金融市场引发的输入性金融风险。突发公共卫生事件会使得全球产业链中断，经济基本面严重受损，使各国金融市场均发生剧烈震荡。为缓解市场上的流动性压力，各国普遍采用低利率政策，这使得在突发公共卫生事件发生之后，全球债券市场容易对我国产生较强的输入性金融风险。第四，在贸易摩擦事件发生时，需要防范全球股票市场和全球外汇市场引发的输入性金融风险。在金融市场中，外汇市场与贸易联系最为紧密，因此在贸易摩擦发生时全球外汇市场会产生较高的输入性金融风险。此外，贸易摩擦阻碍了经济一体化进程，不利于全球经济增长。因此，负面影响也会反映到股票市场中。

二、重大冲击下我国金融市场对风险输入的脆弱性

重大金融冲击对我国输入性金融风险的影响如图 7 – 15 所示。从变化趋势的角度来看，从重大金融冲击发生后的第 2 个交易日开始，我国股票市场的风险输入呈现上升趋势。从重大金融冲击发生之后的第 1 个交易日开始，我国债券市场的风险输入呈现上升趋势。从重大金融冲击发生之后的第 2 个交易日开始，我国外汇市场的风险输入呈现上升趋势。

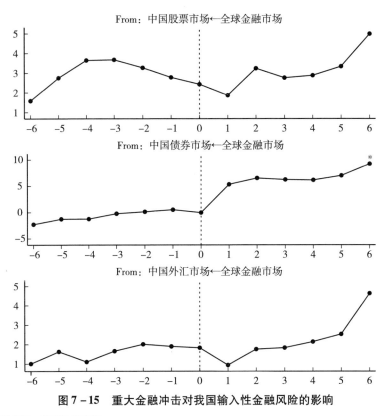

图 7 – 15　重大金融冲击对我国输入性金融风险的影响

资料来源：作者计算得出。

地缘政治事件对我国输入性金融风险的影响如图 7 – 16 所示。从变化趋势的角度来看，从地缘政治事件发生后的第 3 个交易日开始，我国股票市场的风险输入呈现上升趋势。从地缘政治事件发生后的第 3 个交易日开始，我国债券市场的风险输入呈现上升趋势。从地缘政治事件发生后的第 3 个交易日开始，我国外汇市场的风险输入上升，但在之后未保持上升趋势。

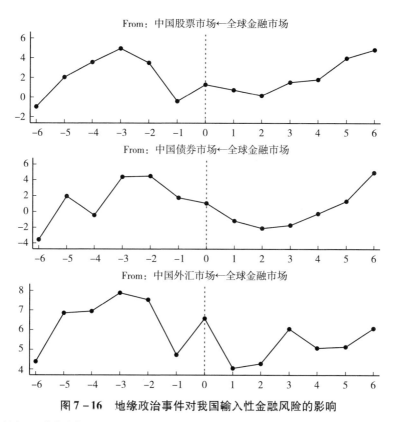

图 7 – 16　地缘政治事件对我国输入性金融风险的影响

资料来源：作者计算得出。

公共卫生事件对我国输入性金融风险的影响如图 7 – 17 所示。从变化趋势的角度来看，从公共卫生事件发生后的第 1 个和第 2 个交易日开始，我国股票市场的风险输入呈现上升趋势，但从第 3 个交易日开始呈现下降趋势。从公共卫生事件发生后的第 1 个和第 2 个交易日开始，我国债券市场的风险输入呈现上升趋势，但从第 3 个交易日开始呈现下降趋势。从公共卫生事件发生后的第 1 个和第 2 个交易日开始，我国外汇市场的风险输入呈现上升趋势，但从第 3 个交易日开始呈现下降趋势。这说明，公共卫生事件对我国金融市场的风险输入持续时间在 2 天左右，以短期影响为主。

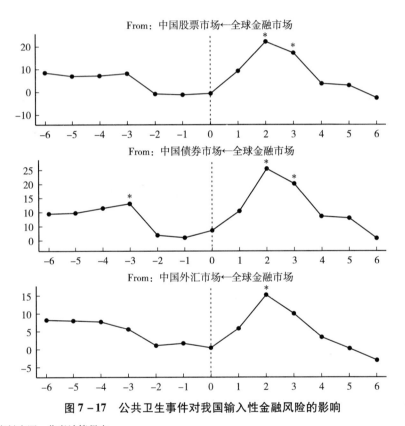

图 7-17　公共卫生事件对我国输入性金融风险的影响

资料来源：作者计算得出。

　　贸易摩擦事件对我国输入性金融风险的影响如图 7-18 所示。从变化趋势的角度来看，从贸易摩擦事件发生前的第 2 个交易日开始，我国股票市场的风险输入呈现上升趋势，直至贸易摩擦事件发生后第 2 个交易日开始呈现下降趋势。这说明，贸易摩擦事件的影响已经提前被市场捕捉。从贸易摩擦事件发生后的第 2 个交易日开始，我国债券市场的风险输入呈现上升趋势，但从第 5 个交易日开始呈现下降趋势。在贸易摩擦事件发生之后，我国外汇市场的风险输入呈现上升与下降交替的波动特征。这说明，贸易摩擦事件使市场对外汇市场未形成一致态度，具有较高的不确定性。

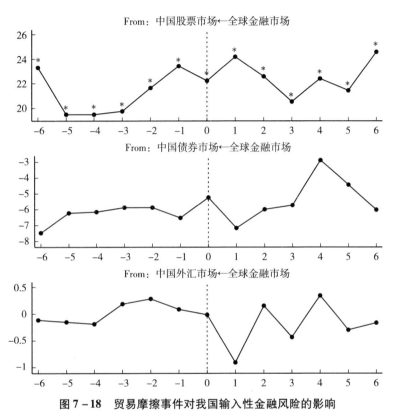

图 7 - 18　贸易摩擦事件对我国输入性金融风险的影响

资料来源：作者计算得出。

三、重大冲击下输入性金融风险的长期效应

本部分将以 2007 年次贷危机、2017 ~ 2019 年中美贸易摩擦及 2020 年新冠肺炎疫情为例，对比重大金融冲击、贸易摩擦事件及公共卫生事件这三类重大冲击下输入性金融风险的短期和长期效应的差异。关于时间范围，参见王克达等（2018）设定，设定次贷危机开始时间为 2007 年 4 月 4 日，即以美

国第二大次级贷款公司新世纪金融公司（New Century Financial）破产为标志；终止时间为2009年6月30日，依据是美国国家经济研究局（NBER）提出美国经济于2009年第二季度到达波谷。参见方意等（2019）设定，设定中美贸易摩擦开始时间为2017年8月14日，即以美国针对中国展开"301调查"为标志；终止时间为2019年10月11日，依据是当日第十三轮中美经贸高级别磋商在华盛顿举行，双方达成实质性协议。设定新冠肺炎疫情开始时间为2020年1月30日，即以世界卫生组织宣布将新型冠状病毒疫情列为国际关注的突发公共卫生事件为标志；终止时间为2020年12月31日，即全样本终止日期。

图7-19展示了重大冲击下中国金融市场风险输入的短期和长期效应。从中可以得到如下结论。第一，重大金融冲击发生期间，各市场相比较而言，我国外汇市场的短期和长期风险输入均较高。我国债券市场的短期风险输入

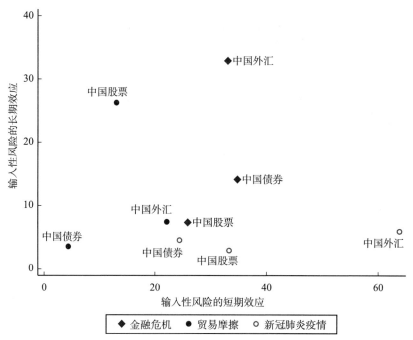

图7-19 重大冲击下中国金融市场风险输入的短期和长期效应（%）

资料来源：作者计算得出。

较高,但长期风险输入较低。我国股票市场的短期和长期风险输入均低于其他两个市场。第二,贸易摩擦发生期间,各市场相比较而言,我国股票的长期风险输入最高,短期风险输入介于债券市场和外汇市场之间。我国外汇市场的短期风险输入最高,长期风险输入介于其他二者之间。我国债券市场在贸易摩擦期间的短期和长期风险输入水平均比较低。第三,新冠肺炎疫情期间,中国金融市场以短期风险输入为主,各市场的长期风险输入均比较低。我国外汇市场、股票市场以及债券市场的短期风险输入依次降低。

第三节 重大冲击对我国输入性金融风险的影响渠道

本节将探究重大冲击对我国输入性金融风险的影响渠道。下面将从经济渠道、情绪渠道、利率渠道以及直接作用这四个角度来进行分析。

首先,选取波罗的海干散货指数(BDI)作为经济因素的代理变量,对其进行对数差分并取相反数处理。该指标上升代表需求降低,经济前景恶化,全球经济衰退并会加剧风险。

其次,选取 VIX 恐慌指数作为情绪因素的代理变量。VIX 恐慌指数由芝加哥期权交易所(CBOE)将指数期权隐含波动率加权平均后获得。VIX 指数越高,代表市场参与者预期市场波动程度将会越激烈,进而恐慌和避险情绪越强,从而加剧风险传导。

最后,选取美国联邦基金利率的相反数作为利率因素的代理变量,利率指标上升,代表美联储降息。在重大冲击发生时,市场上往往会陷入流动性不足的困境。此时,美联储的降息政策将会缓解市场的流动性压力,进而对风险传导产生影响。控制经济渠道、情绪渠道和利率渠道的影响之后,将会得到重大冲击对我国输入性金融风险带来的直接影响。

本节数据均来自于 Wind 数据库,频率均为日频。为更简洁地展现重大冲击对我国输入性金融风险的影响渠道,我们将重大金融冲击、地缘政治冲突、贸易摩擦以及公共卫生事件四种类型重大冲击合并,即将构建事件变量出现任意一种重大冲击事件的日期设定为1,其余日期设定为0。

图 7-20 展示了重大冲击对全球金融市场风险输出作用的影响渠道。从中可得到如下结论：第一，重大冲击发生后的第 4 个交易日开始，经济恶化对全球金融市场风险输出具有促进作用。第二，重大冲击发生后的第 1~2 个交易日，恐慌情绪对全球金融市场风险输出具有促进作用，在第 5 个交易日开始，恐慌情绪对全球金融市场风险输出的正向促进作用呈现下降趋势。第三，重大冲击发生后的第 1~2 个交易日，美联储降息对全球金融市场风险输出具有促进作用，在第 3 个交易日开始，美联储降息对全球金融市场风险输出的正向促进作用呈现下降趋势。第四，重大冲击发生后的第 1~2 个交易日，

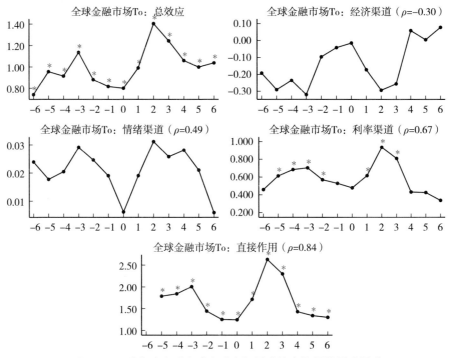

图 7-20　重大冲击对全球金融市场风险输出作用的影响渠道

注：（1）横轴表示距离冲击发生的时间距离（单位是交易日），纵轴表示事件虚拟变量 δ_s 的回归系数；（2）实线表示事件虚拟变量 δ_s（$-6 \leq s \leq 6$）的回归系数，"＊"表示在 10% 的显著性水平上显著。ρ 代表各渠道回归系数与总效用的相关系数。下同。

资料来源：作者计算得出。

冲击事件对全球金融市场的风险输出具有直接的正向促进作用。重大冲击发生3个交易日后，冲击事件对全球金融市场风险输出的正向促进作用呈现出下降趋势。

图7-21展示了重大冲击对中国股票市场风险输入的影响渠道。从中可得到如下结论：第一，重大冲击发生后的第4个交易日开始，经济恶化对我国股票市场的风险输入具有促进作用。第二，重大冲击发生后的第1~5个交易日，恐慌情绪对我国股票市场的风险输入具有促进作用，从第6个交易日开始，恐慌情绪对我国股票市场风险输入的正向促进作用呈现下降趋势。第三，重大冲击发生后的第1~2个交易日，美联储降息对我国股票市场的风险输入具有促进作用，从第3个交易日开始，美联储降息对我国股票市场风险输入的正向促进作用呈现下降趋势。第四，重大冲击发生后的1~2个交易日，

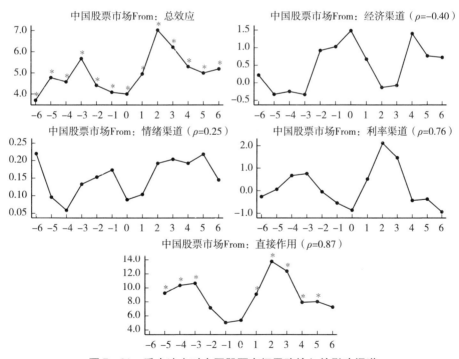

图7-21　重大冲击对中国股票市场风险输入的影响渠道

资料来源：作者计算得出。

冲击事件对我国股票市场的风险输入具有直接正向促进作用。重大冲击发生后的 3 个交易日，冲击事件对我国股票市场风险输入的正向促进作用呈现下降趋势。

图 7-22 展示了重大冲击对中国债券市场风险输入的影响渠道。从中可得到如下结论：第一，重大冲击发生后的第 3 个交易日开始，经济恶化对我国债券市场的风险输入具有促进作用。第二，重大冲击发生后的第 1~2 个交易日，恐慌情绪对我国债券市场的风险输入具有促进作用，从第 5 个交易日开始，恐慌情绪对我国债券市场风险输入的正向促进作用呈现下降趋势。第三，重大冲击发生后的第 1~2 个交易日，美联储降息对我国债券市场的风险输入具有促进作用，从第 3 个交易日开始，美联储降息对我国债券市场风险

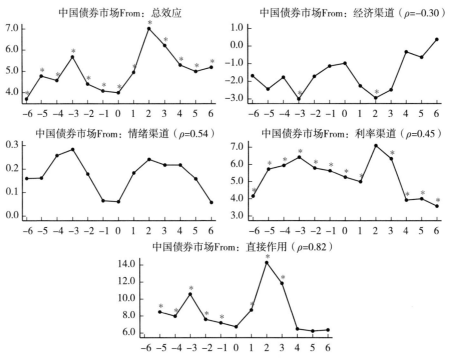

图 7-22　重大冲击对中国债券市场风险输入的影响渠道

资料来源：作者计算得出。

输入的正向促进作用呈现下降趋势。第四，重大冲击发生后的 1～2 个交易日，冲击事件对我国债券市场的风险输入具有直接的正向促进作用。重大冲击发生后的第 3 个交易日之后，冲击事件对我国债券市场风险输入的正向促进作用呈现下降趋势。

图 7-23 展示了重大冲击对中国外汇市场风险输入的影响渠道。从中可得到如下结论：第一，重大冲击发生后的第 4 个交易日开始，经济恶化对我国外汇市场的风险输入具有促进作用。第二，重大冲击发生后的第 1～2 个交易日，恐慌情绪对我国外汇市场的风险输入具有促进作用，从第 5 个交易日开始，恐慌情绪对我国外汇市场风险输入的正向促进作用呈现下降趋势。第三，重大冲击发生后的第 1～2 个交易日，美联储降息对我国外汇市场的风险输入具有促进作用，从第 3 个交易日开始，美联储降息对我国外汇市场风险

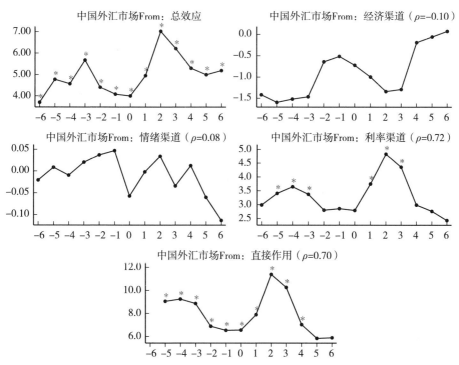

图 7-23　重大冲击对中国外汇市场风险输入的影响渠道

资料来源：作者计算得出。

输入的正向促进作用呈现下降趋势。第四,重大冲击发生第 1~2 个交易日,冲击事件对我国外汇市场的风险输入具有直接的正向促进作用。重大冲击发生后的第 3 个交易日之后,冲击事件对我国外汇市场风险输入的正向促进作用呈现下降趋势。

第四节 重大冲击下输入性金融风险的防控政策

本节分析重大冲击下输入性金融风险的防控政策。第一,单一的货币政策难以同时实现经济稳定和金融稳定的双重目标。尽管大缓和时期的货币政策赢得了经济繁荣,但是在某种程度上也牺牲了金融稳定目标,也掩盖了需要借助其他政策工具来实现金融稳定目标的重要性。第二,金融不稳定对经济稳定的负向影响日益加深,货币政策在金融失衡的环境下对经济稳定越来越难以发挥作用,从而需要创设新的以维持金融稳定为目标的政策工具。第三,没有宏观审慎政策来确定金融稳定目标,单一的货币政策将在经济稳定和金融稳定之间的平衡中进退维谷,这可能会加重货币政策制定的负担。因此,本书所选的政策变量指标,主要涵盖货币政策工具、财政政策工具和宏观审慎政策工具这三个方面。

货币政策工具从数量型和价格型两个方面分别选取货币供应量指标(M2)和利率指标(银行间 7 天拆借利率)。财政政策工具选取财政支出同比变动指标。常用的宏观审慎政策工具与金融机构之间紧密相关,其根据资产负债表的各个部分,可以划分为三类:资产类政策工具、资本类政策工具和流动类政策工具。本书选取与金融市场密切相关的外汇审慎工具,选取外汇风险准备金率作为宏观审慎政策工具指标进行研究。外汇风险准备金是由中国人民银行在 2015 年 8 月 31 日发布的《关于加强远期售汇宏观审慎管理的通知》中提出抑制外汇市场顺周期波动出台的逆周期宏观审慎管理措施。文件中要求,从 2015 年 10 月 15 日起,开展代客远期售汇业务的金融机构(含财务公司)应交存外汇风险准备金,准备金率暂定为 20%。自外汇风险准备金制度首次设立以来,外汇风险准备金率经历了三次调整。2017 年 9 月

11 日，外汇风险准备金率调整为 0；2018 年 8 月 6 日，外汇风险准备金率调整为 20%；2020 年 10 月 12 日，再次将外汇风险准备金率调整为 0。[①] 因此，本书的外汇审慎政策代理指标设定如下：外汇风险准备金率为 0 的时间设定为 0，外汇风险准备金率非 0 的时间设定为 1。

以中国股票市场、债券市场和外汇市场受到的输入性金融风险为被解释变量，货币政策工具、财政政策工具和宏观审慎政策工具作为冲击变量（核心解释变量）进行局部投影（Local Projection）回归，可得到各类政策工具对输入性金融风险的动态影响。其中，模型将工业增加值同比增长、CPI 同比增长和净出口额作为控制变量。数据频率为月频，来源于 Wind 数据库。

图 7-24 展示了宽松型货币政策（M2 增加、银行间 7 天拆借利率下降）对输入性金融风险的动态影响。从有效性的角度来看，应对输入性金融风险时，价格型货币政策的有效性要优于数量型货币政策，具体表现为：利率下降之后，我国股票市场、债券市场和外汇市场的输入性金融风险均显著下降。但 M2 增加之后，我国股票市场、债券市场和外汇市场的输入性金融风险虽然在政策出台后的 3~4 个月呈现出下降趋势，但政策影响并不显著。从政策持续性的角度来看，数量型货币政策的影响会出现反转，我国债券市场和外汇市场的输入性金融风险在政策出台后 3~4 个月呈现上升趋势，而价格型货币政策对输入性金融风险的抑制效果在政策出台 6 个月后依然存在。综上所述，应对输入性金融风险时，价格型货币政策的效果要优于数量型货币政策。

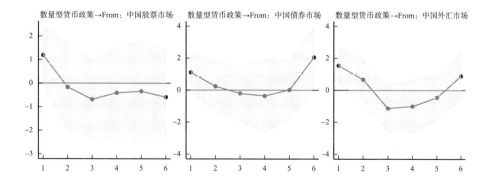

---

① 中国人民银行：《关于调整外汇风险准备金政策的通知》，2017 年。

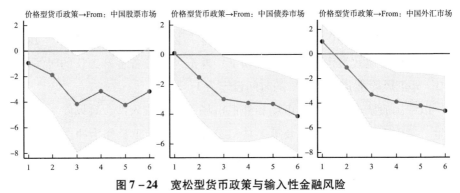

图 7 - 24　宽松型货币政策与输入性金融风险

注：（1）横轴表示距离冲击发生的时间距离（单位是交易日），纵轴表示政策虚拟变量的回归系数；（2）实线表示事件虚拟变量 δ_s（$1 \leqslant s \leqslant 6$）的回归系数，"＊"表示在10%的显著水平上显著；（3）横线表示数值0，即政策对输入性风险没有影响；（4）图中曲线表示 Local Projection 计算的脉冲响应图，图中阴影部分表示95%置信区间。下同。

资料来源：作者计算得出。

    图 7 - 25 展示了宽松型财政政策（财政支出增加）对输入性金融风险的动态影响。应对输入性金融风险时，宽松型财政政策并未产生显著的效果。在宽松型财政政策出台1个月之后，我国股票市场、债券市场和外汇市场的输入性金融风险呈现下降趋势，但宽松型财政政策出台2~3个月之后，输入性金融风险继续呈现上升趋势。综上所述，宽松型财政政策仅能在短期内对输入性金融风险产生微弱抑制效果，不是有效的输入性金融风险应对工具。

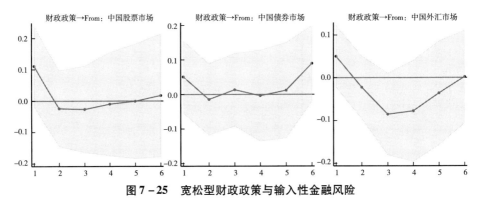

图 7 - 25　宽松型财政政策与输入性金融风险

资料来源：作者计算得出。

图 7-26 展示了外汇审慎政策对输入性金融风险的动态影响。外汇风险准备金率上升后的第 2 个月开始，我国股票市场的输入性金融风险呈现下降趋势。在外汇审慎政策出台后的第 6 个月，我国股票市场的输入性金融风险显著下降。外汇风险准备金率上升会加剧我国债券市场的风险输入，在外汇审慎政策出台之后的第 5 个月，我国债券市场的输入性金融风险显著上升。在外汇审慎政策出台之后的第 6 个月，我国股票市场的输入性金融风险显著下降。外汇风险准备金率上升会加剧我国外汇市场的风险输入，在外汇审慎政策出台之后的第 5 个月，我国外汇市场的输入性金融风险显著下降。综上所述，外汇审慎政策能够有效地抑制我国股票市场和外汇市场的输入性金融风险，但会加剧我国债券市场的输入性金融风险。

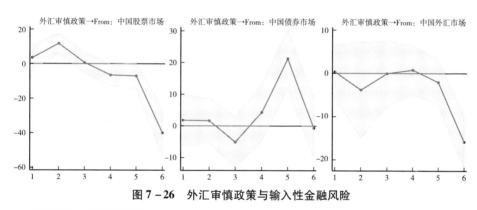

图 7-26　外汇审慎政策与输入性金融风险

资料来源：作者计算得出。

本 章 小 结

从我国防控输入性金融风险的角度来看，应关注全球金融市场风险联动较强时期对我国金融市场的溢出作用。在全球金融市场发生中长期联动时，我国监管机构应关注全球股票市场、全球原油市场和全球黄金市场对我国股票市场的风险传染，全球债券市场和全球外汇市场对我国债券市场的风险传染，以及全球股票市场和全球原油市场对我国外汇市场的风险传染。在病毒变异引发疫情反弹时，应防范来自全球黄金市场的输入性金融风险。

从我国输入性金融风险的短期演变来看，重大金融冲击发生之后，全球股票市场和全球原油市场对我国的输入性金融风险分别上升 33.95% 和53.10%。地缘政治冲突发生之后，全球债券市场和全球原油市场对我国的输入性金融风险分别上升 30.67% 和 53.82%。公共卫生事件发生之后，全球金融市场对我国的输入性金融风险均有所上升。贸易摩擦发生之后，需要关注全球股票市场和全球外汇市场对我国金融市场的风险输入。

从长期效应来看，重大金融冲击期间的输入性金融风险以长期效应为主，而公共卫生事件期间的输入性金融风险只以短期效应为主。地缘政治冲突和贸易摩擦事件发生期间，需要关注来自全球外汇市场的长期输入性金融风险。

从我国防控输入性金融风险的防控政策来看，应关注我国金融市场输入性金融风险的影响渠道。在重大外部冲击事件发生时，我国监管机构应关注经济恶化、投资者恐慌情绪以及美联储降息对风险传导的促进作用。降低输入性金融风险会给我国金融系统带来不确定性，所以我们要坚决守住不发生系统性金融风险的底线。

应对输入性金融风险时，价格型货币政策的效果要优于数量型货币政策。宽松的价格型货币政策能够有效地抑制我国股票市场、债券市场和外汇市场的输入性金融风险。宽松型的财政政策仅能在短期对输入性金融风险产生微弱的抑制效果，因此其不是有效的输入性金融风险应对工具。外汇审慎政策能有效抑制我国股票市场和我国外汇市场的输入性金融风险，但会加剧我国债券市场的输入性金融风险。

第八章

重大冲击下全球外汇
市场的风险规律

　　本书第三、四章从国内视角进行分析并探讨了新冠肺炎疫情和贸易摩擦冲击下中国股票市场及其他金融市场风险的演进规律。第五、六、七章将研究视角拓展至国外，依次探讨了重大冲击下全球债券市场、全球金融市场的风险演进规律以及中国金融市场的输入性金融风险防控。这些章节大多综合考虑了多个金融市场。

　　第三章研究发现，在新冠肺炎疫情时期，外汇市场风险上升明显，外汇市场的波动率相比于其他市场更容易发生变化。因此，外汇市场对中国金融体系的影响至关重要。首先，尽管中国近年来的外汇储备有所下降，但根据国家外汇管理局的统计，截至 2020 年 6 月末，中国外汇储备规模高达 31123 亿美元。[①] 其次，根据国际货币基金组织（IMF）公布的数据显示，截至 2019 年第 3 季度，全球各主要经济体央行持有的外汇储备中，人民币资产占比升至 2.01%，约合 2196.2 亿美元，超过瑞士法郎、澳大利亚元和加拿大元。人民币已成为全球第三大贸易融资货币、第五大支付货币、第八大外汇交易货币以及第六大储备货币。[②]

　　此外，外汇市场对于中国防控输入性金融风险也十分重要。一方面，外汇市场是国内外经济体系相互联结的桥梁。在国内外经济往来的一系列活动

---

　　① 国家外汇局：《6 月末我国外汇储备规模环比增 0.3% 至 31123 亿美元》，https：//www.gov. cn/xinwen/2020 – 07/07/content_5524809. htm，2020 年 7 月 7 日。

　　② 根据国际结算系统（SWIFT）相关数据整理。

中，外汇市场是国际间外汇买卖与调剂外汇供求的交易场所。国际政治环境与国际经济环境都影响着外汇市场的运行情况，也向外汇市场输入风险。另一方面，在一国金融市场体系中，外汇市场是对外开放的首要门户。输入性金融风险经由外汇市场向国内金融市场传导。因此，在当前防控输入性金融风险的大背景下，有效防控外汇市场风险对于维护我国金融体系的稳定具有重要意义。

本章从外汇市场出发，进一步探讨重大冲击下全球金融市场风险的生成机理。值得注意的是，虽然本章以外汇市场为例进行分析，但是本章的研究视角和方法均具有一般性，同样适用于其他金融市场。本章首先探讨了新冠肺炎疫情前后全球外汇市场风险的演变，再结合新冠肺炎疫情的病例数据，探讨新冠肺炎疫情对全球外汇市场风险的影响，这与前面章节通过选取新冠肺炎疫情冲击事件进而探究新冠肺炎疫情影响的做法有所不同，这种做法更直观地刻画了新冠肺炎疫情冲击。其次，本章将重大冲击进行拓展，不再局限于新冠肺炎疫情，也对比分析全球金融危机、欧债危机、中美贸易摩擦和新冠肺炎疫情等不同类型重大冲击的影响，并依次探讨在不同类型重大冲击下全球外汇市场风险的生成机理。具体而言，本章分别从内因和外因两个角度来对全球外汇市场风险的生成加以研究。这不仅有利于科学认识金融市场遭遇的重大冲击，提高重大冲击的应对能力，也有利于为监管当局防范化解输入性金融风险提供参考。此外，通过对比不同重大冲击，还可以更加客观地评价不同重大冲击对金融市场风险的影响，从而为有效应对重大冲击的影响提供参考依据。

第一节　新冠肺炎疫情前后全球外汇市场的风险演变

为了分析新冠肺炎疫情对全球外汇市场风险的影响，本节选取 G20 国家进行研究。其中，德国、法国和意大利在文中统称为欧元区。所以，可对 G20 国家 17 种货币的汇率进行分析。本节选取各国的名义有效汇率指数作为各国外汇市场的代表。鉴于本节需要对比新冠肺炎疫情前与新冠肺炎疫情后全球外汇市场的风险，且采用滚动窗口方法来计算动态的全球外汇市场风险水平会消耗样本期，所以本节最终选择的样本期间为2018年1月1日至2020年4月28日。其中，2020年1月19日以前没有新冠肺炎疫情数据披露（本章列示为疫情前）；2020年1月20日至2020年3月14日为中国疫情暴发区间（本章列示为疫情第一阶段）；2020年3月15日，中国之外新冠肺炎疫情确诊病例的累积数目（88950例）超过中国新冠肺炎疫情确诊病例的累积数目（80860例），①新冠肺炎疫情风险转向全球（本章列示为疫情第二阶段）。本章将对数收益率采用两日取平均来解决时区问题。

本章基于TGARCH模型来计算各国外汇市场的波动率，并基于LASSO-VAR模型的广义预测误差方差分解方法来构建全球外汇市场的风险关联网络。给定时间维度样本个数，LASSO方法可以有效地处理横截面内生变量个数较多的问题。LASSO方法不仅可以实现对高维变量模型的估计，还可以更有效地估计VAR模型参数。VAR模型中，本章选择的滚动窗口为260个交易日（约1年），预测期为20个交易日（约1个月）。

在进行全球外汇市场的风险分析之前，有必要先了解一下全球外汇市场在新冠肺炎疫情期间的运行情况。各国有效汇率指数在新冠肺炎疫情期间的变化情况如图8-1所示。整体而言，发达国家的货币汇率在新冠肺炎疫情期间的表现较好。其中，日本、美国和欧元区的货币汇率有所提高，其余发达国家先降低，随后立即反弹。这表明，在新冠肺炎疫情期间，投资者对这些货币的需求上升，从而发达国家的货币在疫情期间更多地表现为避险货币。相对而言，新兴市场国家的货币汇率表现较差，除中国、沙特阿拉伯和阿根廷的货币有所升值之外，其余国家的货币贬值幅度较大。这表明，在新冠肺炎疫情期间，新兴市场国家的货币更多地表现为风险资产。这可能是因为，疫情引发全球市场流动性、不确定性大幅提升，全球尤其是新兴市场国家的美元流动性趋紧。此外，疫情引致的原油和股指大幅下跌还会造成市场风险偏好快速下降、避险情绪大幅提升。投资者抛售这些风险资产货币，使得国际资本更多地从新兴市场流出。

①　Centers for Disease Control and Prevention—COVID-19，https：//www.cdc.gov/coronavirus/2019-ncov/index.html，2019.

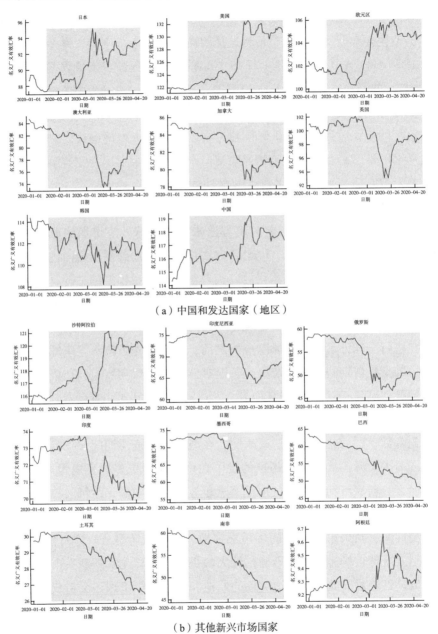

（a）中国和发达国家（地区）

（b）其他新兴市场国家

图 8-1　各国有效汇率指数

注：图中阴影区域表示新冠肺炎疫情期间。

资料来源：作者计算得出。

一、新冠肺炎疫情前后各国汇率波动的变化

各国货币汇率的波动率在新冠肺炎疫情前后的描述性统计结果见表8－1和表8－2。其中，发达国家的波动率是将各个发达国家的波动率按照简单算术平均计算所得，新兴市场国家的波动率是将各个新兴市场国家的波动率按照简单算术平均计算所得。

表8－1　　　　　　　　部分国家（地区）的货币汇率波动率　　　　　单位：%

国家类型	国家（地区）	疫情前（1）	疫情第一阶段（2）	疫情第二阶段（3）	(2)－(1)	(3)－(2)
发达国家（地区）	日本	0.294	0.356	0.350	0.062	－0.006
	美国	0.222	0.212	0.301	－0.009	0.089
	欧元区	0.171	0.218	0.200	0.047	－0.018
	澳大利亚	0.262	0.336	0.535	0.074	0.199
	加拿大	0.239	0.246	0.338	0.007	0.092
	英国	0.282	0.307	0.399	0.026	0.092
	韩国	0.246	0.266	0.288	0.020	0.022
新兴市场国家	中国	0.190	0.195	0.233	0.005	0.038
	沙特阿拉伯	0.152	0.149	0.200	－0.003	0.050
	印度尼西亚	0.200	0.407	0.675	0.206	0.269
	俄罗斯	0.442	0.724	0.729	0.281	0.006
	巴西	0.666	0.602	0.855	－0.064	0.253
	印度	0.239	0.239	0.312	－0.001	0.073
	墨西哥	0.447	0.633	1.083	0.186	0.450
	土耳其	0.711	0.371	0.650	－0.340	0.279
	南非	0.565	0.670	0.762	0.105	0.092
	阿根廷	1.364	0.445	0.669	－0.920	0.224

资料来源：作者计算得出。

表8-2 不同类型国家的货币汇率波动率 单位:%

国家类型	疫情前（1）	疫情第一阶段（2）	疫情第二阶段（3）	（2）-（1）	（3）-（2）
发达国家（地区）	0.245	0.277	0.344	0.032	0.067
新兴市场国家	0.498	0.444	0.617	-0.054	0.173

资料来源：作者计算得出。

首先，新冠肺炎疫情引起各国货币的汇率波动加大。进一步看，相对于国内疫情阶段，全球疫情蔓延阶段各国外汇市场的波动增加幅度更大。相比于疫情前，大部分国家在疫情第一阶段的波动率有所增加，但增加幅度较小，甚至有部分国家的外汇市场波动率有所下降。这主要是因为，中国采取了非常有效的新冠肺炎疫情防控政策，使新冠肺炎疫情得到了快速有效的控制。除此之外，中国还采取强有力的货币财政政策使得新冠肺炎疫情对国内的经济金融影响得以缓解。这使中国的经济金融对各个国家的货币汇率产生较小的影响。相比疫情第一阶段，在疫情第二阶段，各地区外汇市场的波动率剧增。这是因为，在疫情第二阶段，各个国家没有采取协调且有效的新冠肺炎疫情防控政策，全球疫情快速蔓延，进而导致各个国家的货币汇率产生较大幅度的波动。

其次，从三个阶段来看，中国外汇市场的波动率也呈现递增态势。相比于其他国家，中国货币的汇率风险较低。在疫情第一阶段，受国内疫情影响，投资者情绪有所波动。但是，中国政府及时采取有效的防疫措施，阻断了新冠肺炎疫情的全国蔓延，投资者信心未受到很大的冲击。此外，国内疫情严重时期（疫情第一阶段）正值春节假期，对于生产经营的影响较小，因此汇率风险较小。在疫情第二阶段，新冠肺炎疫情在全球蔓延，各国陆续采取封城、封国措施，这严重阻碍了国家之间的贸易联系。

最后，整体而言，相比于发达国家，新兴市场国家的货币汇率风险更高，新冠肺炎疫情冲击下的新兴市场国家货币汇率风险增加幅度更大。这进一步证实了，新兴市场国家货币的风险属性更强。相比疫情前，发达国家的货币汇率在疫情第一阶段的波动性增强，在疫情第二阶段的波动性更加明显。与发达国家不同，部分新兴市场国家在疫情第一阶段的波动率有所下降。然而，在疫情第二阶段，新兴市场国家的汇率波动率明显增加，远超发达国家的波动率增幅。原因在于，在新冠肺炎疫情之下，新兴市场国家面临三重压力：第一重压力为资金外流压力。自新冠肺炎疫情发生以来，疫情对于全球经济的冲击加速升级，恐慌情绪使得资金普遍流出新兴市场，汇率贬值压力加大；第二重压力为经济下行压力。新冠肺炎疫情引发全球经济衰退，石油减产并不能匹配需求端萎缩程度，导致油价下跌。这对于俄罗斯和墨西哥等主要原油出口国的影响较大，导致其汇率风险上升。此外，新冠肺炎疫情使得许多国家采取人员限制流动措施，这将对旅游、文娱等服务业带来较大的冲击，这对于巴西和南非等国家受到的影响较大；第三重压力为主权信用风险攀升压力。新冠肺炎疫情导致全球经济陷入低迷，大宗商品需求走弱，使得巴西、南非、印度尼西亚和印度等国经常项目的恶化程度增加。新冠肺炎疫情还会使全球恐慌情绪飙升，外资持续流出新兴市场，导致其资本账户不断恶化。因此，经常项目和资本账户双向恶化、外汇储备减少、本币币值大幅波动，导致新兴市场国家偿债能力下降，主权信用风险增加。

二、新冠肺炎疫情前后各国货币汇率风险的变化

（一）各国受全球因子的影响

各国外汇市场受其他国家外汇市场的风险输入情况见表8-3和表8-4。其中，发达国家受全球因子的影响是将各个发达国家受全球因子的影响按照简单算术平均计算所得，新兴市场国家受全球因子的影响是将各个新兴市场国家受全球因子的影响按照简单算术平均计算所得。

首先，全球疫情期间，在决定各国货币汇率风险方面，全球因子比国内因子更为重要。无论是发达国家，还是新兴市场国家，在全球疫情之前，各国货币的汇率风险主要由自身因素来驱动，受全球因子影响的比例均低于38%。然而，自全球疫情蔓延以来，全球因子对各国外汇市场风险的影响增强。发达国家和新兴市场国家受全球因子影响的比例均超过60%。但发达国

家受全球因子的影响程度更大，增长幅度也更高。

其次，相比于新兴市场国家，发达国家对新冠肺炎疫情的敏感性更强。相比新冠肺炎疫情前，在新冠肺炎疫情的第一阶段，发达国家受全球因子的影响程度就开始增加，而新兴市场国家对新冠肺炎疫情的反应较弱。这可能是因为，在此阶段，新冠肺炎疫情整体发展势头较猛。此外，在全球疫情期间，发达国家受全球因子影响的增幅也高于新兴市场国家。这表明，在受到外部冲击时，发达国家更易受到全球因子影响。

最后，中国受全球因子的影响程度先下降再提高。新冠肺炎疫情前，受中美贸易摩擦影响，中国外汇市场受全球因子的影响程度较大。新冠肺炎疫情第一阶段，由于国内疫情较为严重，国内宏观经济的不确定性增强。因此，中国外汇市场受自身因素的影响要高于全球因子。在新冠肺炎疫情第二阶段，随着中国国内疫情的缓解以及全球疫情的暴发，国外经济不确定性高于国内。因此，中国外汇市场受国外因子的影响更大，中国面临的输入性金融风险增强。

表8-3　　　　　　　　　部分国家（地区）受全球因子的影响　　　　　　单位: %

国家类型	国家（地区）	疫情前（1）	疫情第一阶段（2）	疫情第二阶段（3）	（2）-（1）	（3）-（2）
发达国家（地区）	日本	31.604	35.165	50.418	3.561	15.253
	美国	59.013	49.967	73.148	-9.046	23.181
	欧元区	51.682	53.832	73.247	2.150	19.415
	澳大利亚	38.217	32.647	74.937	-5.570	42.291
	加拿大	27.488	22.310	70.468	-5.178	48.158
	韩国	12.994	27.368	42.991	14.375	15.623
	英国	6.478	9.875	53.059	3.397	43.185
新兴市场国家	中国	60.436	41.930	52.114	-18.506	10.184
	沙特阿拉伯	41.515	47.662	71.208	6.147	23.546
	印度尼西亚	31.691	38.600	80.032	6.909	41.432
	俄罗斯	31.566	52.114	77.657	20.548	25.543

续表

国家类型	国家（地区）	疫情前（1）	疫情第一阶段（2）	疫情第二阶段（3）	(2)-(1)	(3)-(2)
新兴市场国家	巴西	54.893	21.709	70.749	-33.184	49.040
	印度	19.432	39.701	67.817	20.270	28.115
	墨西哥	44.005	34.720	81.442	-9.285	46.722
	土耳其	18.279	19.491	28.877	1.212	9.386
	南非	41.758	41.264	67.762	-0.494	26.498
	阿根廷	34.725	5.770	3.281	-28.955	-2.489

资料来源：作者计算得出。

表 8-4　　　　　　　　不同类型国家受全球因子的影响　　　　　　　单位：%

国家类型	疫情前（1）	疫情第一阶段（2）	疫情第二阶段（3）	(2)-(1)	(3)-(2)
发达国家	32.497	33.023	62.610	0.527	29.586
新兴市场国家	37.830	34.296	60.094	-3.534	25.798

资料来源：作者计算得出。

（二）各国对全球因子的影响

各国对其他国家外汇市场的风险输出情况见表 8-5。其中，发达国家对全球因子的影响是将各个发达国家对全球因子的影响按照简单算术平均计算所得，新兴市场国家对全球因子的影响是将各个新兴市场国家对全球因子的影响按照简单算术平均计算所得。

首先，全球疫情期间，大部分国家对全球因子的影响程度增强。一方面，新冠肺炎疫情在全球范围内加速蔓延，涉及的国家和人员数目不断增加。另一方面，新冠肺炎疫情引致全球经济陷入确定性衰退，各国的国内经济以及对外经济均有所下滑。新冠肺炎疫情引致的经济、政治和主权信用风险等问题逐渐暴露，这使得各国货币的汇率风险上升，对其他国家汇率风险的输出能力增强。

其次，新兴市场国家是全球外汇市场中主要的风险输出方。在全球疫情期间，发达国家对全球外汇市场风险的影响较小，新兴市场国家的风险输出作用更加明显。这是因为，新兴市场国家的外汇市场自身风险程度较高，所以对其他国家的风险传染能力较强。在全球疫情期间，新兴市场国家的外汇市场风险增加较多，因而其对全球因子的影响增加较大。一方面，由于新兴市场国家在医疗卫生条件、平均收入水平较发达国家更低，同时人口密度较高，所以其面临的新冠肺炎疫情扩散风险更大。另一方面，受汇率贬值、资本外流影响，部分新兴市场国家面临主权信用危机，带动贬值预期进一步升温，从而加大新兴市场国家的外汇市场风险。例如，2020年4月6日，阿根廷政府宣布延期偿还100亿美元债务，外汇市场对新兴市场的主权信用风险关注度提升，可能导致其贬值预期提升。

最后，在三个阶段中，中国对其他国家外汇市场的风险输出能力递减。在新冠肺炎疫情前，中国对全球因子的影响程度超过69%，仅次于美国，对全球因子的影响排名第二位；在新冠肺炎疫情第一阶段，中国对全球因子的影响程度下降到39%，对全球因子的影响排名第七位；在新冠肺炎疫情第二阶段，中国对全球因子的影响程度进一步下降，不足32%，对全球因子的影响排名第十三位。

表8-5（a）　　　　　　　部分国家（地区）对全球因子的影响　　　　　　　单位：%

国家类型	国家（地区）	疫情前（1）	疫情第一阶段（2）	疫情第二阶段（3）	（2）-（1）	（3）-（2）
发达国家（地区）	日本	28.185	30.251	29.558	2.067	-0.694
	美国	77.484	56.844	77.710	-20.640	20.865
	欧元区	56.963	67.843	81.065	10.880	13.222
	澳大利亚	43.592	28.734	88.382	-14.858	59.648
	加拿大	25.304	15.534	64.546	-9.770	49.012
	韩国	9.589	20.849	21.756	11.260	0.906
	英国	4.758	7.132	33.576	2.375	26.444

续表

国家类型	国家（地区）	疫情前（1）	疫情第一阶段（2）	疫情第二阶段（3）	（2）-（1）	（3）-（2）
新兴市场国家	中国	69.246	39.509	31.612	-29.737	-7.897
	沙特阿拉伯	39.649	49.663	70.910	10.014	21.247
	印度尼西亚	29.605	41.462	112.216	11.857	70.755
	俄罗斯	28.565	65.280	97.018	36.716	31.738
	巴西	47.398	17.355	68.627	-30.043	51.272
	印度	16.965	36.751	62.972	19.786	26.222
	墨西哥	36.206	35.288	124.718	-0.919	89.430
	土耳其	17.176	16.637	14.118	-0.539	-2.519
	南非	41.680	40.578	58.361	-1.102	17.784
	阿根廷	33.411	4.413	2.060	-28.998	-2.353

资料来源：作者计算得出。

表8-5（b）　　不同类型国家对全球因子的影响　　单位：%

国家类型	疫情前（1）	疫情第一阶段（2）	疫情第二阶段（3）	（2）-（1）	（3）-（2）
发达国家	35.125	32.455	56.656	-2.669	24.201
新兴市场国家	35.990	34.693	64.261	-1.297	29.568

资料来源：作者计算得出。

（三）新冠肺炎疫情前后关联网络的变化

　　为捕捉全球外汇市场风险传染网络在新冠肺炎疫情前后的动态结构特征，本书分别描绘疫情前、疫情第一阶段、疫情第二阶段的传染网络，如图8-2所示。图8-2中，节点代表国家（地区），连接节点的有向箭头，代表两国家（地区）间有向的风险传染效应。节点越大，表示该国（地区）对其他国家（地区）外汇市场的传染效应越强。连接节点的有向箭头越粗，表示国家（地区）间的风险传染强度越大。此外，每个子图均为保留传染强度在均值以上的精简网络，即描述了不同时期外汇市场最主要的风险传染路径。

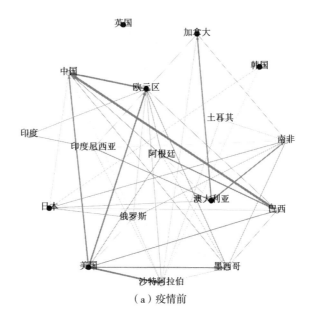

（a）疫情前

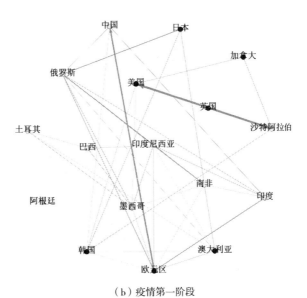

（b）疫情第一阶段

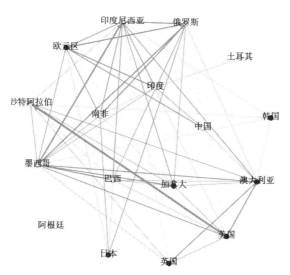

（c）疫情第二阶段（全球疫情）

图 8 - 2　疫情前后全球外汇市场风险网络

注：图中深色节点为发达国家，浅色节点为新兴市场国家。
资料来源：作者计算得出。

　　首先，全球疫情增强了全球外汇市场之间的风险传染。相比疫情前，风险传染强度在疫情第一阶段有所下降。这表明，新冠肺炎疫情在中国较为严重但波及国家数较少时，全球外汇市场风险受其影响相对较小。而在 2019 年，受中美贸易摩擦、英国脱欧、沙特油田遇袭引发的石油价格波动、阿根廷总统换届等各方面因素的影响，全球外汇市场之间的风险传染水平较高。在疫情第二阶段，全球外汇市场之间的风险传染强度大幅增加。在此时期，新冠肺炎疫情在全球加速蔓延，其对全球产业链以及全球经济状况的影响已有所显现。

　　其次，新冠肺炎疫情对重要的能源国家影响较大。新冠肺炎疫情导致全球社交隔离，国家之间的航空旅行受到限制。这导致全球石油需求和储存能力下降，而石油输出国组织（OPEC）与俄罗斯的石油减产谈判协议失败，使得国际油价持续低位。甚至，在 2020 年 4 月 20 日，纽约交易所 5 月交货的轻质原油期货价格罕见地出现了"负油价"，这对于重要的石油输出国影响重大。例如，美国和沙特阿拉伯之间的相互风险传染效应一直位列前十，俄罗斯和墨西哥的风险输出地位也在不断上升。这表明，原油市场的风险变化也会影响到外汇市场。

最后，新冠肺炎疫情改变了与中国外汇市场关联性最强的风险输出方和风险输入方。新冠肺炎疫情前，与中国外汇市场关联性最强的前三名国家（地区）分别为巴西、欧元区和美国。与美国关联性较强的原因可能是受中美贸易摩擦影响。新冠肺炎疫情之后，欧元区与中国之间的关联性仍然最强，这是因为欧元区是中国重要的贸易伙伴国。此外，俄罗斯、印度和澳大利亚与中国外汇市场之间的联动性增强。因此，中国应警惕欧元区、俄罗斯、印度和澳大利亚等国家对中国带来的外汇市场风险输入。

（四）中国与发达国家、其他新兴市场国家之间的风险传染

表8－6列示了中国与发达国家、其他新兴市场国家之间的风险传染效应。图8－3列示了中国与发达国家、其他新兴市场国家以及新兴市场国家与发达国家之间的风险传染路径。

表8－6　　　　　　　　中国与发达、新兴市场国家风险传染　　　　　单位：%

	疫情前（1）	疫情第一阶段（2）	疫情第二阶段（3）	(2)－(1)	(3)－(2)
发达→发达	11.406	9.481	20.609	－1.924	11.128
发达→新兴（含中国）	16.604	16.082	25.233	－0.522	9.151
新兴（含中国）→新兴（含中国）	21.226	18.214	34.861	－3.012	16.647
新兴（含中国）→发达	21.091	23.542	42.001	2.451	18.459
中国→发达	4.433	3.601	2.384	－0.833	－1.217
发达→中国	3.878	4.005	3.803	0.127	－0.202
中国→新兴	4.246	1.589	1.658	－2.657	0.069
新兴→中国	3.699	1.544	2.833	－2.155	1.289

注：表中新兴（含中国）表示新兴市场国家中包含中国。新兴表示新兴市场国家，但不包含中国。

资料来源：作者计算得出。

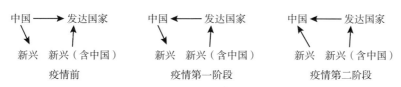

图 8 - 3　中国与发达、新兴市场国家风险传导路径

注：图 8 - 3 根据中国、发达国家与其他新兴市场国家之间风险净传染效应得到。此图中，新兴（含中国）表示新兴市场国家中包含中国。新兴表示其他新兴市场国家，但不包含中国。

资料来源：作者计算得出。

首先，全球疫情发生之后，中国与其他新兴市场国家、发达国家与新兴市场国家之间的风险传染效应增强。相比疫情前，仅新兴市场国家对发达国家以及发达国家对中国的风险传染效应在疫情第一阶段增强，其余均下降。相比疫情第一阶段，仅中国与发达国家之间的风险传染效应下降，其余均增加。这表明，全球疫情对中国、发达国家以及其他新兴市场国家之间的风险传染影响更大。

其次，新兴市场国家是风险输出方，发达国家是风险接受方。在新冠肺炎疫情发生前后，新兴市场国家对发达国家的风险传染效应始终高于反方向的传染效应。此外，新兴市场国家之间的风险传染效应高于发达国家之间的风险传染效应。但是，在新冠肺炎疫情发生之后，新兴市场国家对发达国家的风险传染效应超过新兴市场国家内部之间的风险传染效应。相比发达国家，新兴市场国家的货币汇率风险较高。新冠肺炎疫情发生前，高风险国家之间的风险传染效应略强于高风险对低风险国家的风险传染，高风险国家之间的风险传染不易引起全球性的系统性风险。但是，在新冠肺炎疫情发生之后，高风险国家对低风险国家的风险传染效应增强，这会导致低风险国家的汇率风险增强，这极易引起全球性的系统性风险。

再其次，相对于其他新兴市场国家，中国与发达国家之间的风险传染效应更强。无论是中国对这两者（其他新兴市场国家、发达国家）的传染效应，还是这两者对中国的传染效应，中国与发达国家之间的关联性均高于中国与新兴市场国家之间的关联性。这是因为，中国与发达国家之间的贸易和金融联系要远大于中国与其他新兴市场国家，美元、日元和欧元等发达国家货币在人民币有效汇率指数权重中的占比均超过60%。[①] 这表明,中国虽然是新兴市场国家,但是其风险敞口在新兴市场国家中较低,而与发达国家之间的联系较强。

最后,新冠肺炎疫情前后,中国由风险输出方逐渐转向为风险接受方。新冠肺炎疫情前,无论是对发达国家,还是对其他新兴市场国家,中国均起到风险输出作用。新冠肺炎疫情前,受中美贸易摩擦影响,人民币汇率大幅震荡,汇率风险较高,因而对其他国家的风险输出能力较强。疫情第一阶段,发达国家对中国的风险传染超过中国对发达国家的风险传染,中国是发达国家的风险接受方,是其他新兴市场国家的风险输出方。疫情第一阶段,初期由于新冠肺炎疫情在中国全面暴发,投资者对中国经济持谨慎态度,但由于中国国内防疫政策实施得当,国内防疫防控效果明显;后期,日本、韩国、欧元区等地区的累计确诊数量持续攀升,经济下行叠加市场恐慌,从而加大各国的风险水平。疫情第二阶段,其他新兴市场国家对中国的传染效应也反超中国对其他新兴市场国家的传染效应,中国同时成为发达国家和其他新兴市场国家的风险接受方。在此阶段,中国在对抗新冠肺炎疫情的过程中已发挥中流砥柱作用,而其他新兴市场国家的疫情状况则在加速恶化,导致其风险上升,并向中国输出风险。

第二节　新冠肺炎疫情对外汇市场风险的影响

前一节探讨了新冠肺炎疫情前后全球外汇市场风险的演变情况。本节基于新冠肺炎疫情病例数据考察新冠肺炎疫情对全球和中国外汇市场风险的影响,并基于金融市场因素、政策因素和基本面因素探讨其是否会增强或减弱新冠肺炎疫情对全球以及中国外汇市场风险的影响。

---

① 根据中国外汇交易中心相关数据整理。

为了考察新冠肺炎疫情对外汇市场风险的影响，本节选取 G20 国家[①]新冠肺炎疫情确诊病例、死亡病例和治愈率进行分析。其中，确诊病例进行自然对数处理，治愈率＝治愈病例/（死亡病例＋治愈病例）[②]。

为了考察主要金融市场以及实体经济因素的变化是否会缓解或加剧新冠肺炎疫情对外汇市场风险的影响，本节选用的指标如表 8－7 所示。本节数据均来源于 Wind 和 Bloomberg 数据库，其他数据情况、传染方法与本章第一节相同。

表 8－7　　　　　　　　　　　回归相关变量

变量类别	变量名称	代理变量
全球其他主要金融市场	全球股票市场	道琼斯全球指数
	全球债券市场	摩根大通全球债券指数
	全球原油市场	纽约商品交易所轻质原油（WTI）
	全球投资者情绪	芝加哥期权交易所波动率指数（VIX 恐慌指数）
中国其他主要金融市场	中国股票市场	上证指数
	中国债券市场	中证全债指数
	中国货币市场	隔夜 SHIBOR 利率
中国实体经济	实体经济真实	六大发电集团日均耗煤量
	实体经济预期	花旗中国经济意外指数

一、新冠肺炎疫情对全球外汇市场风险的影响

（一）其他金融风险渠道

首先，考察全球其他主要金融市场风险的变化是否会缓解或加剧新冠肺炎疫情对全球外汇市场风险的影响。本部分采用线性回归模型来考察新冠肺

---

① 基于数据可得性，欧元区病例数据采用德国、法国、意大利、西班牙、比利时、荷兰、卢森堡、爱尔兰、葡萄牙、奥地利、芬兰、立陶宛、拉脱维亚、爱沙尼亚、斯洛伐克、斯洛文尼亚、希腊和马耳他等国家病例数的加总所得。

② 鉴于治愈率＋死亡率＝1，本章仅考虑治愈率。

炎疫情对全球外汇市场总风险的影响，方程如下：

$$Totalspill_t = \alpha + \beta \times Confirmed_t + \gamma \times Cured_t + \varepsilon_t \tag{8.1}$$

其中，$Totalspill_t$ 表示全球外汇市场的总传染风险，$Confirmed_t$ 表示 G20 国家总体的新冠肺炎疫情确诊病例，$Cured_t$ 表示 G20 国家总体的新冠肺炎疫情治愈率。

为了研究发达国家和新兴市场国家受新冠肺炎疫情冲击影响程度的差异，本节在式（8.1）的基础之上建立面板回归模型，方程如下式所示：

$$Y_{i,t} = \alpha + \beta \times Confirmed_{i,t} + \gamma \times Cured_{i,t} + \delta_i + \varepsilon_{i,t} \tag{8.2}$$

其中，$Y_{i,t}$ 表示国家 i 的外汇市场风险，包括以下指标：国家 i 外汇市场自身波动率（$Volatility_{i,t}$），国家 i 受全球因子的风险输入（$Fromspill_{i,t}$），国家 i 对全球因子的风险输出（$Tospill_{i,t}$）。$Confirmed_{i,t}$ 表示国家 i 的新冠肺炎疫情确诊病例，$Cured_{i,t}$ 表示国家 i 的新冠肺炎疫情治愈率。δ_i 表示国家（地区）固定效应。

为了探讨全球其他主要金融市场风险的变化、美联储政策的实施在新冠肺炎疫情冲击时期对全球外汇市场风险影响的过程中的作用，本书在式（8.2）的基础上加入交乘项，建立加入交乘项的回归模型，方程如下式：

$$Totalspill_t = \alpha + \beta Confirmed_t + \gamma Cured_t + \delta X_t + \lambda Confirmed_t \times X_t$$
$$+ \phi Cured_t \times X_t + \varepsilon_t \tag{8.3}$$

其中，$Totalspill_t$、$Confirmed_t$ 和 $Cured_t$ 的含义同上。X_t 表示全球其他金融市场（股票市场、债券市场、原油市场和投资者情绪）和美联储政策。

表 8-8 列示了其他金融市场风险对全球外汇市场风险的影响。其第（1）列汇报了简单回归模型的结果，第（2）至第（5）列汇报了加入交乘项模型的结果，即分别考察了全球股票市场、债券市场、原油市场和投资者情绪是否会缓解或加剧新冠肺炎疫情对全球外汇市场风险的影响。

从简单回归模型结果可以看出，新冠肺炎疫情的确诊病例数对全球外汇市场风险具有显著的正向影响，新冠肺炎疫情治愈率对全球外汇市场风险具有显著的负向影响。这两个影响均在 1% 的水平上显著。这表明，对于全球外汇市场而言，新冠肺炎疫情确诊病例的增加是不利消息，其会增大全球外汇市场风险。新冠肺炎疫情治愈率的增加是利好消息，其会降低全球外汇市场风险。

表 8 - 8　　　　其他金融市场风险对全球外汇市场风险的影响

变量	被解释变量：全球外汇市场总传染风险（*Totalspill*）				
确诊病例	6.722 *** （11.75）	2.928 *** （3.02）	3.062 ** （2.25）	3.046 * （1.68）	-1.820 ** （-2.04）
治愈率	-22.507 *** （-4.36）	-30.722 *** （-3.97）	-42.815 *** （-3.64）	25.328 * （1.72）	-28.814 ** （-2.36）
全球股票市场		-44.368 *** （-3.52）			
全球股票市场×确诊病例		3.003 *** （4.77）			
全球股票市场×治愈率		12.047 * （1.74）			
全球债券市场			-26.043 ** （-2.54）		
全球债券市场×确诊病例			1.991 *** （3.95）		
全球债券市场×治愈率			5.433 （0.98）		
全球原油市场				20.327 ** （2.08）	
全球原油市场×确诊病例				-0.432 （-1.00）	
全球原油市场×治愈率				-14.713 *** （-2.67）	
全球恐慌指数					-3.954 *** （-4.20）
全球恐慌指数×确诊病例					0.273 *** （7.11）
全球恐慌指数×治愈率					1.133 * （1.84）

变量	被解释变量：全球外汇市场总传染风险（*Totalspill*）				
常数项	− 15. 808 ** （ − 2. 49）	28. 463 ** （2. 45）	35. 530 * （1. 69）	− 28. 903 （ − 1. 15）	75. 969 *** （4. 89）
观测值数	67	67	67	67	67
调整 R²	0. 734	0. 934	0. 912	0. 944	0. 965
F	69. 794	280. 372	221. 542	253. 354	465. 309

注：* 、** 、*** 分别表示估计值在 10% 、5% 和 1% 的显著性水平下显著；括号内为回归系数的 t 统计量。

资料来源：作者计算得出。

从单个市场角度进行分析可得到如下结果。从股票市场来看，无论是确诊病例数还是治愈率，股票市场风险的增加均显著加剧了新冠肺炎疫情对外汇市场风险的影响。从债券市场来看，债券市场风险的增加会显著加剧确诊病例对外汇市场风险的影响，但是对治愈率的影响不存在统计显著性。从原油市场来看，原油市场风险增加会显著缓解治愈率对外汇市场风险的影响，但是对确诊病例数的影响不存在统计显著性。从投资者情绪来看，无论是确诊病例数还是治愈率，投资者情绪高涨均会显著加剧新冠肺炎疫情对外汇市场风险的影响。

对各个市场对比分析可以得到如下结果。第一，股票市场风险增加、债券市场风险增加和投资者情绪高涨均会加剧新冠肺炎疫情不利消息对外汇市场风险的影响。这表明，在股票市场、债券市场风险水平较高以及投资者情绪高涨时，新冠肺炎疫情确诊病例数的增加，会使得外汇市场风险进一步提高。第二，股票市场风险增加和投资者情绪高涨，会加剧新冠肺炎疫情利好消息对外汇市场风险的影响。这表明，较高的股票市场风险以及高涨的投资者情绪，不仅会加剧新冠肺炎疫情不利消息对外汇市场的影响，同时也会加剧新冠肺炎疫情有利消息对外汇市场的影响。这可能是因为，与正常时期相比，在股票市场风险较高、投资者情绪较为高涨时，投资者对于消息的关注度较高、消息传播速度更快。第三，原油市场风险增加会降低新冠肺炎疫情利好消息对外汇市场风险的影响。这表明，原油市场风险增大时，治愈率提高对外汇市场风险降低的作用在减弱。这可能是因为，原油市场与实体经济之间的关系密切，原油市场风险增大表明实体经济风险提高。此时，投资者对于经济的担忧大于对控制新冠肺炎疫情的信心。综合而言，其他金融市场风险的增大会进一步提高新冠肺炎疫情对全球外汇市场风险的影响，各金融市场之间存在风险共振效应。

（二）美联储政策渠道

国外新冠肺炎疫情全面暴发后，美国成为新冠肺炎疫情的重灾区。美国政府的疫情应对政策不仅会影响新冠肺炎疫情恐慌情绪，也会对全球政策联动产生很大的影响。本部分考察美联储政策的实施是否会缓解或加剧新冠肺炎疫情对全球外汇市场风险的影响。本章选取与美元流动性相关的四项政策：（1）为缓解美元流动性紧张，美联储在 2020 年 3 月 15 日联合加拿大央行、英国央行、日本央行、欧洲央行和瑞士央行宣布采取协调行动，各央行一致同意将货币互换协议价格下调25 个基点。（2）美联储在 2020 年 3 月 19 日宣布与 9 家中央银行①建立临时美元流动性互换安排。（3）2020 年 3 月 23 日，美联储启动无限量量化宽松政策。（4）2020 年 4 月 6 日，美联储开始提供国外常备回购便利（FIMA）向全球释放流动性，进阶为"全球央行"。本章将美联储政策实施的首个交易日作为政策冲击变量，综合考虑四项政策的影响。具体而言，政策冲击发生时变量为1，其余为0，其结果见表8 –9。

表8 –9　　　　　　　　美联储政策对全球外汇市场风险的影响

变量	被解释变量：全球外汇市场总传染风险（$Totalspill$）	
确诊病例	6. 654 *** (13. 24)	6. 723 *** (11. 40)
治愈率	− 23. 626 *** (−3. 88)	− 24. 429 *** (−4. 82)
政策	9. 116 ** (2. 45)	—

① 这9 家中央银行分别为澳大利亚联储、巴西央行、韩国央行、墨西哥央行、新加坡货币当局、瑞典央行、丹麦央行、挪威央行和新西兰央行。

239

续表

变量	被解释变量：全球外汇市场总传染风险（*Totalspill*）	
政策×确诊病例	—	−1.645** （−2.17）
政策×治愈率	—	34.557*** （2.88）
常数项	−14.678*** （−2.79）	−14.862** （−2.31）
观测值数	67	67
调整的 R^2	0.753	0.752
F 值	68.175	51.538

注：（1）"*""**"和"***"分别表示估计值在10%、5%和1%的水平下显著。（2）括号内为回归系数的 t 统计量。

首先，美联储政策的实施并没有降低外汇市场风险。美联储政策对全球外汇市场风险具有显著的正向影响。一方面，可能因为相对于美联储政策，投资者受新冠肺炎疫情的蔓延与演变带来的不确定性影响更大。另一方面，美联储虽然采取了措施试图缓解全球流动性紧张，但此意图可能并没有完全的实现。此外，美联储仅在2020年3月就使其资产负债规模暴增2万亿美元。[1] 这种无节制的流动性释放，实际上是将全球经济置于更大的不确定性和风险之中。

其次，美联储政策的实施缓解了新冠肺炎疫情不利消息对全球外汇市场风险的影响。美联储政策与确诊病例数之间的交乘项系数显著为负。这表明，在美联储实施政策时，新冠肺炎疫情确诊病例数对全球外汇市场风险的影响有所减弱。

最后，美联储政策的实施增强了新冠肺炎疫情有利消息对全球外汇市场风险的影响。美联储政策与治愈率之间的交乘项系数显著为正。这表明，在美联储政策实施时，治愈率对全球外汇市场风险的影响有所增强。综合这两

① Board of Governors of the Federal Reserve System，https：//www.federalreserove.gov/aboutthefed.htm，May 24，2023.

点，美联储政策的实施使得投资者对新冠肺炎疫情的态度更偏向乐观，使其对经济的信心增强，有利于降低风险。

（三）新冠肺炎疫情冲击对全球外汇市场风险影响的持续性

本书采用若尔达（Jordà，2005）提出的局部投影法（Local Projection）来考察新冠肺炎疫情对全球外汇市场风险影响的持续性。该方法类似于向量自回归（VAR）模型，可以将相关变量作为一个系统来进行估计和预测。相较于 VAR 模型，局部投影法的优势在于，其可以在模型中加入可能对内生变量产生影响的外生变量，而不需要将所有变量均当作内生变量来处理，进而大幅减少模型中的待估计参数。

本部分借鉴若尔达，采用面板局部投影法估计累积脉冲响应函数，具体如式（8.4）所示。

$$\Delta_h Y_{i,t+h} = \alpha_i^h + \beta_1^h \Delta Y_{i,t-1} + \gamma_1^h \Delta Case_{i,t-1} + \delta_1^h X_{t-1} + u_{i,t+h}, \quad h = 1, \cdots, H \tag{8.4}$$

其中，h 表示向前预测步数，α_i^h 表示国家（地区）固定效应。$\Delta_h Y_{i,t+h} = Y_{i,t+h} - Y_{i,t}$ 表示被冲击变量（内生变量）h 天的累计增长率。被冲击变量 $Y_{i,t}$ 表示国家 i 的外汇市场风险，具体而言包括国家 i 外汇市场自身波动率（$Volatility_{i,t}$）、国家 i 受全球因子的风险输入（$Fromspill_{i,t}$）、国家 i 对全球因子的风险输出（$Tospill_{i,t}$）。$\Delta Case_{i,t}$ 表示冲击变量的一阶差分，本部分选取的冲击变量有两个，分别是：各个国家（地区）新冠肺炎疫情确诊病例 $Confirmed_{i,t}$ 和治愈率 $Cured_{i,t}$。值得注意的是，面板局部投影法每次回归仅能包含一个内生变量和一个冲击变量。因此，在分析不同冲击对内生变量的影响时，需根据式（8.4）分别加入不同的冲击变量进行回归。X_t 为控制变量向量，包含股票市场、债券市场和原油市场风险及投资者情绪变量。$u_{i,t+h}$ 是回归残差项。

为了考察疫情冲击对全球外汇市场风险影响的长期效应，本部分列示了基于面板模型局部投影法得到的全球外汇市场风险对疫情冲击的累计脉冲响应，结果见图 8-4。图 8-4（a）是全样本结果，图 8-4（b）是发达国家子样本结果，图 8-4（c）是新兴市场国家（含中国）子样本结果。

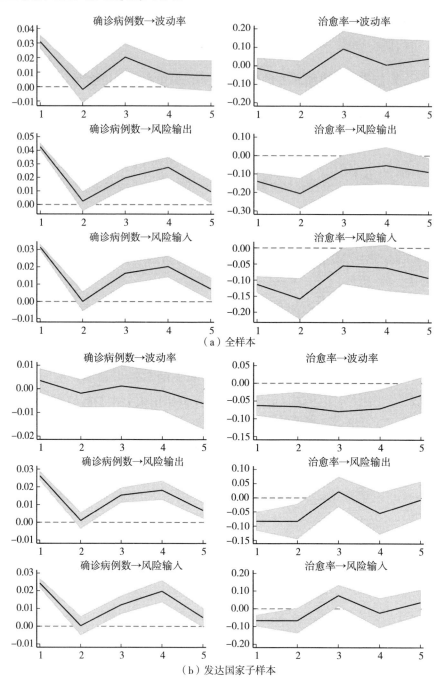

（a）全样本

（b）发达国家子样本

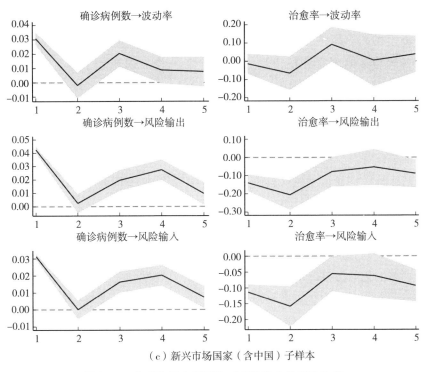

（c）新兴市场国家（含中国）子样本

图8-4 全球外汇市场风险对疫情冲击的脉冲响应

注：（1）每一个子图均是单独通过局部投影得到；（2）图中实线表示脉冲响应结果，阴影区域表示正负一倍标准差的置信区间；（3）每幅图中"→"之前的变量为冲击变量，之后的变量为被冲击变量（内生变量）。具体而言，图中左侧一列的冲击变量为新冠肺炎疫情确诊病例数（Confirmed），右侧一列的冲击变量为新冠肺炎疫情治愈率（Cured）。图中最上面一行的被冲击变量为各国外汇市场波动率（Volatility），中间一行的被冲击变量为各国受全球因子的风险输入（Fromspill），最下面一行的被冲击变量为各国对全球因子的风险输出（Tospill）。

资料来源：作者计算得出。

首先，分析全样本结果。第一，各国（地区）新冠肺炎疫情确诊病例与其外汇市场风险之间存在正相关关系。具体而言，各国（地区）新冠肺炎疫情确诊病例数的增加，会使各国外汇市场风险显著提高。在受到新冠肺炎疫情不利消息冲击之后，各国外汇市场的波动风险和传染风险均出现快速上升，随后下降，然后又上升。与对各国外汇市场波动风险的影响相比，新冠肺炎疫情不利消息对外汇市场传染风险的影响显著性更高，影响持续性更强。第二，各国（地区）新冠肺炎疫情的治愈率与其外汇市场风

险之间呈负相关关系。具体而言，各国（地区）新冠肺炎疫情治愈率对于
其外汇市场的风险具有降低作用。在受到新冠肺炎疫情有利消息的冲击之
后，各国与其他国家外汇市场之间的传染风险出现快速下降，随后上升，
然后又下降。但是，各国外汇市场波动风险对新冠肺炎疫情有利消息的响
应并不显著。

其次，分析子样本结果。一方面，从发达国家样本来看，新冠肺炎疫情
不利消息仅会对发达国家外汇市场之间的传染风险产生正向影响，对发达国
家外汇市场的自身波动风险影响不显著；新冠肺炎疫情有利消息对发达国家
外汇市场的波动风险和传染风险均会产生显著的负向影响，且对发达国家外
汇市场自身波动风险影响的持续性更强。另一方面，从新兴市场国家样本来
看，新冠肺炎疫情不利消息对新兴市场国家的自身波动风险和传染风险均会
产生显著的正向影响，但对传染风险影响的持续性强于自身波动风险；新冠
肺炎疫情有利消息仅会对新兴市场国家的传染风险产生显著的负向影响，其
对新兴市场国家自身波动风险影响方向不明确且不显著。

综上所述，有以下结论。第一，相对于外汇市场的自身波动风险而言，
各个外汇市场之间的传染风险对新冠肺炎疫情病例消息的响应更加明显。第
二，新冠肺炎疫情不利消息对外汇市场风险有正向冲击作用，而新冠肺炎疫
情有利消息对外汇市场风险有负向冲击作用，且外汇市场风险对新冠肺炎疫
情不利消息的响应显著性好于新冠肺炎疫情有利消息。

二、新冠肺炎疫情对中国外汇市场风险的影响

（一）新冠肺炎疫情病例状况

为了考察新冠肺炎疫情对中国外汇市场风险带来的影响，本节依次考
察了新冠肺炎疫情确诊病例数和治愈率对中国外汇市场自身波动率、中国
对全球因子的风险输出以及中国受全球因子的风险输入的影响，结果见
表 8 - 10。

表 8 – 10　　　　　新冠肺炎疫情冲击对中国外汇市场风险的影响

变量	中国波动率	中国对全球因子的风险传染	中国受全球因子的风险输入
确诊病例	− 0.0053 （ − 1.18）	− 0.0906 *** （ − 3.92）	0.1757 *** （8.36）
治愈率	− 0.0695 （ − 0.87）	− 1.0488 （ − 1.58）	− 1.7409 *** （ − 4.04）
常数项	0.3376 *** （4.33）	4.1432 *** （7.73）	2.2074 *** （4.93）
观测值数	50	50	50
调整的 R^2	− 0.003	0.238	0.639
F 值	1.354	12.120	43.637

注：（1）" *** "表示在 1% 的显著性水平下显著；（2）括号内为回归系数的 t 统计量。
资料来源：作者计算得出。

　　首先，新冠肺炎疫情对中国外汇市场自身波动风险不存在显著影响。无论是新冠肺炎疫情确诊病例数，还是治愈率，其对中国外汇市场自身波动率的影响均不显著。这可能是因为，中国防疫政策得当，较早地控制住了疫情，从而疫情对中国自身金融风险的影响较小。

　　其次，新冠肺炎疫情不利消息与中国对全球因子的风险传染之间存在显著的负向关联性。新冠肺炎疫情确诊病例数与中国对全球因子的风险传染在 1% 的水平上显著为负。这表明，当全球新冠肺炎疫情的确诊病例数增加时，中国对全球因子的风险传染下降。相对于中国，全球疫情的严重程度更高，因而中国对其他市场的风险传染下降。治愈率与中国对全球因子的风险传染之间不存在显著的相关关系。

　　最后，新冠肺炎疫情与中国受全球因子的风险输入之间存在显著的相关关系。新冠肺炎疫情确诊病例数与中国受全球因子的风险输入在 1% 的水平上显著为正。新冠肺炎疫情治愈率与中国受全球因子的风险输入在 1% 的水平上显著为负。这表明，新冠肺炎疫情不利消息会增加中国受全球因子的风险输入，而有利消息有利于降低中国受全球因子的风险输入。这可能是因为：新冠肺炎疫情不利消息会导致投资者的悲观情绪，加大外汇市场风险，所以对中国的风险溢入增多；新冠肺炎疫情有利消息有利于提振投资者信心，降低外汇市场风险，所以对中国的风险输入下降。

（二）其他金融风险渠道

本部分考察中国其他主要金融市场风险的变化是否会缓解或加剧新冠肺炎疫情对中国外汇市场风险的影响。新冠肺炎疫情对中国外汇市场自身波动风险没有显著影响，本章在此仅将中国与其他外汇市场之间的相互风险传染效应作为中国外汇市场风险，结果见表8－11。表8－11中的第（1）~（3）列的被解释变量为中国对全球因子的风险输出，第（4）~（6）列的被解释变量为中国受全球因子的风险输入。

表8－11　　　　　　　其他金融风险对中国外汇市场风险的影响

	中国对全球因子的风险输出			中国受全球因子的风险输入		
	（1）	（2）	（3）	（4）	（5）	（6）
确诊病例	0.1954 (1.55)	0.0570 (0.20)	1.3008 * (1.70)	0.3409 *** (2.73)	− 0.5735 *** (− 6.16)	0.4625 (0.72)
治愈率	− 1.9320 * (− 1.87)	15.1025 *** (5.33)	28.1085 ** (2.68)	− 2.5364 *** (− 3.13)	7.9927 *** (6.16)	9.1463 (0.97)
中国货币市场	4.8089 * (1.82)			3.7702 *** (2.89)		
中国货币市场× 确诊病例	− 0.2719 * (− 1.86)			− 0.2065 ** (− 2.20)		
中国货币市场× 治愈率	− 1.7111 (− 1.36)			− 1.0540 (− 1.38)		
中国股票市场		13.6206 *** (3.65)			− 0.4895 (− 0.32)	
中国股票市场× 确诊病例		− 0.1642 (− 0.65)			0.6486 *** (7.37)	
中国股票市场× 治愈率		− 16.5008 *** (− 6.04)			− 8.9285 *** (− 6.51)	

	中国对全球因子的风险输出			中国受全球因子的风险输入		
	（1）	（2）	（3）	（4）	（5）	（6）
中国债券市场			742. 9650 ** （2. 44）			226. 8730 （0. 83）
中国债券市场× 确诊病例			－ 24. 3972 * （ － 1. 85）			－ 5. 0717 （ － 0. 45）
中国债券市场× 治愈率			－ 511. 2905 *** （ － 2. 79）			－ 190. 3162 （ － 1. 16）
常数项	1. 4691 （1. 46）	－ 8. 5264 ** （ － 2. 44）	－ 38. 2189 ** （ － 2. 19）	0. 5071 （0. 58）	3. 2119 ** （2. 36）	－ 10. 7239 （ － 0. 68）
观测值数	50	50	50	50	50	50
调整 R^2	0. 300	0. 778	0. 294	0. 802	0. 847	0. 649
F	6. 633	26. 760	10. 832	63. 026	90. 756	23. 626

　　注："*""**""***"分别表示估计值在10%、5%和1%的显著性水平下显著；括号内为回归系数的t统计量。
　　资料来源：作者计算得出。

　　从货币市场来看，上升的货币市场风险缓解了新冠肺炎疫情不利消息对中国外汇市场风险的影响。无论是中国对全球因子的风险输出，还是中国受全球因子的风险输入，货币市场风险与确诊病例数之间的交乘项系数均显著为负，货币市场风险与治愈率之间的交乘项系数均不显著。综合而言，货币市场风险增大时，新冠肺炎疫情对中国外汇市场风险的影响减弱。这表明，中国货币市场与外汇市场之间存在风险分散效应。

　　从中国对全球因子的风险输出来看，上升的股票市场风险降低了新冠肺炎疫情有利消息对中国外汇市场的影响，但是对新冠肺炎疫情不利消息没有显著作用。从中国受全球因子的风险输入来看，上升的股票市场风险增强了新冠肺炎疫情不利消息对中国外汇市场风险的影响，降低了新冠肺炎疫情有利消息对中国外汇市场风险的影响。综合而言，股票市场风险增大时，新冠肺炎疫情对中国外汇市场风险的影响增大。这表明，中国股票市场与外汇市场之间存在风险共振效应。

从债券市场来看，上升的债券市场风险缓解了新冠肺炎疫情对中国外汇市场风险的影响。在被解释变量为中国对全球因子的风险输出时，无论是债券市场风险与确诊病例数之间的交乘项，还是债券市场风险与治愈率之间的交乘项均显著为负。这表明，债券市场在缓解新冠肺炎疫情不利消息对外汇市场风险影响的同时，也减弱了新冠肺炎疫情有利消息对外汇市场风险的影响。综合而言，债券市场风险增大时，新冠肺炎疫情对中国外汇市场风险的影响变得更加不明朗。

（三）基本面渠道

本部分考察中国实体经济的真实情况及市场对中国经济预期情况的变化是否会缓解或加剧新冠肺炎疫情冲击对中国外汇市场风险的影响，结果见表 8 - 12。表 8 - 12 第（1）、（2）列的被解释变量为中国对全球因子的风险输出，第（3）、（4）列的被解释变量为中国受全球因子的风险输入。

表 8 - 12　　　　　　　　经济基本面对中国外汇市场风险的影响

变量	中国对全球因子的风险输出		中国受全球因子的风险输入	
确诊病例	0.3035 ** (2.69)	- 0.0649 * (- 1.77)	0.2957 *** (3.26)	- 0.0031 (- 0.17)
治愈率	- 4.0766 *** (- 4.10)	- 0.5047 (- 1.13)	- 2.0161 ** (- 2.59)	- 2.1895 *** (- 5.08)
实体经济	11.6647 *** (3.86)		6.5849 ** (2.61)	
实体经济×确诊病例	- 1.3798 *** (- 3.26)		- 0.6345 * (- 1.75)	
实体经济×治愈率	7.7869 * (1.94)		0.6588 (0.22)	
经济意外		- 0.0019 (- 0.14)		- 0.0424 *** (- 3.77)
经济意外×确诊病例		- 0.0007 (- 1.54)		0.0007 (1.68)

续表

变量	中国对全球因子的风险输出		中国受全球因子的风险输入	
经济意外×治愈率		0.0161 (1.56)		0.0387 *** (4.80)
常数项	1.2243 (1.38)	3.5936 *** (5.18)	1.0581 (1.62)	4.7492 *** (8.83)
观测值数	50	50	50	50
调整 R^2	0.675	0.785	0.662	0.785
F	25.593	64.673	28.798	96.661

注："*""**""***"分别表示估计值在10%、5%和1%的显著性水平下显著；括号内为回归系数的 t 统计量。

资料来源：作者计算得出。

从中国对全球因子的风险输出来看，仅实体经济风险会缓解或加剧新冠肺炎疫情对中国外汇市场风险的影响。其中，实体经济风险与确诊病例数之间的交乘项系数显著为负，实体经济风险与治愈率之间的交乘项系数显著为正。这表明，当中国实体经济风险增大时，新冠肺炎疫情不利消息对中国风险输出的影响减弱，新冠肺炎疫情有利消息对中国风险输出的影响增强。

从中国受全球因子的风险输入来看，实体经济风险增大和中国经济意外程度增强均会缓解或加剧新冠肺炎疫情对中国外汇市场风险的影响。其中，实体经济风险与确诊病例数之间的交乘项系数显著为负，经济意外指数与治愈率之间的交乘项系数显著为正。这表明，当中国实体经济风险增大时，新冠肺炎疫情不利消息对中国风险输入的影响减弱。当中国经济不确定性较高时，新冠肺炎疫情有利消息对中国风险输入的影响增强。

综上所述，当中国实体经济风险较高时，新冠肺炎疫情不利消息对中国外汇市场风险的影响在减弱。这可能是因为，当中国实体经济风险较高时，解决国内经济发展问题才是重中之重，因此对防范新冠肺炎疫情输入性金融风险的关注度有所降低。与此同时，提高治愈率有助于进一步降低中国外汇市场风险。这表明，实体经济与外汇市场之间也存在风险分散效应。

第三节　全球外汇市场风险生成机理：内因

上述两节重点分析了新冠肺炎疫情对全球外汇市场风险的影响，本节在此基础之上，进一步考察不同类型重大冲击下全球外汇市场的风险生成机理。具体而言，本节对比分析了全球金融危机、欧债危机、中美贸易摩擦和新冠肺炎疫情时期，全球外汇市场风险的演变特征，并分别从时间维度和空间维度两个角度来对全球外汇市场风险进行分解，从而考察全球外汇市场的内部风险生成机理。

本节及以下部分重大冲击时间段设置如下：2007 年 7 月 3 日至 2009 年 5 月 15 日为全球金融危机时期，2009 年 10 月 12 日至 2012 年 12 月 31 日为欧债危机时期，2007 年 8 月 14 日至 2018 年 7 月 6 日为中美贸易摩擦时期，2020 年 1 月 20 日至 2020 年 7 月 13 日为新冠肺炎疫情时期。全样本时间为 1999 年 1 月 1 日至 2020 年 7 月 13 日，除四次危机以外的时间段为正常时期。

一、各国货币汇率波动

图 8 - 5 列示了重大冲击时期与正常时期各国外汇市场总波动风险的散点图。表 8 - 13 列示了基于贸易加权①的发达国家和新兴市场国家的外汇市场波动风险。

---

①　贸易数据处理如下：（1）将各国贸易进口和出口数据加总得到各国贸易数据。（2）除沙特阿拉伯的数据为年频外，其余各国的贸易数据均为月频。本书将沙特阿拉伯的年度数据除以 12，得到沙特阿拉伯每月相等的月度数据。（3）各国进出口贸易数据单位并不统一，其中美国、印度、俄罗斯、墨西哥、巴西和阿根廷以百万美元为单位；日本为百万日元，欧元区为百万欧元，澳大利亚为百万澳元，南非为百万兰特，加拿大为百万加元，英国为百万英镑，沙特阿拉伯为十亿沙特里亚尔，中国为亿元，韩国、印度尼西亚和土耳其为千美元。本书先将千、十亿和亿统一为百万，然后将不同币种根据其与美元汇率，转换为美元数据，从而将各单位均统一为百万美元。（4）将各国贸易数据进行加总得到全球总贸易数据。（5）将各国贸易数据除以全球总贸易数据即可得到各国贸易权重。本部分的进出口贸易数据来自于 WIND 数据库，各国兑美元汇率数据来自于加拿大不列颠哥伦比亚大学尚德商学院数据库（https：//fx. sauder. nbc. ca/data. html）。

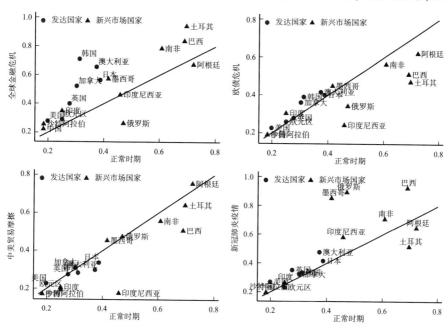

图 8 - 5　重大冲击时期与正常时期各国外汇市场波动风险

注：图中圆圈表示发达国家，三角形表示新兴市场国家。图中实线表示 45% 线，即重大冲击时期和正常时期的传染风险相等。横纵轴单位为%。

资料来源：作者计算得出。

表 8 - 13　　　　　发达国家和新兴市场国家外汇市场波动风险　　　　单位：%

	正常时期 (1)	全球金融危机 (2)	欧债危机 (3)	中美贸易摩擦 (4)	新冠肺炎疫情 (5)	(2) - (1)	(3) - (1)	(4) - (1)	(5) - (1)
新兴市场国家	0.336	0.384	0.290	0.282	0.386	0.048	- 0.046	- 0.055	0.050
发达国家	0.260	0.379	0.287	0.243	0.295	0.120	0.028	- 0.016	0.035
新兴市场 - 发达	0.077	0.005	0.003	0.039	0.092	- 0.072	- 0.074	- 0.038	0.015

注：表中发达国家是将各个发达国家的数据按照贸易加权所得。新兴市场国家是将各个新兴市场国家的数据按照贸易加权所得。

资料来源：作者计算得出。

首先，发达国家外汇市场风险的同质性较强，且波动风险水平较低，而新兴市场国家之间的差异较大。图8-5中，发达国家分布比较集中，且基本均在图形的左下方。而新兴市场国家的分布比较分散，且大多分布在图形的右上方。具体而言，新兴市场国家可以分为高、中和低风险三类国家。中国、印度和沙特阿拉伯属于低风险国家，它们始终位于图形的左下角，且比较接近45°线；阿根廷、土耳其、巴西和南非属于高风险国家，它们基本均处于图形的右上角；其余国家属于中风险国家，它们在高风险和低风险国家之间分布。但整体而言，新兴市场国家的外汇市场风险高于发达国家。这个结论可以在表8-13得到进一步验证。表8-13中基于贸易加权的发达国家的波动风险总是低于新兴市场国家。这可能是因为，一方面，发达国家的经济发展水平较高，综合实力较强，有利于保持外汇市场的稳定；另一方面，发达国家的货币，如美元、欧元、英镑和日元等国际地位较高，认可度较高，这也有利于降低汇率的波动。

其次，中国外汇市场的波动风险较低，且受四次重大冲击的影响均较小。图8-5中，中国始终位于图形的左下角，接近45°线。这表明，无论是在重大冲击时期，还是在正常时期，中国外汇市场的波动风险均处于较低水平。这主要是因为：一方面，中国实行有管理的浮动汇率制度，受资本管制和汇率波幅等限制，中国货币的汇率波动较小；另一方面，中国宏观经济持续稳健发展，经济结构不断优化，国际收支保持基本平衡，金融体系的风险总体可控，这使得中国货币的汇率总体保持稳定状态。此外，人民币的国际地位不断提升，这也有利于中国外汇市场的稳定。

再其次，整体而言，全球金融危机和新冠肺炎疫情对全球外汇市场风险的影响较为一致且较大，欧债危机和中美贸易摩擦对全球外汇市场波动风险的影响较为一致且较小。图8-5中，全球金融危机和新冠肺炎疫情时期，各个国家主要分布在45°线上方，且向上偏离45°线的程度较高。相对而言，欧债危机和中美贸易摩擦时期，各个国家主要集中于45°线附近，甚至向下偏离45°线。这表明，截至2020年7月13日，新冠肺炎疫情已经对各个国家的外汇市场造成巨大冲击，尽管不如全球金融危机时期高，但鉴于新冠肺炎疫情还在蔓延，不排除有更高风险的可能，从而需要对全球外汇市场的风险保持高度关注。

最后，分析四次危机对不同国家类型影响的差异。全球金融危机和欧债危机对发达国家的影响更大，新冠肺炎疫情对新兴市场国家的影响更大，中美贸易摩擦对这两类国家影响均较小。第一，发达国家对全球金融危机的敏感度更高。图8-5显示，相比于其他三次重大冲击，发达国家在全球金融危机时期在上方偏离45°线的程度更高。表8-13中全球金融危机时期，新兴市场国家和发达国家外汇市场波动风险分别为0.384和0.379。这表明，新兴市场国家的外汇市场风险高于发达国家。相比正常时期，新兴市场国家外汇市场的波动风险增加0.048，而发达国家外汇市场风险增加0.120，发达国家外汇市场波动风险增加幅度高于新兴市场国家。这表明，相比新兴市场国家，发达国家外汇市场的波动风险在全球金融危机时期比正常时期的增幅更大。第二，新兴市场国家对新冠肺炎疫情的敏感度更高。图8-5显示，相比其他三次重大冲击，墨西哥、俄罗斯和印度尼西亚等新兴市场国家在新冠肺炎疫情时期在上方偏离45°线的程度更高。而在其他重大冲击时期，它们基本接近45°线或者向下偏离45°线。表8-13中，在新冠肺炎疫情时期，新兴市场国家的波动风险为0.386，高于全球金融危机时期的0.384；反观发达国家，其在新冠肺炎疫情时期的波动风险为0.295，低于全球金融危机时期的波动风险。这表明，新冠肺炎疫情对新兴市场国家的影响要高于全球金融危机对新兴市场国家的影响，而新冠肺炎疫情对发达国家的影响是要低于全球金融危机对发达国家的影响。第三，由表8-13可知，相比于正常时期，在欧债危机时期，发达国家的外汇市场风险增加，而新兴市场国家的风险有所下降。在中美贸易摩擦时期，两者的风险均有所下降。总而言之，全球金融危机本质上是发达国家的重大金融冲击；欧债危机是全球金融危机的余温，但是力度要小得多；新冠肺炎疫情是全球尤其是新兴市场国家的重大公共卫生冲击，其导致实体经济增长下滑，进而实体经济重大冲击蔓延至金融体系，导致金融体系风险上升。

二、全球外汇市场风险分解：空间维度

图8-6列示了重大冲击时期与正常时期各国外汇市场传染风险的散点

图。表8－14列示了基于贸易加权的发达国家和新兴市场国家的外汇市场传染风险。

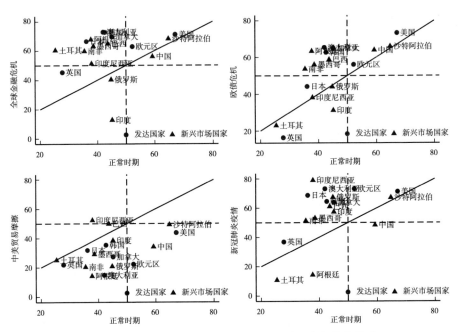

图8－6　重大冲击时期与正常时期各国外汇市场传染风险

注：图中圆圈表示发达国家，三角形表示新兴市场国家。图中实线表示45%线，即重大冲击时期和正常时期的传染风险相等。横纵轴单位为%。

资料来源：作者计算得出。

表8－14				发达国家和新兴市场国家的传染风险				单位：%
国家	正常时期（1）	全球金融危机（2）	欧债危机（3）	中美贸易摩擦（4）	新冠肺炎疫情（5）	（2）－（1）	（3）－（1）	（4）－（1）	（5）－（1）
新兴市场国家	51.129	64.990	57.347	31.115	67.010	13.860	6.217	－20.014	15.881
发达国家	48.943	53.160	54.475	34.083	50.728	4.217	5.533	－14.860	1.786
新兴市场－发达国家	2.187	11.830	2.871	－2.968	16.282	9.643	0.684	－5.155	14.095

注：表中发达国家是将各个发达国家的数据按照贸易加权所得。新兴市场国家是将各个新兴市场国家的数据按照贸易加权所得。

资料来源：作者计算得出。

　　首先，由图8-6可知，相比于正常时期，全球金融危机和新冠肺炎疫情时期，大部分国家的传染风险更高；欧债危机时期，大部分国家的传染风险略高于正常时期；中美贸易摩擦时期，大部分国家的传染风险都低于正常时期。图8-6中，大部分国家在全球金融危机和新冠肺炎疫情时期均位于45°线上方，且偏离45°线的程度较高；欧债危机时期，大部分国家的传染风险略高于正常时期，基本分布在45°线上下，偏离程度较小；中美贸易摩擦时期，大部分国家的传染风险都低于正常时期，均位于45°线下方，且偏离45°线的程度较高。此外，对比四次重大冲击，全球外汇市场传染风险在全球金融危机时期最高，新冠肺炎疫情时期次之，随后是欧债危机时期，中美贸易摩擦时期最低。这与波动风险的结论相一致，表明了波动风险和传染风险具有较高的一致性。

　　其次，中国在全球金融危机、欧债危机和正常时期外汇市场的传染风险高于其自身的风险累积。但是，在中美贸易摩擦和新冠肺炎疫情时期，中国外汇市场主要受自身风险累积的影响。在全球金融危机时期，中国的传染风险呈现急剧上升趋势，但在高位运行持续的时间较短。而在欧债危机时期，受全球金融危机余波的影响，中国传染风险从一开始就处于较高水平，随后由于欧债危机长期未得到有效解决，中国传染风险先下降随后又有所上升，并在高位运行较长时间，这导致中国传染风险在欧债危机时期较高。在正常时期中国的传染风险较高，这可能与此时期中国汇率制度改革进程以及非典疫情的暴发有关。在新冠肺炎疫情时期，中国政府采取迅速积极有效的防疫措施，较早地遏制住了疫情。与此同时，新冠肺炎疫情在全球其他大部分国家快速蔓延。中国俨然成为全球最为安全的地方，快速的复工复产以及经济增长的恢复，使得中国外汇市场抵抗冲击的能力较强。因此，在新冠肺炎疫情期间，中国外汇市场受外部风险的传染较小。

　　再其次，对比四次重大冲击可知，大部分国家的外汇市场在全球金融危机、欧债危机和新冠肺炎疫情时期主要受传染风险影响，而在中美贸易摩擦时期，其主要受自身风险累积的影响。具体而言，大部分国家外汇市场的传染风险在全球金融危机时期最高，新冠肺炎疫情时期次之，随后是欧债危机时期，最后是中美贸易摩擦时期。这个结论可从图8-6得到印证，图8-6

中全球金融危机、欧债危机、中美贸易摩擦和新冠肺炎疫情时期传染风险高于自身风险累积的国家数分别为 14 个、12 个、2 个和 14 个。此外，美国、沙特阿拉伯和欧元区长期受传染风险影响，而英国、俄罗斯和印度主要受自身风险累积影响。除中美贸易摩擦时期之外，无论是在重大冲击时期还是在正常时期，美国、沙特阿拉伯和欧元区的风险主要来自于传染风险。图 8-6 中，美国、沙特阿拉伯和欧元区始终在图形的右上角。除新冠肺炎疫情时期之外，无论是在重大冲击时期还是在正常时期，英国、俄罗斯和印度的风险主要来自于自身风险累积。图 8-6 中，英国、俄罗斯和印度始终位于图形的左下角。

最后，对比全球金融危机、欧债危机和新冠肺炎疫情时期，发达国家传染风险在新冠肺炎疫情时期增加，而新兴市场国家在新冠肺炎疫情时期自身风险累积提高。表 8-14 中，发达国家与新兴市场国家外汇市场风险的差距在全球金融危机、欧债危机和新冠肺炎疫情时期分别为 11.830%、2.871% 和 16.282%。这表明，发达国家自身传染风险与新兴市场国家自身传染风险的差距在新冠肺炎疫情时期超过了全球金融危机和欧债危机时期。新兴市场国家在全球金融危机、欧债危机和新冠肺炎疫情时期的传染风险分别为 64.990%、57.347% 和 67.010%，发达国家在这三次危机时期的传染风险分别为 53.160%、54.475% 和 50.728%。这表明，相比于全球金融危机和欧债危机时期，新冠肺炎疫情时期发达国家的传染风险下降，而新兴市场国家的传染风险上升。由此可知，相比全球金融危机和欧债危机时期，新兴市场国家在新冠肺炎疫情时期受自身风险累积影响的比例提高。

三、全球外汇市场风险分解：时间维度

本部分基于贸易加权构建全球外汇市场波动风险和传染风险[①]，结果见图 8-7 和图 8-8。图 8-7 为全样本时期全球外汇市场波动风险和传染风险的时序图，图 8-8 为重大冲击时期两者的时序图。

---

① 此外，本章还基于金融加权构建了全球外汇市场波动风险和传染风险，结果与贸易加权基本一致。限于篇幅，结果备索。

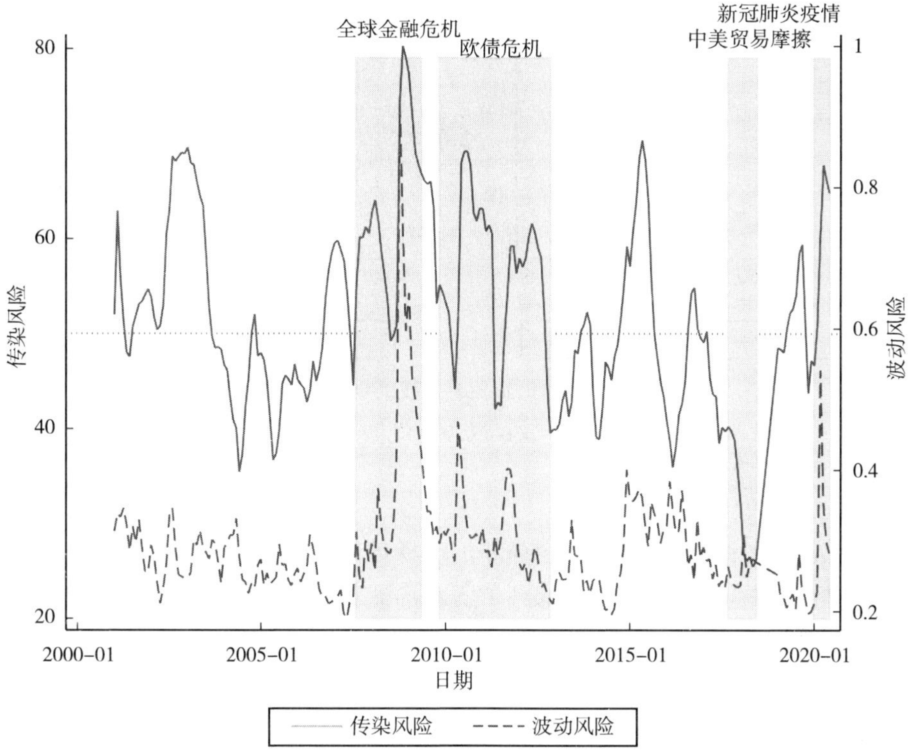

图 8－7 贸易加权的全球外汇市场风险

注：图中点线表示传染风险为50%。左右坐标轴单位为%。

资料来源：作者计算得出。

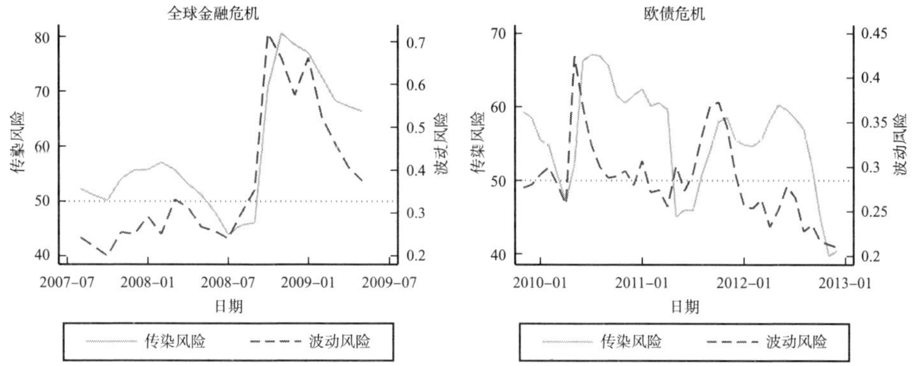

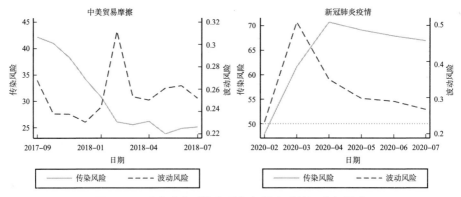

图 8 - 8 重大冲击时期贸易加权的全球外汇市场风险

注：图中点线表示传染风险为 50%。左右坐标轴单位为%。

资料来源：作者计算得出。

首先，相比于正常时期，全球外汇市场传染风险与波动风险的走势在重大冲击时期更为类似，而且全球外汇市场的波动风险对于传染风险峰值的形成具有前瞻性。从图 8 - 7 可以看出，在正常时期，全球外汇市场波动风险和传染风险之间的走势差距较大。在全球金融危机、欧债危机和新冠肺炎疫情时期，全球外汇市场的波动风险和传染风险均分别有 1 个、2 个和 1 个峰值。图 8 - 8 表明，在这几次峰值的形成过程中，波动风险总是先于传染风险进入上升阶段，即波动风险的提高会带来传染风险的增加。

为了进一步验证此结论，本章借鉴李政等（2019）采用滞后期的相关系数①来考察波动风险对传染风险的前瞻性，结果见表 8 - 15。从表 8 - 15 可以看出，相比于正常时期，全球外汇市场的传染风险与波动风险之间的相关系数在重大冲击时期更高。在欧债危机和新冠肺炎疫情时期，传染风险与滞后的波动风险之间的相关系数比两者同期的相关系数更高。这进一步表明，波动风险对传染风险具有前瞻性。

---

① 即 Correlation（波动风险（$t-n$），传染风险（t）），其中，波动风险（$t-n$）表示 $t-n$ 期的波动风险，传染风险（t）表示 t 期的传染风险，n 分别为 1、2、3、4。

表8-15　　　　　　　　传染风险和波动风险的相关系数

K	正常时期	全球金融危机	欧债危机	中美贸易摩擦	新冠肺炎疫情
t	0.095	0.656	0.345	-0.285	0.333
$t-1$	0.094	0.656	0.353	-0.285	0.374
$t-2$	0.093	0.655	0.357	-0.292	0.400
$t-3$	0.094	0.652	0.362	-0.292	0.426
$t-4$	0.094	0.652	0.369	-0.305	0.446

注：K表示波动风险的期数，传染风险均为t期。例如，当$K=t-3$时，图中数值即为传染风险第t期数值与波动风险第$t-3$期数值之间的相关系数。其他结果同理。
资料来源：作者计算得出。

　　其次，全球金融危机、欧债危机和新冠肺炎疫情时期，全球外汇市场风险主要由传染风险驱动，自身风险累积所占比例较低。由图8-8可以看出，全球外汇市场传染风险在全球金融危机和新冠肺炎疫情时期基本均在50%的点线上方；欧债危机时期，全球外汇市场传染风险围绕50%上下浮动，但大部分时间位于50%的点线上方。这表明，这三次重大冲击时期，全球外汇市场的传染风险高于自身风险累积。全球金融危机时期，全球外汇市场的波动风险和传染风险最高，新冠肺炎疫情次之，欧债危机随后。全球金融危机时期，全球外汇市场波动风险和传染风险的浮动区间分别为0.2~1、50%~80%。新冠肺炎疫情时期，两者的浮动区间分别为0.2~0.6、50%~70%。欧债危机时期，波动风险和传染风险的浮动区间进一步降低为0.2~0.45、40%~70%。

　　最后，相比其他三次重大冲击，中美贸易摩擦时期，全球外汇市场的波动风险水平较低，且主要由自身风险累积来驱动。图8-8表明，第一，中美贸易摩擦时期，全球外汇市场的波动风险在0.24~0.32之间浮动，而全球金融危机、欧债危机和新冠肺炎疫情浮动区间分别为0.2~1、0.2~0.45和0.2~0.6。这表明，相比于其他三次重大冲击，全球外汇市场的波动风险在中美贸易摩擦时期较低。第二，中美贸易摩擦时期，全球外汇市场传染风险在25%~40%之间浮动，均低于50%。这表明，在此时期，全球外汇市场的传染风险低于自身风险累积。此外，中美贸易摩擦时期，全球外汇市场的波动风险和传染风险之间呈负向相关关系。图8-7中，中美贸易摩擦时

期，全球外汇市场的传染风险呈逐步下降趋势，而波动风险的起伏较大。

四、稳健性分析

通常而言，金融市场的风险来自于不确定性，即价格波动，本章以上的结论也源于此。本节在考虑偏度、峰度等常用的高阶矩指标的条件下，进一步论证本章结果的稳健性。其中，偏度为三阶矩指标，该指标描述了资产收益率的非对称性情况。资产收益的偏度越大，即有一定概率利用较少资金获取较大收益；反之，偏度越偏向负值，则表明负收益出现的累积概率越大，偏度风险越大（Rafferty，2012）。峰度为四阶矩指标，峰度越大，变量肥尾特征越明显，出现极端离群值的可能性越大，预期资产收益可能发生剧烈波动（Dittmar，2002）。各国（地区）货币收益率也表现出尖峰厚尾特征。基于此，这里对外汇市场的动态偏度、峰度风险指标进行量化研究。

为了获取各国（地区）货币收益率的条件偏度和条件峰度序列，本章参照里昂等（León et al.，2005）提出的 GARCHSK 模型，对货币收益率序列建立高阶矩波动模型：

$$r_t = \mu_t + \varepsilon_t = \mu_t + h_t^{1/2} z_t \tag{8.5}$$

$$h_t = \beta_0 + \sum_{i=1}^{q_1} \beta_{1,i} \varepsilon_{t-1}^2 + \sum_{j=1}^{p_1} \beta_{2,j} h_{t-j} \tag{8.6}$$

$$s_t = \gamma_0 + \sum_{i=1}^{q_2} \gamma_{1,i} z_{t-i}^3 + \sum_{j=1}^{p_2} \gamma_{2,j} s_{t-j} \tag{8.7}$$

$$k_t = \delta_0 + \sum_{i=1}^{q_3} \delta_{1,i} z_{t-i}^4 + \sum_{j=1}^{p_3} \delta_{2,j} k_{t-j} \tag{8.8}$$

其中，$\varepsilon_t \mid I_{t-1}$ 服从 $D(0, h_t, s_t, k_t)$，I_{t-1} 为 $t-1$ 时刻的信息集，$D(0, h_t, s_t, k_t)$ 为包含均值、方差、偏度和峰度的 Gram - Charlier 分布，h_t 为条件波动，s_t 为条件偏度，k_t 为条件峰度。

图 8 - 9 和图 8 - 10 分别为贸易加权的全球外汇市场峰度风险和波动风险、贸易加权的全球外汇市场偏度风险和波动风险。从图中可以看出，无论是偏度风险，还是峰度风险，其与全球外汇市场波动风险的走势均较为一致。这表明，本章采用波动率表示风险的结果较为稳健。

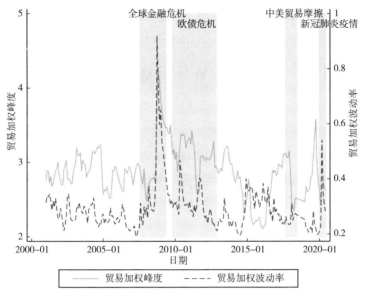

图 8 - 9　贸易加权的全球外汇市场峰度风险和波动风险

注：左右坐标轴单位为% 。

资料来源：作者计算得出。

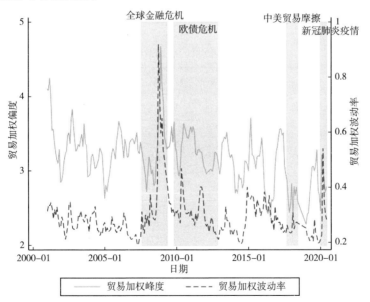

图 8 - 10　贸易加权的全球外汇市场偏度风险和波动风险

注：左右坐标轴单位为% 。

资料来源：作者计算得出。

第四节　全球外汇市场风险生成机理：外因

本章第三节在全球外汇市场框架内考察了全球外汇市场的风险成因。而本节做进一步扩展，将范围扩大至全球外汇市场的外部。也即，本节基于跨市场传染、政策实施传导和实体经济反馈等因素来考察全球外汇市场的外部因素对全球外汇市场风险的影响。

一、全球外汇市场风险影响因素

为了缓解内生性问题，本节在考察全球外汇市场外部因素对全球外汇市场的风险影响时，对各外部因素作滞后 1 期处理，各因素在不同时期对全球外汇市场风险影响贡献度的结果见表 8 – 16。

表 8 – 16　　　　　　　　各影响因素的模型贡献度

	被解释变量：贸易加权的波动风险				
	正常时期	全球金融危机	欧债危机	中美贸易摩擦	新冠肺炎疫情
债券市场	0.174	0.134	0.220	0.150	0.275
股票市场	0.101	0.129	0.032	0.073	0.050
原油市场	0.145	0.102	0.120	0.069	0.019
恐慌指数	0.196	0.113	0.313	0.410	0.153
小计	0.154	0.119	0.171	0.175	0.124
欧央行政策	0.071	0.180	0.086	0.015	0.069
美联储政策	0.194	0.131	0.057	0.078	0.026
小计	0.132	0.156	0.071	0.047	0.047

	被解释变量：贸易加权的波动风险				
	正常时期	全球金融危机	欧债危机	中美贸易摩擦	新冠肺炎疫情
商业信心	0.062	0.131	0.030	0.174	0.210
消费者信心	0.057	0.081	0.143	0.032	0.200
小计	0.060	0.106	0.086	0.103	0.205

注："小计"分别表示三类因素贡献度的平均值。
资料来源：作者计算得出。

　　首先，其他金融市场风险的增加均会提高全球外汇市场的风险水平，且该结果在不同时期较为稳健。其他金融市场的风险与全球外汇市场风险之间存在显著的正相关关系。而且，相比于其他金融市场因素，无论是在正常时期，还是在危机时期，恐慌指数的贡献度均比较高。这表明，市场情绪的变化对于全球金融市场的稳定至关重要。除此以外，债券市场风险在各个市场也发挥着重要作用，尤其是在欧债危机和新冠肺炎疫情时期。这表明，债务问题也是一个值得关注的问题。

　　其次，在正常时期，美联储政策效果更优，而在危机时期，欧央行政策效果更佳。表 8 - 16 中，在全球金融危机时期，欧央行政策的贡献度为0.180，高于美联储政策的贡献度0.131。这表明，在全球金融危机时期，欧央行政策对全球外汇市场的影响高于美联储政策。依此类推，在正常时期和中美贸易摩擦时期，美联储政策对全球外汇市场风险的贡献度远大于欧央行政策，但在全球金融危机、欧债危机和新冠肺炎疫情时期，欧央行政策对全球外汇市场风险的贡献度略大于美联储政策。虽然美国是全球金融危机的起源国及疫情最严重的国家，但是在这两次危机中，欧央行政策的贡献度均大于美联储政策。这是因为，全球金融危机中欧元区金融系统受到的打击更为致命，信贷紧缩更为严重，且欧元区经济相对于美国的经济实力较弱，欧元区成员国应对危机的举措受到较大限制。因此，在全球金融危机期间，欧元区先于美国陷入技术性经济衰退；新冠肺炎疫情时期，欧元区的疫情也十分严重，欧元区的经济基本处于双底衰退状态。相对而言，美国的经济韧性较好。此外,欧债危机时期,欧洲地区是危机的重灾区。因为这些因素的共同作用,使得欧央行政策的贡献度大于美联储政策。

再其次,实体经济因素在不同时期发挥的作用也有所不同,且商业信心指数比消费者信心指数对全球外汇市场风险的影响更大。表8-16表明,除欧债危机时期之外,商业信心指数的贡献度基本均高于消费者信心指数,但在不同时期,两者贡献度之间有所不同。企业主对未来商业活动的信心增强时,投资活动增加,出口贸易活动增强。而经济主体对未来经济活动的信心增强时,往往会增加消费。消费和投资活动可能存在不一致,甚至负相关(Chang et al.,2016)。因此,消费活动的增加可能部分抵消投资活动,使得出口贸易活动下降。这使得,相比于消费者信心指数,商业信心指数对全球外汇市场的影响程度更高。

最后,对比不同重大冲击时期三类因素的重要性可知,跨市场传染因素在正常时期、欧债危机和中美贸易摩擦时期对全球外汇市场的影响最大,政策实施传导在全球金融危机时期的影响最大,实体经济因素在新冠肺炎疫情时期的影响最大。表8-16表明,对比三类因素的贡献度可知,正常时期,跨市场传染因素的贡献度平均值最高为0.154,政策因素次之,其贡献度平均值为0.132,实体经济因素的贡献度平均值仅为0.060。全球金融危机时期,政策因素的贡献度平均值为0.156,其他金融市场因素的贡献度平均值为0.119,实体经济因素的贡献度平均值为0.106。欧债危机时期,其他金融市场因素的贡献度平均值最高,为0.171,实体经济因素的贡献度平均值次之,为0.086,政策因素的贡献度平均值最低,为0.071。中美贸易摩擦时期,其他金融市场因素的贡献度平均值最高为0.175,实体经济因素的贡献度平均值次之,为0.103,政策因素的贡献度平均值最低,为0.047。在新冠肺炎疫情时期,政策因素的贡献度平均值仅为0.047,其他金融市场因素的贡献度平均值为0.124,实体经济因素的贡献度平均值为0.205。这说明,在全球金融危机时期,政策因素对全球外汇市场的影响最大,其他金融市场因素次之,实体经济因素最小。依此类推,可以得出跨市场传染因素在正常时期、欧债危机和中美贸易摩擦时期的贡献度最高,政策实施传导在全球金融危机时期的贡献度最高,实体经济因素在新冠肺炎疫情时期的贡献度最高。

这表明，整体而言，其他金融市场因素对于全球外汇市场风险的形成具有十分重要的作用。新冠肺炎疫情时期，实体经济的因素凸显。这可能是由于旅行限制等禁令的实施，加之疫情不断蔓延导致的停工停产，使得新冠肺炎疫情对实体经济产生负面冲击。

二、替换解释变量：政策因素

为了进一步分析不同类型经济政策对全球外汇市场风险影响的差异，本章引进美国财政政策和贸易政策不确定性变量代表美国财政政策和贸易政策，并用其替换欧央行政策。各因素的模型贡献度结果见表 8 – 17。

表 8 – 17　　　　　　　　　　替换政策因素的模型贡献度

市场/政策	被解释变量：贸易加权的波动风险				
	正常时期	全球金融危机	欧债危机	中美贸易摩擦	新冠肺炎疫情
债券市场	0.140	0.112	0.247	0.103	0.173
股票市场	0.104	0.128	0.017	0.034	0.024
原油市场	0.127	0.175	0.127	0.038	0.011
恐慌指数	0.173	0.233	0.328	0.417	0.109
小计	0.136	0.162	0.180	0.148	0.079
货币政策	0.228	0.197	0.016	0.094	0.082
财政政策	0.048	0.055	0.013	0.066	0.124
贸易政策	0.084	0.035	0.069	0.083	0.043
小计	0.120	0.096	0.033	0.081	0.083
商业信心	0.043	0.035	0.048	0.157	0.198
消费者信心	0.054	0.030	0.134	0.010	0.236
小计	0.049	0.032	0.091	0.084	0.217

注："小计"分别表示三类因素贡献度的平均值。
资料来源：作者计算得出。

对比三类经济政策，在正常时期、全球金融危机和中美贸易摩擦时期，货币政策对全球外汇市场风险的影响更大；在欧债危机时期，贸易政策对全球外汇市场风险的影响更大；在新冠肺炎疫情时期，财政政策的效果更为突出。由表 8 – 17 可以看出，对比三类经济政策，正常时期，货币政策、财政政策和贸易政策的贡献度分别为 0.228、0.048 和 0.084。全球金融危机时期，三者的贡献度分别为 0.197、0.055 和 0.035。欧债危机时期，三者的贡献度分别为 0.016、0.013 和 0.069。中美贸易摩擦时期，三者的贡献度分别为 0.094、0.066 和 0.083。新冠肺炎疫情时期，三者的贡献度分别为 0.082、0.124 和 0.043。整体而言，货币政策的重要性强于财政政策和贸易政策。货币政策对于提供流动性、挽救市场信心具有重要帮助，且其操作较为方便。宽松性货币政策会带来央行资产负债表规模的扩张，进而增强市场流动性，并降低流动性溢价，进而刺激经济复苏。因此，在正常时期和全球金融危机时期，宽松的货币政策都发挥着重要作用。中美贸易摩擦时期，货币政策也最为重要。但是，相比其他时期，财政政策和贸易政策也发挥着重要作用。在欧债危机时期，贸易政策的效果突出。这可能是因为，欧债危机主要发生于欧洲地区。因此，美国国内货币和财政政策的影响较小，但与外贸相关的贸易政策影响较大。新冠肺炎疫情主要对实体经济造成重大冲击，而财政政策能够直接刺激消费和投资，对拉动经济具有立竿见影的作用。财政政策虽然有较长的内部时滞，但由于其通常由政府直接安排收支，并且可以运用法律强制手段执行，其对经济调控的作用方式更为直接（闫先东和魏金明，2016）[①]。因此，其在新冠肺炎疫情时期发挥重要作用。

对比不同重大冲击时期三类因素的贡献度，除全球金融危机时期之外，其他结论与上述一致。全球金融危机时期，仅考虑美国的三类经济政策时，其对全球外汇市场风险的贡献度要弱于跨市场传染因素。这进一步说明，欧央行政策在全球金融危机时期发挥重要作用。对比表 8 – 16 和表 8 – 17，全球金融危机时期，包含欧央行政策时，政策因素的贡献度更高，而且欧洲央行政策的贡献度要高于美联储政策。这可能是因为，全球金融危机虽然起源

---

① 如中国政府在新冠肺炎疫情时期发放的消费券对于刺激消费效果明显。

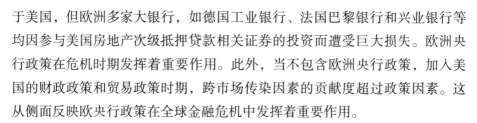

于美国，但欧洲多家大银行，如德国工业银行、法国巴黎银行和兴业银行等均因参与美国房地产次级抵押贷款相关证券的投资而遭受巨大损失。欧洲央行政策在危机时期发挥着重要作用。此外，当不包含欧洲央行政策，加入美国的财政政策和贸易政策时期，跨市场传染因素的贡献度超过政策因素。这从侧面反映欧央行政策在全球金融危机中发挥着重要作用。

三、替换被解释变量：基于金融加权构建全球外汇市场风险

前面的内容均是基于贸易加权构建全球外汇市场波动风险和传染风险。为了进一步验证本章结果的稳健性，本章借鉴肖立晟和郭步超（2014）构建的中国金融实际有效汇率的思想，采用各国资本与金融账户中的资本流出和流入作为金融权重的代理变量。具体而言，本章采用国际货币基金组织（IMF）公布的国际收支平衡表中资本与金融账户下的直接投资、投资组合和其他投资项目的流出和流入的总和作为各国金融变量，将各国金融变量的加总作为全球金融变量总和。然后，将各国金融变量占全球金融变量总和的比例作为各国金融权重。此外，由于资本和金融账户的数据频率为年频，因此2020年各个国家（地区）的金融权重采用2019年的数据表示。

将金融加权的全球外汇市场波动风险替换基于贸易加权的全球外汇市场波动风险后的各变量模型贡献度的结果见表8-18。对比表8-18和表8-16可以看出，基于贸易加权的波动风险和基于金融加权的波动风险中各影响因素的贡献度基本一致，从而本书的结论非常稳健。与贸易加权结果不同的是，基于金融加权的结果中，正常时期，政策实施传导因素对全球外汇市场风险的贡献度超过跨市场传染因素。这是由于，美联储政策的模型贡献度变化不大，但是欧央行政策的模型贡献度明显增加。而且，相比于贸易加权的风险，欧央行政策在以金融加权的风险中贡献度更高。由于英国和欧元区的跨境资金流动较为活跃，且相比于贸易权重，欧元区和英国的金融权重更高，因此欧央行政策对于全球外汇市场风险的影响程度更高。

表 8 – 18　　　　　　基于金融加权的波动风险的模型贡献度

市场/政策	被解释变量：金融加权的波动风险				
	正常时期	全球金融危机	欧债危机	中美贸易摩擦	新冠肺炎疫情
债券市场	0.098	0.058	0.243	0.180	0.219
股票市场	0.119	0.005	0.040	0.081	0.044
原油市场	0.174	0.123	0.138	0.077	0.012
恐慌指数	0.188	0.191	0.311	0.394	0.144
小计	0.145	0.094	0.183	0.183	0.105
欧央行政策	0.141	0.230	0.126	0.053	0.073
美联储政策	0.187	0.106	0.041	0.061	0.020
小计	0.164	0.168	0.084	0.057	0.047
商业信心	0.058	0.162	0.005	0.097	0.252
消费者信心	0.036	0.125	0.097	0.058	0.237
小计	0.047	0.144	0.051	0.077	0.244

资料来源：作者计算得出。

第五节　中国外汇市场输入性金融风险防控

本节首先考察重大冲击下中国外汇市场的输入性金融风险，其次探讨后疫情时代中国外汇市场的输入性金融风险，最后引入政策因素分析中国外汇市场的输入性金融风险防范与化解。

一、重大冲击下中国外汇市场的输入性金融风险

表 8 – 19 考察了中国外汇市场输入性金融风险的来源情况，其中表 8 – 19
（a）列示了各个国家（地区）对中国外汇市场的风险传染，其中表 8 – 19
（b）列示了中国外汇市场输入性金融风险来源国的排序。

表 8-19（a）　　　　　中国外汇市场输入性金融风险　　　　单位：%

		全球金融危机	欧债危机	中美贸易摩擦	新冠肺炎疫情	正常时期
发达国家（地区）	日本	1.821	0.903	1.127	10.214	3.814
	美国	17.710	20.183	11.686	3.035	17.741
	欧元区	7.908	3.588	1.743	10.128	3.180
	澳大利亚	2.353	3.544	0.321	2.155	2.076
	加拿大	1.446	2.029	0.940	2.068	1.556
	韩国	1.819	0.547	4.934	8.580	1.491
	英国	0.608	0.259	0.347	0.822	0.643
	小计	4.809	4.436	3.014	5.286	4.357
新兴市场国家	沙特阿拉伯	10.871	9.930	5.884	2.207	8.640
	印度尼西亚	0.652	0.782	3.310	0.903	0.993
	俄罗斯	3.255	1.192	0.205	3.562	5.149
	巴西	2.377	2.295	0.128	1.878	2.461
	印度	0.138	0.408	1.049	5.923	4.775
	墨西哥	2.679	4.093	0.666	1.183	1.780
	土耳其	0.620	1.131	1.246	0.177	1.143
	南非	0.958	3.129	0.723	1.248	1.316
	阿根廷	3.366	9.741	0.508	0.048	2.543
	小计	2.769	3.634	1.524	1.903	3.200

资料来源：作者计算得出。

表 8-19（b）　　　中国外汇市场输入性金融风险来源国家排名

排名	全球金融危机	欧债危机	中美贸易摩擦	新冠肺炎疫情	正常时期
1	美国	美国	美国	日本	美国
2	沙特阿拉伯	沙特阿拉伯	沙特阿拉伯	欧元区	沙特阿拉伯
3	欧元区	阿根廷	韩国	韩国	俄罗斯

排名	全球金融危机	欧债危机	中美贸易摩擦	新冠肺炎疫情	正常时期
4	阿根廷	墨西哥	印度尼西亚	印度	印度
5	俄罗斯	欧元区	欧元区	俄罗斯	日本
6	墨西哥	澳大利亚	土耳其	美国	欧元区
7	巴西	南非	日本	沙特阿拉伯	阿根廷
8	澳大利亚	巴西	印度	澳大利亚	巴西
9	日本	加拿大	加拿大	加拿大	澳大利亚
10	韩国	俄罗斯	南非	巴西	墨西哥
11	加拿大	土耳其	墨西哥	南非	加拿大
12	南非	日本	阿根廷	墨西哥	韩国
13	印度尼西亚	印度尼西亚	英国	印度尼西亚	南非
14	土耳其	韩国	澳大利亚	英国	土耳其
15	英国	印度	俄罗斯	土耳其	印度尼西亚
16	印度	英国	巴西	阿根廷	英国

资料来源：作者计算得出。

首先，对比不同类型国家对中国外汇市场的风险传染，相比于其他新兴市场国家，中国外汇市场的输入性金融风险主要来源于发达国家。由表8－19（a）可以看出，无论是在危机时期，还是在正常时期，发达国家对中国的风险传染效应均高于新兴市场国家对中国的风险传染效应。在全球金融危机、欧债危机、中美贸易摩擦、新冠肺炎疫情和正常时期，发达国家对中国的风险传染依次为4.81%、4.44%、3.01%、5.29%和4.36%。与此相对，新兴市场国家对中国的风险传染依次为2.77%、3.63%、1.52%、1.90%和3.20%。对于发达国家而言，其对中国的风险传染在新冠肺炎疫情时期最高，全球金融危机时期次之，然后是欧债危机时期，中美贸易摩擦时期最小。对于新兴市场国家而言，其对中国的风险传染在欧债危机时期最高，全球金融危机时期次之，然后是新冠肺炎疫情时期，也是在中美贸易摩擦时期最小。

其次,对比不同危机时期和正常时期中国外汇市场的输入性金融风险。平均而言,中国外汇市场的输入性金融风险在欧债危机时期最高,全球金融危机时期次之,然后是正常时期,新冠肺炎疫情时期略高于中美贸易摩擦时期。从受风险传染的最高值来看,中国外汇市场的输入性金融风险在欧债危机时期最高为20.18%,随后是全球金融危机时期的最高值为17.71%,然后是正常时期的17.74%,中美贸易摩擦时期的最高值为11.69%,高于新冠肺炎疫情时期的10.21%。

最后,观察中国外汇市场主要的输入性金融风险来源国,除新冠肺炎疫情时期之外,美国和沙特阿拉伯是中国外汇市场输入性金融风险的主要来源国。具体来看,在全球金融危机时期,中国输入性金融风险最大的来源国家分别是美国、沙特阿拉伯和欧元区。在欧债危机时期,中国输入性金融风险最大的来源国家分别是美国、沙特阿拉伯和阿根廷。在中美贸易摩擦时期,中国输入性金融风险最大的来源国家分别是美国、沙特阿拉伯和韩国。在新冠肺炎疫情时期,中国输入性金融风险最大的来源国家(地区)分别是日本、欧元区和韩国。在全样本时期,中国输入性金融风险最大的来源国家分别是美国、沙特阿拉伯和俄罗斯。

二、后疫情时代中国外汇市场的输入性金融风险

承接第六章关于后疫情时代中国金融市场输入性金融风险的讨论,本节进一步分析后疫情时代中国外汇市场的输入性金融风险情况。图8-11(a)列示了不同疫情发展阶段中国外汇市场输入性金融风险的变动情况,图8-11(b)列示了不同疫情发展阶段不同类型国家对中国外汇市场的风险传染情况。与第七章相同,不同状态是根据2020年1月19日至2021年7月31日全球新冠肺炎疫情每日新增确诊数,并通过马尔可夫区制转移模型得到。其中,状态Ⅰ表示新冠肺炎疫情暴发初期,状态Ⅱ表示新冠肺炎疫情恶化期,状态Ⅲ表示新冠肺炎疫情缓解期。

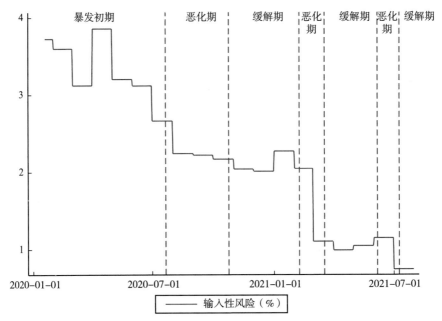

（a）来自所有国家的输入性金融风险

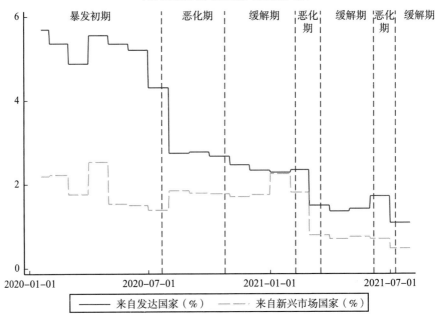

（b）来自不同类型国家的输入性金融风险

图 8 – 11　不同疫情发展阶段与中国外汇市场的输入性金融风险

由图 8-11 （a） 可得，中国外汇市场的输入性金融风险在新冠肺炎疫情暴发初期最高，随后不断递减。新冠肺炎疫情恶化期和缓解期的输入性金融风险小于新冠肺炎疫情暴发初期，新冠肺炎疫情缓解期的输入性金融风险小于新冠肺炎疫情恶化期。这可能是因为，新冠肺炎疫情暴发初期，中国国内的新冠肺炎疫情较为严重，中国外汇市场的自身脆弱性较高，受其他国家外汇市场风险传染较高。得益于中国政府及时有效的疫情防控措施，中国在新冠肺炎疫情恶化期和新冠肺炎疫情缓解期新增确诊等数量较少，再加之中国新冠疫苗研发工作的顺利进行，中国新冠疫苗接种率较高。这保护了中国人民群众的生命财产安全，有利于中国的经济复苏和增长。

由图 8-11 （b） 可得，相比于其他新兴市场国家，中国外汇市场的输入性金融风险主要来自于发达国家，这与前面的结论一致。从来自于发达国家的风险传染来看，中国受发达国家的风险传染在新冠肺炎疫情暴发初期最高，随后不断下降，新冠肺炎疫情恶化期和缓解期小于暴发初期。中国受发达国家外汇市场风险传染的波动幅度较大。从来自于新兴市场国家的风险传染来看，中国受新兴市场国家的风险传染波动幅度较小，在疫情暴发初期和疫情恶化期均有峰值出现，且两个峰值水平的差异较小。对比中国受发达国家和新兴市场国家的风险传染可知，中国受发达国家的风险传染基本大于中国受新兴市场国家的风险传染：在疫情暴发初期，中国受发达国家的风险传染远远大于中国受新兴市场国家的风险传染；在疫情恶化期和疫情缓解期，中国受发达国家的风险传染略大于中国受新兴市场国家的风险传染。但是，在部分时期，中国受新兴市场国家的风险传染会反超中国受发达国家的风险传染。

三、中国外汇市场的输入性金融风险防控

为了考察宏观金融政策的实施对中国外汇市场输入性金融风险的防控效果，本节选取货币政策、财政政策和宏观审慎政策进行分析，并重点探讨不同政策的实施效果。具体而言，本节选取 M2 同比增长率作为数量型

货币政策，银行间同业拆借加权平均利率作为价格型货币政策，公共财政支出同比增长率作为财政政策，法定存款准备金率作为宏观审慎政策，并以工业增加值同比增长率、消费者价格指数同比增长率和净出口增长率作为控制变量。核心被解释变量是中国外汇市场的输入性金融风险。另外，为了对比来自发达国家的输入性金融风险和来自新兴市场国家的输入性金融风险的异同，本节也将此作为被解释变量进行分析。值得注意的是，本节所探讨的政策均为宽松型政策，基于阐述的方便，以下表述过程中不再加"宽松"相关术语。

表 8 - 20 基于回归模型考察了不同危机时期各类政策对中国外汇市场输入性金融风险的影响。由表 8 - 20 可得，不同政策在不同重大冲击时期的作用效果有所不同。在全球金融危机时期，数量型和价格型货币政策的实施都显著降低了中国外汇市场的输入性金融风险。财政政策的实施显著降低了中国外汇市场的输入性金融风险，但主要是降低来自于新兴市场国家的输入性金融风险，对来自于发达国家的输入性金融风险没有显著影响。宏观审慎政策不仅没有降低，反而会增加中国外汇市场的输入性金融风险。在欧债危机时期，数量型货币政策显著降低了中国外汇市场的输入性金融风险。这对发达国家和新兴市场国家均显著。价格型货币政策在 10% 的显著性水平下降低了中国外汇市场的输入性金融风险，但从发达国家和新兴市场国家单独来看，均不显著。财政政策对中国外汇市场的输入性金融风险也没有显著影响。宏观审慎政策也增加了中国外汇市场的输入性金融风险。在中美贸易摩擦时期，数量型和价格型货币政策对中国外汇市场的输入性金融风险均没有显著影响。财政政策显著降低了中国外汇市场的输入性金融风险。相比来自于新兴市场国家的输入性金融风险，财政政策对发达国家的输入性金融风险的缓释效果更加明显。宏观审慎政策在该时期没有显著效果。在新冠肺炎疫情时期，数量型货币政策对中国外汇市场的输入性金融风险没有显著影响。价格型货币政策则显著降低了中国外汇市场的输入性金融风险。这对来源于发达国家和新兴市场国家的输入性金融风险均有显著效果。财政政策和宏观审慎政策在此时期均没有显著效果。

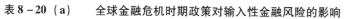

表8-20（a）　全球金融危机时期政策对输入性金融风险的影响

	输入性金融风险	来自发达国家	来自新兴国家
数量型货币政策	0.109 *** (7.726)	0.152 *** (9.333)	0.075 *** (3.864)
价格型货币政策	0.335 *** (3.432)	0.350 *** (2.993)	0.323 *** (2.722)
财政政策	0.005 * (1.659)	-0.004 (-0.844)	0.012 *** (2.821)
宏观审慎政策	-0.072 *** (-5.737)	-0.044 *** (-2.737)	-0.093 *** (-5.672)
GFC_数量型货币政策	-0.112 *** (-3.896)	-0.107 *** (-4.014)	-0.116 *** (-2.660)
GFC_价格型货币政策	-1.229 *** (-5.521)	-1.070 *** (-6.282)	-1.353 *** (-3.810)
GFC_财政政策	-0.016 ** (-2.350)	-0.003 (-0.349)	-0.026 ** (-2.266)
GFC_宏观审慎政策	0.328 *** (5.228)	0.294 *** (6.023)	0.355 *** (3.634)
工业增加值	-0.007 (-0.779)	-0.021 * (-1.925)	0.004 (0.424)
消费者价格指数	0.023 (0.893)	0.041 (1.153)	0.009 (0.238)
净出口	-0.000 (-0.265)	-0.000 (-0.577)	0.000 (0.098)
常数项	2.032 *** (6.020)	1.955 *** (4.682)	2.092 *** (4.833)
样本量	259	259	259
调整 R^2	0.364	0.279	0.259
F	20.041	19.986	12.068

表 8 – 20 （b）　　　　　　　欧债危机时期政策对输入性金融风险的影响

	输入性金融风险	来自发达国家	来自新兴国家
数量型货币政策	0. 111 *** （7. 764）	0. 157 *** （9. 062）	0. 075 *** （3. 879）
价格型货币政策	0. 249 *** （2. 663）	0. 291 ** （2. 332）	0. 216 ** （1. 994）
财政政策	0. 000 （0. 141）	– 0. 004 （– 0. 720）	0. 004 （0. 928）
宏观审慎政策	– 0. 095 *** （– 7. 650）	– 0. 042 ** （– 2. 289）	– 0. 137 *** （– 8. 731）
工业增加值	– 0. 020 *** （– 3. 268）	– 0. 027 *** （– 2. 604）	– 0. 015 * （– 1. 885）
消费者价格指数	– 0. 040 ** （– 1. 972）	0. 013 （0. 392）	– 0. 081 *** （– 3. 270）
净出口	0. 001 （1. 312）	0. 000 （0. 015）	0. 001 ** （2. 320）
EDC_数量型货币政策	– 0. 091 *** （– 5. 604）	– 0. 053 ** （– 2. 436）	– 0. 120 *** （– 5. 567）
EDC_价格型货币政策	– 0. 314 * （– 1. 893）	– 0. 270 （– 1. 320）	– 0. 349 （– 1. 564）
EDC_财政政策	0. 001 （0. 130）	– 0. 001 （– 0. 166）	0. 002 （0. 330）
EDC_宏观审慎政策	0. 186 *** （4. 553）	0. 102 ** （2. 131）	0. 251 *** （4. 728）
常数项	2. 701 *** （7. 812）	2. 093 *** （4. 502）	3. 174 *** （7. 362）
样本量	259	259	259
调整 R^2	0. 420	0. 258	0. 389
F	21. 557	12. 399	25. 117

表 8 - 20（c）　　中美贸易摩擦时期政策对输入性金融风险的影响

	输入性金融风险	来自发达国家	来自新兴国家
数量型货币政策	0.095 *** (6.594)	0.143 *** (8.847)	0.058 *** (2.904)
价格型货币政策	0.300 *** (3.382)	0.299 *** (2.836)	0.300 *** (2.664)
财政政策	0.004 (1.495)	- 0.003 (- 0.660)	0.010 ** (2.219)
宏观审慎政策	- 0.060 *** (- 5.085)	- 0.033 ** (- 2.169)	- 0.081 *** (- 5.071)
Trade_数量型货币政策	0.296 (0.494)	0.847 (0.959)	- 0.132 (- 0.335)
Trade_价格型货币政策	- 0.880 (- 0.437)	- 1.617 (- 0.529)	- 0.306 (- 0.242)
Trade_财政政策	- 0.019 *** (- 2.806)	- 0.029 *** (- 2.877)	- 0.010 * (- 1.662)
Trade_宏观审慎政策	- 0.058 (- 0.142)	- 0.219 (- 0.361)	0.067 (0.241)
工业增加值	- 0.012 (- 1.409)	- 0.026 *** (- 2.621)	- 0.000 (- 0.033)
消费者价格指数	- 0.032 (- 1.370)	0.009 (0.268)	- 0.063 * (- 1.913)
净出口	0.000 (0.587)	- 0.000 (- 0.078)	0.001 (0.681)
常数项	2.363 *** (7.035)	2.208 *** (5.318)	2.483 *** (5.703)
样本量	259	259	259
调整 R^2	0.341	0.272	0.234
F	45.754	35.095	53.305

表 8-20（d）　　　新冠肺炎疫情时期政策对输入性金融风险的影响

	输入性金融风险	来自发达国家	来自新兴国家
数量型货币政策	0.081 *** (6.310)	0.137 *** (8.283)	0.037 ** (2.029)
价格型货币政策	0.218 ** (2.510)	0.314 *** (2.883)	0.143 (1.274)
财政政策	0.003 (1.147)	-0.002 (-0.511)	0.008 * (1.673)
宏观审慎政策	-0.066 *** (-5.873)	-0.033 ** (-2.220)	-0.092 *** (-6.051)
工业增加值	-0.003 (-0.374)	-0.013 (-1.187)	0.005 (0.476)
消费者价格指数	-0.033 (-1.417)	-0.014 (-0.426)	-0.048 (-1.414)
净出口	0.000 (0.125)	-0.000 (-0.585)	0.000 (0.524)
COVID_数量型货币政策	-0.054 (-0.276)	-0.006 (-0.019)	-0.091 (-0.681)
COVID_价格型货币政策	-1.914 *** (-3.819)	-2.731 *** (-3.556)	-1.278 *** (-3.356)
COVID_财政政策	-0.015 (-0.777)	-0.033 (-0.989)	-0.000 (-0.025)
COVID_宏观审慎政策	0.326 (1.317)	0.503 (1.283)	0.189 (1.098)
常数项	2.797 *** (8.638)	2.141 *** (5.234)	3.307 *** (7.219)
样本量	259	259	259
调整 R^2	0.394	0.313	0.293
F	26.798	16.511	31.041

注：*、**、*** 分别表示估计值在10%、5%和1%的显著性水平下显著；括号内为回归系数的 t 统计量。"来自发达国家"表示来自发达国家的中国外汇市场输入性金融风险。"来自新兴国家"表示来自新兴市场国家的中国外汇市场输入性金融风险。"GFC_"表示全球金融危机时期为1，其余为0，全球金融危机时期与政策变量的交乘项。"EDC_"表示欧债危机时期为1，其余为0，欧债危机时期与政策变量的交乘项。"Trade_"表示中美贸易摩擦时期为1，其余为0，中美贸易摩擦时期与政策变量的交乘项。"COVID_"表示新冠肺炎疫情时期为1，其余为0，新冠肺炎疫情时期与政策变量的交乘项。

资料来源：作者计算得出。

　　为了考察政策冲击对中国外汇市场输入性金融风险影响的持续性，本节进一步基于局部投影法（Local Projection）进行分析，结果见图 8 - 12。

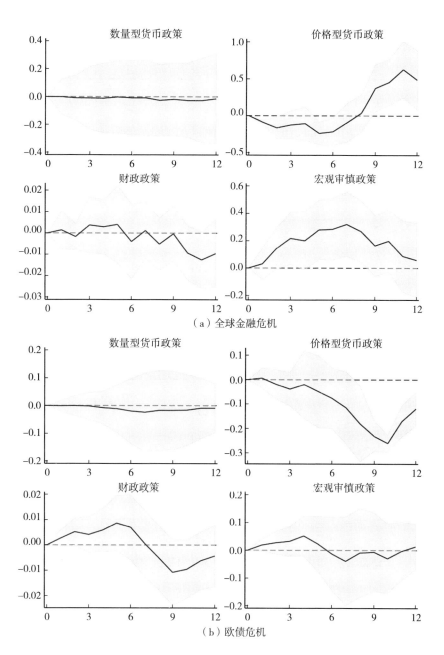

（a）全球金融危机

（b）欧债危机

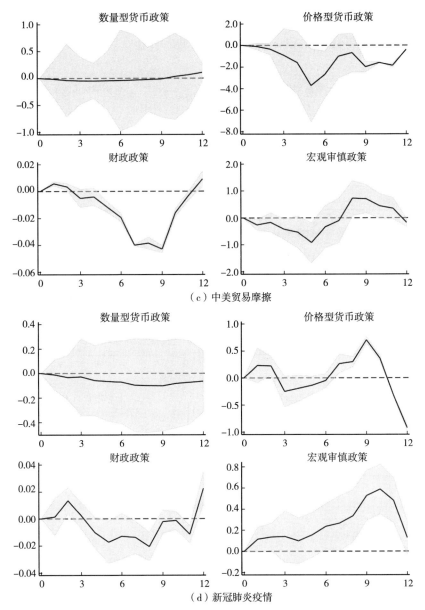

图 8 - 12　中国外汇市场输入性金融风险对政策冲击的脉冲响应

注：（1）图（a）、（b）、（c）、（d）中的冲击依次是政策与全球金融危机、欧债危机、中美贸易摩擦和新冠肺炎疫情时期的交乘项，被冲击变量是中国外汇市场输入性金融风险；（2）图中实线表示脉冲响应结果，阴影区域表示正负一倍标准差的置信区间。

资料来源：作者计算得出。

从图 8 - 12 可得，在全球金融危机时期，价格型货币政策对中国外汇市场输入性金融风险的抑制效果最佳。具体来看，宽松的数量型货币政策对中国外汇市场输入性金融风险会产生负向影响，但不显著。宽松的价格型货币政策在预测 1～8 个月会降低中国外汇市场输入性金融风险，且在预测 1～2 个月、5～6 个月显著；在预测 8 个月以后，会显著增加中国外汇市场输入性金融风险。宽松的财政政策对中国外汇市场输入性金融风险在预测 1～5 个月基本为正，随后由正转负，但均不显著。宽松的宏观审慎政策对中国外汇市场输入性金融风险的影响为正。

在欧债危机时期，价格型货币政策对中国外汇市场输入性金融风险的减弱作用最强。具体来看，宽松的数量型货币政策对中国外汇市场输入性金融风险的影响为负，但不显著。宽松的价格型货币政策对中国外汇市场输入性金融风险的影响为负，但在预测 8 个月后才显著。宽松的财政政策和宏观审慎政策对中国外汇市场输入性金融风险的影响均先正后负，且均不显著。

在中美贸易摩擦时期，价格型货币政策、财政政策和宏观审慎政策对中国外汇市场输入性金融风险均具有一定的减缓效果。具体来看，宽松的数量型货币政策对中国外汇市场输入性金融风险的影响仍不显著。宽松的价格型货币政策的作用效果强度的绝对值最大，且中国外汇市场输入性金融风险对宽松的价格型货币政策冲击的脉冲响应一直为负数。中国外汇市场输入性金融风险对宽松的财政政策冲击的脉冲响应先正后负再正，但响应强度值较小。宽松的宏观审慎政策对中国外汇市场输入性金融风险的影响在预测 8 个月前为负，随后为正。

在新冠肺炎疫情时期，价格型货币政策和财政政策对中国外汇市场输入性金融风险起到一定程度的减缓作用。宽松的数量型货币政策对中国外汇市场输入性金融风险的影响为负，但不显著。宽松的价格型货币政策在预测 10 期以后的作用效果显著，这表明政策效果存在一定的滞后性。宽松的财政政策对中国外汇市场输入性金融风险在预测 7～8 期具有显著的抑制作用，宽松的宏观审慎政策则会增强中国外汇市场输入性金融风险。

综合上述结果，从回归模型结果来看，不同类型政策的实施效果差距明显。在全球金融危机时期，无论是数量型，还是价格型货币政策均具有良好的实施效果。在欧债危机时期,数量型货币政策的实施效果最佳,其次是价格型货币政策。在中美贸易摩擦时期,财政政策的实施效果最为明显。在新冠肺炎疫情时期,价格型货币政策的作用凸显。从局部投影模型来看,数量型货币政策在不同危机时期对中国外汇市场风险的影响均为负。总而言之,当冲击来临时,政策当局应仔细研判形势,综合运用多项政策举措,以更好地防范化解输入性金融风险。

本 章 小 结

本章提出重大冲击下全球金融市场风险生成机理的研究框架。由于外汇市场在全球金融风险传导过程中的重要性,本章以外汇市场为例进行分析。具体而言,该框架分别从内因和外因两个角度来研究全球金融市场风险的生成机理。从全球外汇市场内部风险生成来看,本章将全球外汇市场风险分解为传染风险和自身风险累积两个方面。从全球外汇市场外部风险生成来看,本章基于跨市场传染、政策实施传导和实体经济反馈考察了其对全球外汇市场风险的影响。

本章的实证结果表明以下几点。

第一,从全球外汇市场的波动风险来看,发达国家外汇市场风险的同质性较强,且波动风险水平较低,而新兴市场国家的差异较大。此外,全球金融危机和新冠肺炎疫情对全球外汇市场风险的影响一致且均较大,欧债危机和中美贸易摩擦对全球外汇市场风险的影响一致且均较小。对比四次危机对不同国家类型的影响可知,全球金融危机和欧债危机对发达国家的影响更大,新冠肺炎疫情对新兴市场国家的影响更大,中美贸易摩擦对发达国家和新兴市场国家的影响均较小。

第二,从全球外汇市场内部风险成因来看,全球金融危机、欧债危机和新冠肺炎疫情时期,全球外汇市场风险主要由传染风险驱动,自身风险累积所占比例较低。中美贸易摩擦时期,全球外汇市场风险主要由自身风险累积驱动。此外,相比正常时期,全球外汇市场传染风险与波动风险的走势在重

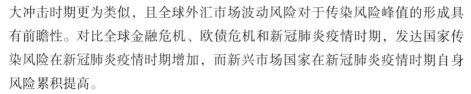

大冲击时期更为类似，且全球外汇市场波动风险对于传染风险峰值的形成具有前瞻性。对比全球金融危机、欧债危机和新冠肺炎疫情时期，发达国家传染风险在新冠肺炎疫情时期增加，而新兴市场国家在新冠肺炎疫情时期自身风险累积提高。

第三，从全球外汇市场外部风险成因来看，跨市场传染因素在正常时期、欧债危机和中美贸易摩擦时期的贡献度最高，政策实施传导在全球金融危机时期的贡献度最高，实体经济因素在新冠肺炎疫情时期的贡献度最高。此外，在危机时期，欧央行政策的作用大于美联储政策。

第四，相比于其他新兴市场国家，中国外汇市场的输入性金融风险主要来自于发达国家。不同类型政府政策在不同危机时期的实施效果差距明显。在全球金融危机时期，数量型和价格型货币政策，均具有良好的实施效果。欧债危机时期，数量型货币政策的实施效果最佳，其次是价格型货币政策。中美贸易摩擦时期，财政政策的实施效果最为明显。新冠肺炎疫情时期，价格型货币政策的作用凸显。

根据本章的结论，在面临重大冲击时，为了防范化解中国金融市场风险，可以从以下几个方面入手。

首先，以波动风险和传染风险双视角来监测全球金融市场风险。对于单一金融市场风险而言，除了要关注境内波动风险之外，还要注意防范传染风险。此外，本章发现，全球外汇市场的波动风险对于全球外汇市场风险峰值的形成具有前瞻性。当金融市场波动风险较高时，要谨防传染风险的提高。

其次，国际机构和组织应对新兴市场国家抗击新冠肺炎疫情提供必要的帮助。新冠肺炎疫情对新兴市场国家风险的影响更大，而且，相对于全球金融危机时期，新兴市场国家在新冠肺炎疫情时期自身风险累积提高。因此，为有效应对全球外汇市场风险，国际机构和组织应对新兴市场国家抗击疫情提供必要的援助。比如，G20可以考虑设立"灾难应对基金"，以在重大冲击发生时能进行有效应对；国际金融机构可以提供零到低息融资和长期贷款，以解决新兴市场国家资金问题；世卫组织可以组织专家团队，为新兴市场国家提供必要的专业知识，以有效应对新冠肺炎疫情。

再其次，当面对来自金融体系的重大冲击时，应以货币政策调控为主；

当面对来自实体经济的重大冲击时，应以财政政策调控为主。本章的研究发现，相比其他几次危机，新冠肺炎疫情时期，实体经济因素的贡献度较高，表明新冠肺炎疫情本质上来源于实体经济的冲击。而在此时期，相比其他两类政策，财政政策的贡献度是最高的，表明财政政策在新冠肺炎疫情时期的效果较优。而在其他时期，基本均是货币政策占优。因此，金融冲击应靠货币政策来调控，实体冲击应靠财政政策来调控。

最后，对于中国外汇市场的输入性金融风险而言，相对于新兴市场国家，发达国家更应该引起监管当局的关注。应重点关注与中国经济贸易往来更加频繁的国家和地区，尤其是美国和沙特阿拉伯等。另外，由于政府政策的实施效果并非一成不变，所以在不同冲击时期起关键作用的政策有所不同。因此，在重大冲击来临时，政府政策应多管齐下、协调配合，以及时有效地防控输入性金融风险。

第九章

重大冲击下中国金融风险
防控政策

21 世纪以来，包括重大金融冲击、地缘政治冲突、公共卫生事件以及贸易摩擦事件等在内的重大冲击时有发生，给全球金融系统的稳定带来极大的挑战。重大冲击事件具有突发性和紧迫性的特征，使全球经济发展面临较高的不确定性，并引起全球金融市场的震荡。重大冲击不仅对我国金融市场产生直接的负面影响，而且会引发全球金融市场向我国金融市场产生风险输入。重大冲击还会使风险在全球金融市场之间相互传染，市场之间的关联机制将初始冲击成倍放大，使我国金融市场遭受"次生灾害"。2021 年 8 月，中央财经委员会第十次会议提出，要夯实金融稳定基础，处理好稳增长和防风险之间的关系，巩固经济恢复向好势头，以经济高质量发展化解系统性金融风险，防止在处置其他领域风险过程中引发次生金融风险。

防范重大冲击带来的金融风险是维护我国金融稳定的重要问题。一方面，国际环境日趋复杂，不稳定性、不确定性明显增加。新冠肺炎疫情影响广泛深远，世界经济陷入低迷期，经济全球化遭遇逆流。全球能源供需版图深刻变革，国际经济政治格局复杂多变，单边主义、保护主义、霸权主义对世界和平与发展构成威胁。另一方面，随着我国金融市场开放以及人民币国际化程度的不断提升，我国金融市场面临的风险敞口也日益增大。全球金融市场冲击对我国的风险外溢作用增大，输入性金融风险逐渐成为我国金融市场的重要风险来源。2019 年政府工作报告强调"防范金融市场异常波动"以及"防控输入性风险"等关键词。中国人民银行发布的《中国金融稳定报告

（2019）》指出"阻断跨市场、跨区域、跨境风险传染，防范金融市场异常波动和共振"。"十四五"规划《纲要》提出"构筑与更高水平开放相匹配的监管和风险防控体系"。因此，考察重大冲击发生之后的金融风险（特别是输入性金融风险）防控问题，对我国防范化解金融风险具有重要意义。

我国金融体系尚处于高速发展的阶段，对突发性事件的抵御能力还亟待提升。研究重大冲击下金融风险的传导路径，有助于提高我国金融市场在面对各种突发性事件时的抵御能力。本书系统地研究了金融冲击、地缘政治冲突、公共卫生事件以及贸易摩擦事件等重大冲击发生时期我国的金融风险问题，并重点对新冠肺炎疫情冲击下我国金融风险防控进行详细分析，研究结果具有重要的理论和实践意义。

第一，厘清重大冲击下金融风险的传导机制，为我国预判重大冲击下的风险演变路径提供借鉴。重大冲击通常会通过直接影响渠道（冲击）和间接传染渠道（关联机制）对我国金融风险产生影响。首先，直接影响渠道是指单个市场受外部共同因素冲击而增大风险。冲击主要通过影响经济基本面和投资者情绪两类机制作用于金融市场。其次，间接传染渠道指单个市场的风险通过共同风险敞口机制与投资者资产配置渠道向其他市场传染，进而可能演变为系统性金融风险。

第二，有助于完善与各类重大冲击相适应的宏观治理应对机制及重大风险防范对策。我国目前采用货币政策和宏观审慎政策的双支柱调控框架。首先，货币政策主要通过风险承担渠道来防控金融风险。实施货币政策以及与资本监管协调能避免银行的过度风险承担行为，提高其风险管理能力。其次，宏观审慎政策一方面在时间维度上可以对杠杆、资产价格等进行逆周期调控，另一方面在空间维度上可以阻断风险的跨市场传染。要把握好着眼长期和兼顾短期的金融政策，为重大冲击发生后外部环境的长期不确定性留足政策空间，坚决打赢防范化解重大风险攻坚战。

一、重大冲击下金融风险的演变规律

本书综合运用各类风险传染测度模型得出重大冲击下金融风险传导路径

的一般性规律，刻画重大冲击对我国金融市场的直接影响以及重大冲击下全球金融市场对我国金融市场的风险输入作用。

（一）重大冲击对中国金融市场的直接影响

从中国单个金融市场以及单个行业来看，重大冲击在短期内会造成金融市场风险的上升。其中，股票市场受到重大冲击的影响最大，债券市场受到重大冲击的影响最小。在时间维度上，货币市场、股票市场和外汇市场的风险均在重大冲击发生当期或疫情发生 1~2 天显著增加，且疫情对其的影响持续上升，在 3~5 天达到峰值之后逐渐降低。债券市场所受影响与其他市场类似，但债券市场受到重大冲击事件的影响与其他市场相比，演进路径更加复杂。进一步的，从股票市场中的单个行业来看，重大冲击影响实体经济之后，实体经济对信息技术、电信服务、可选消费行业的风险传染较大，这些行业的指数风险也出现较大幅度的增长。

从中国跨市场以及跨行业风险的角度来看，股票市场和外汇市场之间的风险传染受到重大冲击的影响最大，而债券市场和外汇市场之间的风险传染受到重大冲击的影响最小。在时间维度上，跨市场风险传染受重大冲击的影响较单个金融市场有所滞后。在风险传染受重大冲击事件影响的方向上，重大冲击发生初期，倾向于增大市场之间的原有关系。此外，从跨行业风险角度来看，风险主要从受负面影响较大的行业传导至受一定正面影响或重大冲击影响较小的行业，不同行业之间的这种风险溢出趋势体现了资金向安全资产转移（flight-to-quality）的特点。对股票市场内部的风险传染进行渠道分解可以发现，投资者情绪是影响股票市场风险的最主要渠道。

（二）全球金融市场对中国金融市场的风险输入

从全球债券市场的风险联动来看，国内的疫情冲击加剧了债券市场之间的短期风险溢出，并且这种影响在中期内保持不变。而全球疫情冲击带来的经济衰退和供应链断裂的预期则会导致更大水平的债券市场风险溢出。债券市场间短期风险溢出的加剧主要发生在全球风险较高的时期，而中期风险溢出则在全球风险较低的时期更加明显。此外，新兴市场国家作为风险接受者遭受更多的不稳定性和风险溢出，而发达国家主要扮演风险输出国的角色。

从全球金融市场的风险演进来看，新冠肺炎疫情恶化在短期内会使全球股票市场、原油市场、债券市场和外汇市场的风险加剧。从短期风险生成路径来看，疫情恶化当日，股票市场和债券市场的风险显著上升；在疫情恶化冲击发生 4~5 个交易日之后，原油市场和外汇市场的风险显著提高。从溢出峰值来看，受新冠肺炎疫情恶化事件冲击的影响，从大到小依次为股票市场、债券市场、原油市场、黄金市场和外汇市场。从风险传染渠道来看，当重大冲击事件发生以后，股票市场和原油市场充当风险的"扩散者"，黄金市场和外汇市场则充当风险的"接受者"，债券市场充当风险的"中转站"并具有较强的中长期风险传递性。

从全球金融市场对我国金融市场风险的作用来看，全球金融市场出现较强的风险联动时，对我国金融市场产生了显著的溢出效应。具体而言，对于我国股票市场，应重点关注全球股票市场、全球原油市场和全球黄金市场的风险传染作用；对于我国债券市场，应重点关注全球债券市场和全球外汇市场的风险传染作用；对于我国外汇市场，应重点关注全球股票市场和全球原油市场的风险传染作用。

从全球外汇市场的风险来看，重大冲击发生前后，中国外汇市场的波动率呈递增态势，且中国由风险输出方逐渐转向为风险接受方。欧元区始终与中国存在较高的风险传染效应。重大冲击发生之后，俄罗斯、印度和澳大利亚与中国外汇市场风险之间的联动性增强。对比全球金融危机、欧债危机和新冠肺炎疫情三个时期，大部分国家的货币汇率波动风险在全球金融危机时期最高，其次是新冠肺炎疫情时期，最低为欧债危机时期。而且，危机时期，大部分国家的货币汇率风险主要来源于外部输入。此外，中国面临的输入性金融风险也较高，且在欧债危机时期最大，在全球金融危机和正常时期次之，在新冠肺炎疫情时期最小。

二、重大冲击下金融风险防控的政策建议

重大冲击下金融风险的恶化要求我们采取有效的风险防范措施，在金融

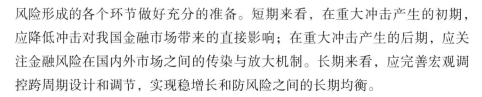

风险形成的各个环节做好充分的准备。短期来看，在重大冲击产生的初期，应降低冲击对我国金融市场带来的直接影响；在重大冲击产生的后期，应关注金融风险在国内外市场之间的传染与放大机制。长期来看，应完善宏观调控跨周期设计和调节，实现稳增长和防风险之间的长期均衡。

（一）冲击：应对重大冲击的负向影响

第一，采取措施降低冲击自身大小，隔离"风险源"。应对公共卫生危机，需要及时采取停工停学、减少社交、社区隔离等措施来有效控制疫情，为经济恢复创造有利条件。应对金融体系的内生性危机，应多措并举、针对性地防范和化解金融风险，加强和完善宏观调控，深化金融供给侧结构性改革。

第二，降低冲击与我国金融市场之间的关联机制，切断"传播路径"。完善金融风险防范和预警体系，提升金融风险监测的系统性和前瞻性，尽可能降低冲击带来的不确定性。在未发生冲击时，相关机构应关注各个市场之间的关联性，将不同市场更多的参与者纳入统一监管框架之下。

第三，提高市场自身的抗风险能力，提高"抵抗力"。在制度层面，推进金融市场改革，增强市场的内在稳定性。深化金融业对外开放，提升全球竞争力。积极参与国际金融治理和监管规则的制定，加强宏观政策的国际协调，提高国际话语权。深化汇率形成机制改革，保持人民币汇率在合理均衡水平上基本稳定，发挥好汇率在调节宏观经济和国际收支自动稳定器的作用。推进资本市场基础性制度改革，有效引导市场预期，打造规范、透明、开放、有活力、有韧性的资本市场。

在机构层面，提早处置不良资产，为提高金融体系稳健性创造有利条件。信用风险是金融业中最基础的风险。金融机构要采取更审慎的财务会计制度，做实资产分类，日常监管不应简单地将不良贷款率上升作为评判标准。要利用拨备监管要求下调腾出财务空间，加大不良资产处置。制定切合实际的收入和利润计划，增加拨备计提和资本补充。疏通不良资产处置的政策堵点，为提高金融体系稳健性创造更有利的条件。在投资者结构层面，大力发展机构投资者，提高投资者的专业程度。

（二）关联性：应对风险传导的防控政策

在冲击发生之后，应及时采取措施以降低各个金融市场在面对冲击时的异常波动和风险传染。

第一，对跨市场资金流动进行监测，阻断跨市场、跨区域、跨境风险传染，防范金融市场的异常波动和共振。密切监测国际经济金融形势变化，推动完善金融政策，维护金融市场的平稳运行，保持人民币汇率在合理均衡水平上的基本稳定，切实防范跨境资本的异常流动风险。要加强货币政策的逆周期调节，充裕的货币流动性对于缓解股票市场冲击程度具有重要作用，应在重大公共事件发生时，加强货币政策的逆周期调节，释放合理充裕的流动性，维护股票市场稳定。在突发公共卫生事件发生时，相对于债券市场和货币市场，外汇市场和股票市场更容易受到外部影响而导致波动性上升，且二者之间的风险传染也更大。因此，在出现风险事件时，相关政策机构对外汇市场和股票市场应多加关注并及时采取相关措施。例如，可以重启逆周期因子来应对重大风险事件对外汇市场造成的冲击，对冲非理性因素；当预计风险事件在市场上会形成恐慌时，可以提前进行窗口指导，引导投资者行为。

当冲击发生时，应及时对单个金融市场采取相应的政策，降低由于关联机制的存在而导致风险传染。本书研究发现，单个金融市场对外部冲击的反应先于金融市场之间的传染。在冲击较小的时候，关联机制以风险分担效应为主；在冲击较大的时候，关联机制以风险传染效应为主。对货币市场的分析发现，在冲击发生时，针对单个金融市场制定的政策可以有效地降低单个市场风险，进而降低市场之间的风险传染。其他金融市场与外汇市场之间存在风险共振效应，因此，当其他金融市场的风险增大时，应提前对外汇市场进行实时监测，从而及时研判外汇市场形势，预防其他市场风险诱发外汇市场风险的共振，进一步完善金融风险预警体系，切实维护金融安全与稳定。

第二，主动做好预期管理，引导正面预期，减少投资者情绪的负面冲击。在重大公共事件等风险事件发生时，短期内投资者情绪机制将迅速发酵，此时不加以控制任由负面情绪传导，极易造成风险资产的大量抛售（Fire-sales），进入价格下跌——进一步抛售的负面螺旋，从而形成股票市场上整体的系统性风险。因此，短时间内应利用权威机构和公众媒体做好宣传工作，加强正向预期引导。应建立金融委办公室新闻发言人制度，加大正面宣传解读力度，及时、主动发布解读重大经济金融政策和重要经济金融数据，加强与市场之间的沟通，快速回应舆论关切。做好金融市场的舆情监测，健全重大舆情的快速响应机制。在重大事件发生的初期，投资者资产配置机制和投资者情绪机制占主导地位。而在此时，如果不去稳定投资者过度反应的情绪，很容易造成对风险资产的大量抛售和对安全资产的过度需求，进而导致"跷跷板"效应的增强，造成金融系统性风险。风险联动大小与全球金融市场恐慌程度之间高度相关，且风险联动的持续性要高于全球金融市场恐慌情绪。

第三，提高实体经济的韧性，缓冲重大冲击带来的负面影响。实体经济和金融市场之间存在着紧密的风险溢出关系。外部冲击不仅导致实体经济风险的上升，更会将实体经济风险传导至金融部门，引起金融体系风险的攀升。因此，金融体系的风险评估和监管需要基于融合实体经济和金融市场为一体的宏观金融框架来理解和防控。打通生产、分配、流通、消费等各个环节，促进形成以国内大循环为主体、国内国际双循环相互促进的新发展格局。重大冲击会从供给端或需求端对实体经济产生冲击，进而促使金融风险上升。坚持和完善能够有效应对重大冲击的结构性金融政策，便利企业获得贷款。进一步改善对民营、小微企业等实体经济的金融服务，使其贷款可获得性明显提高，综合融资成本明显下降。出台相关行业的扶持政策，减少实体经济风险对相关行业的溢出传导。新冠肺炎疫情期间，停工停产、出行限制等措施，对工业、材料、可选消费等行业造成直接重大影响，其在需求和供给两端均受到较为严重的挤压损失。为防止实体经济向股票市场持续产生风险传染，应出台有针对性的财政政策，如针对性的减税降费和财政补贴政策。在新冠肺炎疫情期间，财政部及时出台下调增值税税率和企业养老保险费率等制度，上海市提供困难企业专项扶持资金，这些政策都为降低股市相关行业波动提供有利条件。

（三）重大冲击下金融风险化解政策

第一，应加强国际合作降低冲击大小。以重大公共卫生事件为例，实证研究表明，新冠肺炎疫情暴发初期带来了极大的不确定性，在金融市场剧烈动荡期间各国货币政策和财政政策效果均不理想。一方面，政策的发挥需要时间，无论是货币政策还是财政政策，其都有一定的时滞性。由于新冠肺炎疫情冲击给金融市场带来的影响具有"影响较大，持续时间较短"的特征，因此政策作用较为有限。另一方面，疫情期间的货币政策和财政政策更倾向于稳定实体经济。因此，实际上，政策对金融市场的影响需要通过投资者情绪机制来发挥作用，经济政策出台频率的上升、未来指向与强度等方面的不确定性会导致政策不确定性的上升，政策效果的下降。从政策实施角度来看，降低金融市场风险应把控制重大冲击的源头作为第一要务，以此来降低重大冲击带来的不确定性。在重大卫生事件发生时，国际机构和组织应对新兴市场国家抗击重大卫生事件提供必要的帮助。重大卫生事件对新兴市场国家风险的影响更大，而且，相对于全球金融危机时期，新兴市场国家在重大卫生事件时期自身的风险累积提高。因此，为有效应对全球外汇市场风险，国际机构和组织应对新兴市场国家抗击重大卫生事件提供必要的援助。

第二，在应对重大冲击对我国的直接影响时，政策要关注实体经济和金融市场之间的风险溢出关系。实体经济作为受外部冲击直接影响的部门，为防止其风险向金融体系传导，需及时采取针对实体经济尤其是受冲击行业的稳定措施，以防其风险进一步向其他金融市场和实体经济溢出。例如，可采取针对受冲击行业的贷款支持计划以及阶段性延期还本付息政策等。从更宏观的角度来讲，加速合理化的产业链升级，尽可能增强实体经济内部各行业之间消化风险的能力，从而降低实体经济风险向金融体系的传导。

中国实体经济和各金融市场的风险溢出路径表明，实体经济向金融市场的风险溢出最终容易积聚在债券市场，而债券市场风险会进一步向实体经济溢出。因此，监管部门应关注债券市场风险状况，及时掐断其他金融市场向债券市场溢出风险的渠道，谨防对大量持有债券资产的银行、保险等金融机构造成不利影响，以至于影响金融稳定，甚至对实体经济产生不利影响。同时，对于银行等关键性的金融部门，综合运用货币政策、宏观审慎政策等工具，保持流动性合理充裕。这样一方面可以维持其服务实体经济的能力，另一方面可以增强其抵御债券市场等其他部门风险溢出的能力。

　　第三，应对输入性金融风险，政策实施需要"精准拆弹"。当重大冲击来临时，政策当局应仔细研判形势，综合运用多项政策举措，以更好地防范化解输入性金融风险。根据本书的实证结果，重大冲击下中国输入性金融风险的有效防控政策工具具体如图9-1所示。对中国外汇市场的输入性金融风险而言，宏观审慎政策的实施效果最佳。具体到不同危机时期，其他政策的实施效果差距明显。在全球金融危机时期，数量型和价格型货币政策均具有良好的实施效果。欧债危机时期，数量型货币政策的实施效果最佳，其次是价格型货币政策。中美贸易摩擦时期，财政政策的实施效果最为明显。公共卫生事件发生时期，价格型货币政策的作用凸显。

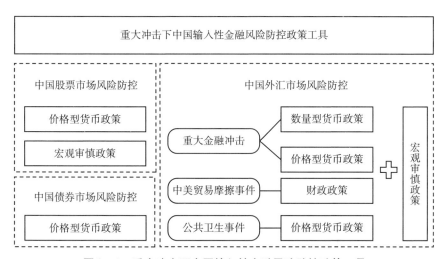

图9-1　重大冲击下中国输入性金融风险防控政策工具

资料来源：作者整理。

　　对于中国股票市场和债券市场的输入性金融风险而言，价格型货币政策的效果要优于数量型货币政策。宽松的价格型货币政策能够有效抑制我国股票市场和债券市场的输入性金融风险。财政扩张政策仅能在短期内对股票市场和债券市场的输入性金融风险产生微弱抑制效果，不是有效的输入性风险应对工具。宏观审慎政策能有效抑制我国股票市场的输入性金融风险，但会加剧我国债券市场的输入性金融风险。

第四，政策需兼顾短期与长期。财政政策和货币政策的逆周期调节往往面临短期政策刺激和中长期效应的两难选择。因此，政策实施不仅要看短期效果，更要关注中长期政策效应。这就要求，完善宏观调控跨周期设计和调节，实现稳增长和防风险之间的长期均衡。针对当前经济形势复杂严峻和不确定性，宏观政策逆周期调节既要针对重大冲击带来的短期问题，也要考虑为解决中长期结构性问题留有余地。这就要建立重大冲击风险防控和经济社会发展的中长期协调机制，统筹兼顾短期逆周期调节与中长期发展，为应对未来外部环境的不确定性留足政策空间。

参 考 文 献

［1］方意、和文佳、荆中博：《中美贸易摩擦对中国金融市场的溢出效应研究》，载《财贸经济》2019 年第 6 期。

［2］方意、黄丽灵：《系统性风险、抛售博弈与宏观审慎政策》，载《经济研究》2019 年第 9 期。

［3］方意、王晏如、黄丽灵、和文佳：《宏观审慎与货币政策双支柱框架研究——基于系统性风险视角》，载《金融研究》2019 年第 12 期。

［4］李政、梁琪、方意：《中国金融部门间系统性风险溢出的监测预警研究——基于下行和上行 ΔCoES 指标的实现与优化》，载《金融研究》2019 年第 2 期。

［5］刘志蛟、刘力臻：《黄金能对冲人民币汇率和股市风险吗?》，载《金融论坛》2018 年第 4 期。

［6］王克达、庞晓波、王姗姗：《金融危机对全球股票市场的传染研究：基于复杂网络分析方法》，载《世界经济研究》2018 年第 4 期。

［7］肖立晟、郭步超：《中国金融实际有效汇率的测算与影响因素分析》，载《世界经济》2014 年第 2 期。

［8］闫先东、魏金明：《危机救助与财政货币政策配合》，载《中国金融》2016 年第 20 期。

［9］杨海珍、荆中博、魏先华、杨晓光：《银行破产的财务因素分析：金融危机冲击下美国银行业的实证》，载《中国管理科学》2012 年第 1 期。

［10］Acemoglu D. , Ozdaglar A. and Tahbaz-Salehi A. , Systemic Risk and Stability in Financial Networks. *American Economic Review*, Vol. 105, 2015, pp. 564 – 608.

[11] Acharya V. V. , Viral V. , Pedersen L. H. , Philippon T. and Richardson M. , Measuring Systemic Risk. *Review of Financial Studies*, Vol. 30, 2017, pp. 2 -47.

[12] Acharya V. V. and Yorulmazer T. , Cash-in-the-Market Pricing and Optimal Resolution of Bank Failures. *Review of Financial Studies*, Vol. 21, 2008, pp. 2705 -2742.

[13] Adrian T. and Brunnermeier M. K. , CoVaR. *American Economic Review*, Vol. 106, No. 7, 2016, pp. 1705 -1741.

[14] Adrian T. and Shin H. S. , Financial Intermediaries and Monetary Economics. Federal Reserve Bank of New York Staff Reports No. 398, 2010.

[15] Adrian T. , Estrella A. and Shin H. S. , Monetary Cycles, Financial Cycles, and the Business Cycle. Federal Reserve Bank of New York Staff Reports, No. 421, 2010.

[16] Aruoba S. B. , Diebold F. X. and Scotti C. , Real-time measurement of business conditions. *Journal of Business & Economic Statistics*, Vol. 27, No. 4, 2009, pp. 417 -427.

[17] Baker S. R. , Bloom N. and Davis S. J. , Measuring economic policy uncertainty. *The Quarterly Journal of Economics*, Vol. 131, No. 4, 2016, pp. 1593 -1636.

[18] Baker M. and Wurgler J. , Investor Sentiment and the Cross-section of Stock Returns. *Journal of Finance*, Vol. 61, No. 4, 2016, pp. 1645 -1680.

[19] Barone-Adesi G. , Mancini L. and Shefrin H. , *Sentiment, Asset Prices, and Systemic Risk*. Beijing: Social Science Electronic Publishing, 2012.

[20] Baruník J. and Křehlík T. , Measuring the Frequency Dynamics of Financial Connectedness and Systemic Risk. *Journal of Financial Econometrics*, Vol. 16, No. 2, 2018, pp. 271 -296.

[21] Baur D. G. and McDermott T. K. , Is Gold a Safe Haven? International Evidence. *Journal of Banking & Finance*, Vol. 34, No. 8, 2010, pp. 1886 -1898.

［22］ Sylvain Benoit and others, Where the Risks Lie: A Survey on Systemic Risk. *Review of Finance*, Vol. 21, Issue 1, 2017, pp. 109 – 152.

［23］ Brownlees C. and Engel R. F. , SRISK: A Conditional Capital Shortfall Measure of Systemic Risk. *Review of Financial Studies*, Vol. 30, No. 1, 2017, pp. 48 – 79.

［24］ Bofinger P. , Dullien S. , Felbermayr G. , Fuest C. , Hüther M. , Südekum J. , and di Mauro B. W. , *Mitigating the COVID Economic Crisis: Act Fast and Do Whatever It Takes*, London: CEPR press, 2020, pp. 167.

［25］ Bollerslev T. , Generalized autoregressive conditional heteroscedasticity. *Journal of Econometrics*, Vol. 31, No. 3, 1986, pp. 307 – 327.

［26］ Borovkova S. , Garmaev E. and Lammers P. , SenSR, A Sentiment-Based Systemic Risk Indicator. *SSRN Electronic Journal*, No. 553, 2017.

［27］ Chang C. , Chen K. , Waggoner D. F. and Zha T. , Trends and Cycles in China's Macroeconomy. NBER Macroeconomics Annual, University of Chicago Press, Vol. 1, 2016, pp. 1 – 84.

［28］ Diebold F. X. and Yilmaz K. , On the Network Topology of Variance Decompositions: Measuring the Connectedness of Financial Firms. *Journal of Econometrics*, Vol. 182, No. 1, 2014, pp. 119 – 134.

［29］ Diebold F. X. and Yilmaz K. , *Financial and Macroeconomic Connectedness: A Network Approach to Measurement and Monitoring*, Oxford University Press, 2015.

［30］ Dittmar R. F. , Nonlinear Pricing Kernels, Kurtosis Preference, and Evidence from the Cross Section of Equity Returns. *The Journal of Finance*, Vol. 57, No. 1, 2002, pp. 369 – 403.

［31］ Engel R. , Dynamic Conditional Correlation: A Simple Class of Multivariate Generalized Autoregressive Conditional Heteroskedasticity Models. *Journal of Business & Economic Statistics*, Vol. 20, No. 3, 2002, pp. 339 – 350.

［32］ Garman M. B. and Klass M. J. , On the estimation of security price volatilities from historical data. *Journal of Business*, Vol. 53, No. 1, 1980, pp. 67 – 78.

［33］ Glosten L. R. , Jagannathan R. and Runkle D. E. , On the Relation between the Expected Value and the Volatility of the Nominal Excess Return on Stocks. *The Journal of Finance*, Vol. 48, No. 5, 1993, pp. 1779 – 1801.

[34] Gourinchas P. O. and Obstfeld M. , Stories of the Twentieth Century for the Twenty – First. *American Economic Journal: Macroeconomics*, Vol. 4, No. 1, 2012, pp. 226 – 265.

[35] Hamilton J. D. , A new approach to the economic analysis of nonstationary time series and the business cycle. *Econometrica*, Vol. 57, Issue 2, 1989, pp. 357 – 384.

[36] Indars E. R. , Savin A. and Ágnes L. , Herding behaviour in an emerging market: Evidence from the Moscow Exchange. *Corvinus Economics Working Papers*, 2019.

[37] lyer R. and Peydro-Alcalded J. L. , Interbank Contagion: Evidence from Real Transcations. *INSEAD Working Paper*, 2005.

[38] Jorda O. , Estimation and Inference of Impulse Responses by Local Projections. *American Economic Review*, Vol. 95, No. 1, 2005, pp. 161 – 182.

[39] Jorda O. , Moritz S. , Taylor A. M. and Felix W. , Global Financial Cycles and Risk Premiums. *IMF Economic Review*, Vol. 67, No. 1, 2019, pp. 109 – 150.

[40] Jorda O. , Singh S. R. and Taylor A. M. , Longer-run economic consequences of pandemics. *CEPR Discussion Papers*, 2020.

[41] Kaplanski G. and Levy H. , Sentiment and stock prices: The case of aviation disasters. *Journal of Financial Economics*, Vol. 95, No. 2, 2010, pp. 174 – 201.

[42] Krokida S. I. , Makrychoriti P. and Spyrou S. , Monetary policy and herd behavior: International evidence. *Journal of Economic Behavior & Organization*, Vol. 170, 2020, pp. 386 – 417.

[43] León á. , Rubio G. and Serna G. , Autoregresive conditional volatility, skewness and kurtosis. *The Quarterly Review of Economics and Finance*, Vol. 45, No. 4, 2005, pp. 599 – 618.

[44] De Long J. B. , Shleifer A. , Summer L. H. and Waldmann R. J. ,

Noise Trader Risk in Financial Markets. *Journal of Political Economy*, Vol. 98, No. 4, 1990, pp. 703 – 738.

[45] Mann C. L. , Real and financial lenses to assess the economic consequences of COVID – 19. *Economics in the Time of COVID* – 19, 2020, pp. 81 – 85.

[46] Maug E. and Naik N. , Herding and Delegated Portfolio Management: The Impact of Relative Performance Evaluation on Asset Allocation. *Social Science Electronic Publishing*, Vol. 1, No. 2, 2011, pp. 265 – 292.

[47] Parkinson M. , The Extreme Value Method for Estimating the Variance of the Rate of Return. *Journal of Business*, Vol. 53, 1980, pp. 61 – 65.

[48] Rafferty B. , Currency Returns, Skewness and Crash Risk. *Ssrn Electronic Journal*, 2012.

[49] Rungcharoenkitkul P. , Risk sharing versus financial contagion in Asia: An asset price perspective. *Review of Development Finance*, Vol. 2, No. 3, 2012, pp. 101 – 117.

[50] Scheinkman J. A. and Xiong W. , Overconfidence and speculative bubbles. *Journal of Political Economy*, Vol. 111, No. 6, 2003, pp. 1183 – 1219.

[51] Schularick M. and Taylor A. M. , Credit Booms Gone Bust: Monetary Policy, Leverage Cycles, and Financial Crises, 1870 – 2008. *The American Economic Review*, Vol. 102, No. 2, 2012, pp. 1029 – 1061.

[52] Segoviano M. A. and E Goodhart C. A. , Banking Stability Measures. Imf Working Papers, Vol. 23, No. 2, 2009, pp. 202 – 209.

[53] Wen Yang, Dongtong – Lin, Zelong Yi, Impacts of the Mass Media Effect on Investor Sentiment. *Finance Research Letters*, Vol. 22, 2017, pp. 1 – 4.

[54] Yang J. and Zhou Y. , Credit risk spillovers among financial institutions around the global credit crisis: Firm-level evidence. *Management Science*, Vol. 59, No. 10, 2017, pp. 2343 – 2359.

[55] Zhang L. , Ghosh, et al, Tech Report: HPL – 2011 – 89: Combining Lexicon-based and Learning-based Methods for Twitter Sentiment Analysis. *Hp Laboratories Technical Report*, 2011.

后　记

　　自 2011 年研究系统性风险以来，我一直未曾离开该领域。在外出与同行学者及学生交流时，大家都看到了很多我的研究论文，并问了我一些问题：系统性风险领域的研究重点是什么？哪些研究方法比较前沿？有没有一套系统研究系统性风险的专著可供推荐？这些问题都提醒我需要把近年来做的研究进行一个系统地梳理。

　　2019 年底新冠肺炎疫情的暴发加快了这一研究进程。我清晰地记得，在 2019 年底，我就组建了研究团队，利用前沿的方法系统研究新冠肺炎疫情对金融市场风险带来的影响。这些研究主题聚焦、方法前沿实用、理论基础清晰，特别适合出版一本专著来进行系统总结，并回答以上问题。应该说，这本专著是我系统整理自己研究的一个开端。

　　本书的出版得到了中央财经大学中央高校基本科研业务费专项资金资助，也是国家自然科学基金面上项目（项目号：71973162，题目：《金融周期视角下的中国银行业系统性风险防范与化解研究》；项目号：72173144，题目：《金融文本大数据与银行业系统性风险：指标构建、应用与评估整合》）的成果总结。本书的部分内容来源于我在中国人民大学博士后的出站报告，在写作过程中也得到上海财经大学校长刘元春教授的专业指点，在此非常感谢刘教授的悉心指导。

　　本书的大部分章节已经发表在《世界经济》《财贸经济》《国际金融研究》《经济科学》《当代经济科学》《中央财经大学学报》、*International Review of Economics & Finance*、*Emerging Markets Finance and Trade* 等期刊。其中，第三章主要内容来源于方意、于渤、王炜发表于《中央财经大学学报》2020 年第 8 期的文章《新冠疫情影响下的中国金融市场风险度量与防控研究》。第四章主要内容来源于方意、和文佳、荆中博发表于《世界经济》2021 年第 8 期的文章《中国实体经济与金融市场的风险溢出研究》；发表于《财贸经济》2019 年第 6 期的文章《中美贸易摩擦对中国金融市场的溢出效应研究》；发表于《国际金融研究》2019 年第 3 期的文章《中美贸易摩擦对中国系统性金融风险的影响研究》。第五章主要内容来源于方意、王晏如、赵莹瑜发表于 *Emerging Markets Finance and Trade* 2022 年第 58 卷第 15 期的文章 "*Risk Spillover of Global Treasury Bond Markets in the Time of COVID – 19 Pandemic*"。第六章主要内容来源于方意、邵稚权、赵阳发表于 *International Review of Economics & Finance* 2023 年第 83 卷第 1 期的文章 "*Risk spillovers in global financial markets：Evidence from the COVID – 19 crisis*"。第七章主要内容来源于方意、邵稚权发表于《经济科学》2022 年第 2 期的文章《重大冲击下我国输入性金融风险测度研究》。第八章主要内容来源于方意、贾妍妍发表于《当代经济科学》2021 年第 2 期的文章《新冠肺炎疫情冲击下全球外汇市场风险传染与中国金融风险防控》以及方意、贾妍妍、赵阳发表于《财贸经济》2021 年第 5 期的文章《重大冲击下全球外汇市场风险的生成机理研究》的文章。

本书的出版要感谢以上合作者的帮助，也要感谢以上期刊的编辑、外审专家对相应章节部分内容的修改所做出的贡献。同时，还需要感谢经济科学出版社的王娟、李梦瑜、杨海等老师对本书的编辑、校对等工作，没有你们的帮助，本书的出版不会如此顺利。

方意（中国人民大学国家发展与战略研究院教授、博士生导师）
2023 年 11 月 9 日